FLOW ECONOMY

An Analytical Framework for
Future Economic Development

流量经济

未来经济发展的
一个分析框架

石良平 等 著

上海交通大学出版社
SHANGHAI JIAO TONG UNIVERSITY PRESS

图书在版编目(CIP)数据

流量经济:未来经济发展的一个分析框架/石良平等著.
—上海:上海交通大学出版社,2018(2020重印)
ISBN 978-7-313-20326-7

Ⅰ.①流… Ⅱ.①石… Ⅲ.①经济发展-研究 Ⅳ.①F061.3

中国版本图书馆 CIP 数据核字(2018)第 240008 号

流量经济——未来经济发展的一个分析框架

著　　者:	石良平 等			
出版发行:	上海交通大学出版社	地　　址:	上海市番禺路 951 号
邮政编码:	200030	电　　话:	021-64071208
印　　制:	常熟市文化印刷有限公司	经　　销:	全国新华书店
开　　本:	710mm×1000mm　1/16	印　　张:	16.75
字　　数:	287 千字			
版　　次:	2018 年 11 月第 1 版	印　　次:	2020 年 9 月第 2 次印刷
书　　号:	ISBN 978-7-313-20326-7			
定　　价:	72.00 元			

本书是

上海市社会科学创新研究基地、上海市人民政府决策咨询研究基地

"石良平工作室"的研究成果

及

上海社会科学院创新型智库"上海国际贸易中心建设研究"团队

的研究成果

目　　录

导论 流量经济：未来经济分析的基石

"流量"，是一个很古老的经济学概念，它是与"存量"并存且相对应的概念。但是，"流量经济"却是一个较新的经济学概念，20多年前就有人提出过这个概念。但随着信息革命的快速推进，移动互联网的广泛使用，大数据、云计算、人工智能、物联网等技术层面的突破和数字经济的革命性变化，流量经济的概念也发生了革命性变化。流量对经济的影响力已超出了我们以前对流量的理解，流量经济正在成为理解现代经济发展的一个崭新的理论分析框架。

按我们的理解，流量经济是一种全新的经济发展形态，是从过去注重潜在生产能力向现实经济控制和影响能力的转变。本书所探讨的流量经济，不仅仅指西方宏观经济学中传统的流量指标（一定时期内发生的投资、生产、消费，以及所形成的国民收入等变量变动的数值），更不是狭隘的互联网经济中网络流量利用的大小。规范地说，流量经济是指在经济领域中依靠信息流、货物流、资金流、人才流和技术流等生产要素及资源的流动、积聚、重组、整合、加工和扩散而创造效益的经济发展模式。

| 第一节 | 从存量到流量：现代经济学分析范式的转变

经济学理论体系会因为新的通用技术集群的出现而逐渐改变自身的假设，并形成新的分析范式。流量经济对经济学理论建构产生巨大影响的过程，恰恰是旧的机器大工业时代的技术经济范式向信息经济时代的全新范式转换的过程。作为一种新经济模式，流量经济打破了西方微观经济理论关于资源稀缺性、理性经济人和信息不对称的经典假定，颠覆了制度经济学的产权观念，同时拓展了宏观经济学关于经济增长的传统思路，重塑了传统的生产要素关系，对经济理论的丰富性贡献可见一斑。

一、"流量"范式对微观经济学理论的颠覆

2001 年诺贝尔经济学奖获得者迈克尔·斯彭斯(Michael Spence)指出"经济学最终要解决的不是市场问题,而是社会资源的分配和配置问题"[①]。经济的发展离不开生产与市场,但绝不仅仅关乎市场盈利与产出的多少。长远来看,经济发展中更重要的问题在于资源配置和社会分配,而这正是整个微观经济学理论所探究的核心问题。

互联网、移动互联网、物联网、社交网络、即时通信、移动支付等技术集群通过深化信息的分发和获取、数据的积累与应用,使得资源的配置与优化更加方便、更加容易,并带来了不同经济领域和商业组织通过不同的方式和不同的比率重新优化资源配置,使得商业模式、经济制度和更深层次的社会文化都发生了本质变化。

随着信息技术的快速发展,人类社会正在由"自动化"向"智能化"的历史阶段演进。在当下工业文明向信息文明过渡的时代,信息化和网络化对人类社会的发展起到了革命性的作用。全球经济活动的组织方式、运行逻辑都在发生着深刻的变化。大数据收集存储、大容量通信和高度智能化算法的运用,促进了供给和需求间的精准匹配。原本分散在农业、工业、服务业中的生产消费过程,得以整合为更长、更紧密的新型产业链,淡化了各行业之间的固有边界,突出了生产要素高效流动的价值。以信息流为纽带,围绕人的需求,跨行业、跨区域调度研发设计流、产品服务流、资金流,已成为诸多经济领域的基本规律。

正是基于以上社会生产方式的变革,传统经济学的三大经典假设——资源稀缺性、理性经济人、信息不对称——正在被以前不引人注目的"流量"悄然瓦解。

首先,"资源稀缺性"是指相对于人们永无止境的欲望和需求,资源总是不够的;而流量经济模式下,有限的资源将通过平台化整合、共享化调配,甚至改变物质资源的形态(对其内容进行数字化和服务化加工再造),达到资源利用效率最大化,实现"稀缺中的富足",从而打破了传统经济学中资源稀缺的经典初始

---

① 迈克尔·斯彭斯,丹尼·莱普泽格. 全球化与增长——后危机时代的含义[M]. 刘学梅,译. 北京:中国人民大学出版社,2016.

假设。

其次，"理性经济人"意味谋求自身利益最大化，换言之，尽可能地占有要素和产品，增加存量积累，才能获取利润和财富。然而在流量经济模式下，经济主体不再坚持把资源据为己有的"利己"观念，而是将资源随时置于不断流转进而增值的过程中，设法"利他"，从中获取报酬。

最后，"信息不对称"法则运行的基础是传统农业和工业文明的社会结构，指的是市场交易各方所拥有的信息不对等，但是，在信息经济和互联网时代，市场的信息壁垒轻而易举被打破，信息的传播从单向到多向发展，信息搜集的成本大大降低，提高了交易双方的透明性，缩短了市场信号传递环节，为规避逆向选择和道德风险提供了众多的有效措施。

资源稀缺性、理性经济人、信息不对称这三大假设是西方微观经济学理论分析的前提和起点，而随着生产要素和产品流量化对以上假设的消解，微观经济学理论的根基也将随之发生动摇。流量经济作为一种全新的资源配置手段，为经济分析提供了一套全新的思维方式，其核心理念就是通过平台和网络，以及各类经济要素的数字化，实现资源的开放、连接、共享和增值；通过激活存量资源和产能，提高经济系统通向动态一般均衡的可能性，并重新定义了人类对资产和效益的理解。

从社会生产角度看，流量经济是以"服务"和"功能"为主导的经济，因而为企业主体带来的利润比纯粹的产品生产和销售要高很多。而传统的以生产多少产品、卖出多少产品为衡量标准的产品导向型生产组织系统，将转变为另一种以"控制与影响"为核心的、价值衡量标准多元化的生产组织系统。从社会消费角度看，流量经济的作用和意义在于能促进产品循环，建立一种全新的消费理念，消费价值观将由以所有权为主转变为以使用权为主，提高产品利用效率，促进产品循环，充分利用资源。

生产模式和消费模式的转变需要有新的制度安排与之相适应。传统的经济逻辑关系尤其是资本主义社会关系是建立在资源的私人所有制基础之上的——为了保护不断积累的存量资产，需要通过所有制以及诸如专利、股权、产权等法律体系保证私人资产不被侵犯。这种价值生产和获取的逻辑发展到一定程度必然会造成资源的分配不均与闲置浪费。而流量经济则将重新书写价值创造的法则：资源流动会带来最高效率，要素流动（尤其是智力、技术、信息等高级要素的流动）会带来最伟大的创新。正是这种理念推动着人类社会从粗放型的工业化社会向集约型、环境友好型、可持续发展型的经济社会转型。

从意识形态和价值理念来看,流量经济的核心是流动,它把人类从拥有更多物品的追求中解放出来,其发展趋势或许能使人类回到本质而非身心奴役于物质,避免"不必要的占有"或"过度消费",形成一种"去物质化"的健康的生活态度。

二、"流量"范式对宏观经济学的颠覆

事实上,在"互联网十"经济到来之前,金融资本的大幅度活跃流动已经对主流宏观经济学近30余年的分析范式提出了挑战。而随着近些年来信息、通信和互联网革命的深入,全球范围内大量、瞬时的数据传输成为可能,各种经济要素在空间上的流动不再完全是传统意义上的实物形态的运动方式,更多的是以网络化、数字化、虚拟化的形态存在,正是在此基础上发生了经济增长路径、产业组织路径与城市发展路径的转变,从而为宏观经济学研究赋予了新的内容和要求。

自凯恩斯(Keynes)创立宏观经济学以来,宏观经济分析方法已经经历了两轮整合。在20世纪70年代以前,凯恩斯的总量宏观模型是分析主流;而20世纪70年代发达国家经济滞胀以及卢卡斯(Lucas)理性预期批判之后,动态随机一般均衡模型(dynamic stochastic general equilibrium, DSGE)成为宏观经济分析绝对主导的研究范式。但是,无论是在美国发生的次贷危机,还是后来波及全球的金融危机,令人失望的是几乎没有一位主流宏观经济学家能够做出精准的预测。2008年发生的金融危机再次深刻暴露了主流宏观经济学理论的一个缺陷,即缺乏对流量,尤其是货币在金融体系中的流动规律进行有效分析。20世纪以来的几次金融危机表明,金融危机的爆发总是与国际资本的大规模、无序流动有关系,或者说国际资本流动是新型金融危机爆发的外部条件。可以说,主流宏观经济学对于资本流动在经济中应当起什么作用以及金融体系的运行是否良好的分析是乏力的,有缺陷的。

目前占据主流地位的新古典宏观经济学分析范式——动态随机一般均衡模型的缺陷在于:其通过抽象假设使得模型中实体(存量)经济和货币金融等流量的联系被天然地割裂了。因此,未能在货币资本流动(尤其是信贷)、交易流量与生产和分配方面提供一体化的处理方法,以将实体经济和要素流量有机地衔接起来。因而,这种研究方法无法更好地分析当代现实经济体系中的金融化、杠杆化、货币政策效果以及经济增长的可持续性等问题。

正因如此,在宏观经济学的研究框架中,需要对流量的作用重新认识和定

义,如何看待流量,将是流量经济理论与新古典动态随机一般均衡模型背后真正的分歧。在新古典的传统经典理论中,流量仅仅是交易的媒介,从长期来看它对经济过程没有影响,经济波动由偏好和技术等实际变量决定。而现实经济运行对上述理论提出了挑战,尤其是国际金融危机显示,流量在实际经济运行中发挥着非常重要的作用,尤其是资本流动和信贷,既是价值储藏的手段,更是一种流动性资产,需要纳入广泛的资产选择,从而影响消费和投资,并进而影响总需求和整个经济过程。而每一个要素流量来自何处并进入何方,不应是宏观经济模型系统中传导机制的"黑洞"。例如,国际资本流动如何借助间接融资市场、证券市场、外汇市场,引起金融的发生和加剧等。

现有宏观经济学研究体系中探讨的往往是某些经济学理论和实证数据之间的关系问题,一般很少探讨经济学理论体系内部的逻辑矛盾。按照弗里德曼(Friedman)关于经济学方法论的主张,"理论的正确性不在于其假设,而在于其和实证所体现的样本数据是否符合",这也是新古典宏观经济学目前所提倡的。可以这么说,在任何一个科学体系中,很少出现带着逻辑起点问题还能向前发展的理论,因为按照波普(Popper)的证伪观点,带有逻辑起点的问题会在实际中遇到越来越多的证伪反例。但是库恩的科学范式革命理论告诉我们只有当可替代现有范式的新科学范式出现,并且反例达到了一定的数量,现有科学范式才可能被证伪,科学革命才会发生。而能够加速这种科学范式革命的方法,就是对旧有的科学范式进行逻辑的批判分析。流量经济理论恰恰有潜力、有空间发展出一套能够严谨分析和考察当代现实经济运行的模型和方法。

互联网时代的到来以及不断的加速推进更是提升了这种逻辑批判的必要性。各国之间经济互联互通的全球网络越来越广泛,也越来越复杂。在这样的背景下,不仅要对诸如资金、人力、贸易流动等个体流量进行深入探究,也需要从整体上描绘能够表征当前宏观经济体系内不同类型的流量在全球范围内互动联通的网络。

除了宏观经济理论的基本思路和范式外,流量已经在很大程度上影响了宏观经济学的各个子学科。

在经济增长理论领域,流量经济拓展了刺激经济增长主要依靠土地、资本、劳动力等要素的大量投入的传统思路,主张通过调整社会存量资源,用加速存量流动的方式,使产品和服务的效用最大化,对于解决过度投资、产能过剩、低水平重复建设、不公平招商政策等,都具有较大的现实意义。

在产业经济学领域,产业的组织结构发生变革,新的产业组织形式和运作模式出现,制造业服务化、柔性制造、产业互联网、企业轻资产化等种种趋势日益显著。

在经济地理学领域,经济全球化和区域一体化加速了以"流"为连接的网络和节点基础之上的新空间结构,并可以从系统论、控制论的角度研究"流"产生的科学机理,这就为解释流量经济的存在提供了另外一种科学解释。

在城市经济学领域,全球城市已经被定义为世界范围内信息流、货物流、资金流、人才流、技术流等所建构的网络交叉点,全球节点城市通过跨国公司和先进生产型服务业支配资源。一个城市在全球城市流量和生产性服务业网络中的联系能级越高,对全球经济的影响力也就越大。

第二节 数字全球化:流量成为经济发展新引擎

流量经济对旧的经济研究范式提出巨大的挑战,并重新定义了经济学对于资产、产权乃至公有、私有的界定和理解。流量经济之所以能够迅速地产生并改变产业经济的面貌,主要还是得益于全新的技术革命所引发的技术经济范式的转换,在这个过程中,以互联网尤其是移动互联网为核心的信息技术为数字经济、平台经济、共享经济等新经济形态的落地生根和开花结果提供了最关键的技术保障。

流量经济发展的早期阶段主要表现为互联网技术和互联网产业的连续性创新和指数型发展,以及全新的以互联网为核心的通用技术集群在各个领域的普遍生成和广泛应用。随着早期投入阶段过渡到后期的收获阶段,新的技术基因开始与各个产业的关键要素发生化学反应,互联网产业与越来越多的产业开始通过跨界合作、融合创新等方式催生出前所未有的新产品、新模式、新业态和新生态。

一、流量经济催生了轻资产化

"轻资产模式"的概念最先由国际知名的管理咨询公司麦肯锡提出,它是指企业将有限的资源重点投向研发和营销等高价值链环节,而将占用固定资产较多的生产制造等非核心业务外包出去,从而降低企业的资本投入,提高投入产出比,增强企业的核心竞争力。后来国内外学者对轻资产模式进行了深入的研究,逐渐将"轻资产模式"的概念统一为：企业将长期积累形成的轻资产作为企业的关键性资源进行充分利用，通过轻资产本身固有的杠杆效应，实现对有限资源的优化整合，逐渐形成能够帮助企业实现价值创造的竞争优势。

轻资产模式的出现，为企业应对当今日益紧缩的国内外市场环境指明了一条可行的出路。在全球范围内经济增速放缓、产能过剩所带来的筹资和利润空间压缩的困境下，传统的以盲目扩大生产规模为重点的重资产运营模式难以为继，越来越多的企业逐渐摒弃传统的重资产模式，转而投向轻资产运营，开创了以无形资产代替有形产品、虚拟经营代替实体经营的轻资产模式时代。

博弈论意义上的"以小博大"式轻资产运营方式，正是流量经济核心价值观的体现。它以较少的自我投入，以资本流通为杠杆，支配和利用大规模的他人资本或资产。这种模式有三个特点：一是紧扣核心专长，就是将非核心业务出售或外包出去，企业只需花费较少投入集中发展自己最擅长的某一领域或方面，如自身研发、市场营销和后期服务等价值链中高附加值的环节。二是操控产业链，即选择并控制产业链上的关键节点或关键链，据此实现操控、杠杆或节制整条产业链的轻资产运营。三是品牌引领，品牌属于无形资产，也是一种竞争力最强、赢利能力最强、最稀缺、最具价值的轻资产。品牌营销是轻资产运营的核心和旗帜。轻资产运营的最高境界就是纯品牌营销，企业只需拥有品牌（当然还需保留一种高超的业务外包整合能力）就可以控制市场规模与结构。此时，企业的轻资产效用达到了顶点或极限。

二、流量经济催生了去中心化

当万物互联、信息互通使所有个体都有可能成为资源配置、产业链中重要的中心节点时，就实现了最理想的市场状况——生产、流通、分配和消费环节中的交易成本将达到最低，经济效率及经济福利将实现最大化。2008年国际金融危机之后，长期中心化金融模式的弊端逐渐显现，在资源配置过程中，垄断型、资源优势型的中心和强中介向开放式平台、服务导向型的多中心的转型呼声越来越高。在这一背景下，区块链技术是继互联网技术之后的又一大技术革新，它与人工智能、大数据和云计算等前沿技术的结合将推动下一代全球信用中心的构建和价值互联网的飞速发展，将颠覆传统信用中介机构所扮演的中间人的角色，满足人们的信用需求，将在金融中介领域发挥巨大的作用，甚至重塑世界经济格局，为整个世界的资源配置更加公平、开放、透明化发展提供技术支持。

罗伯特·希勒(Robert J. Shiller)在《金融与好的社会》一书中描述了这一目标。希勒教授是理想主义者,他相信人性的光辉,"通过技术安排为公众的利益重塑金融业,把金融业作为人类财富的管理者;通过公众的广泛参与,让金融业为人类社会的良性发展服务。全民的广泛参与也会打破金融的精英权力结构,使得金融民主化,并实现财富分配的公平"。国际货币基金组织前副总裁朱民也认为,《金融与好的社会》一书中的理想,可以通过区块链的非中性化模式设计,来促进更多主体(节点)的参与及金融话语权提升[①]。

尽管当前对区块链的探讨更加侧重于数字货币和金融领域,但究其根源,它是能够促使当前的信息互联网向价值互联网过渡,为更多领域的金融和非金融创新奠定基础条件的底层技术。"我们应该把区块链当成类似互联网的事物——一种综合的信息技术,其中包含多种层面的应用,如资产登记、编写清单、价值交换,涉及金融、经济、货币的各个领域,像硬资产(有形财产、住宅、汽车),以及无形资产(选票、创意、信誉、意向、健康数据、信息等)","但是,区块链的概念远不止于此:它是任何事物所有量子数据(指离散单位)呈现、评估和传递的一种新型组织范例,而且也有可能使人类活动的协同达到空前的规模。"[②]

随着流量经济发展的深入,区块链技术带来的革新也将经历三个阶段。区块链1.0对应的是数字货币,这方面的应用和现金有关,包含货币转移、汇兑和支付系统等。区块链2.0对应的是智能合约,这方面的应用主要在经济、市场、金融领域等,但其可延伸范围比简单的现金转移要宽广,可以涵盖股票、债券、期货、贷款、按揭、产权和智能合约等。区块链3.0则对应的是超越货币、金融、市场以外的应用,主要在政府、健康、科学、文化和艺术方面[③]。

三、流量经济催生了制造业服务化

继高端化、智能化之后,服务化正在成为全球制造业发展新趋势,其背后的主要动力在于:随着移动互联网、大数据、云计算、物联网、人工智能等信息技术的不断发展,信息流、货物流、资金流、人才流、技术流可以在全球范围内顺畅流动,从而带来经济组织结构的改变,引起技术创新、管理创新、组织创新和商业模

---

① 罗伯特·席勒.新金融秩序:如何应对不确定的金融风险[M].束宇,译.北京:中信出版社,2014.
② 梅兰妮·斯万.区块链:新经济蓝图及导读[M].北京:新星出版社,2016.
③ 克劳斯·施瓦布.第四次工业革命转型的力量[M].北京:中信出版社,2016.

式的变化,进而实现经济组织形态由静态的存量向动态的流量转换,导致传统产业界限被打破,服务业和制造业的有机融合成为可能——制造企业不能仅局限于研发、制造、产品销售和提供简单的售后服务,还要为客户提供越来越多的高附加值服务,比如个性化定制、综合解决方案、智能信息服务等。近些年,装备制造、白色家电、电子信息消费品以及衣饰家具等行业呈现出典型的制造业服务化趋势,企业开始从生产加工向材料供应、研发设计、品牌建设、管理服务、营销推广等环节延伸,帮助制造企业摆脱对资源、能源等要素的投入,减轻对环境的污染,同时能够更好地满足用户需求、增加附加价值、提高综合竞争力。

制造业服务化以满足市场需求为中心,以产业链利益相关方的价值增值为目标,通过对生产组织形式、运营管理方式和商业发展模式的优化升级和协同创新,实现制造业价值链的延展和提升。服务化意味着制造业向价值链的高端发展,即向"微笑曲线"的两端延伸,制造企业由提供产品制造为核心向提供产品、服务和整体解决方案并重转变的过程,既可满足客户个性化需求,又能延伸制造业价值链。一些发达国家的制造服务业占整个服务业比重高达 70%,服务正成为越来越多制造企业销售收入和利润的主要基础,成为制造业竞争优势的核心来源。

放眼全球,惠普、戴尔等计算机企业早已开始从卖硬件向卖服务转型;耐克等企业通过产业链重组,逐渐将加工制造环节转移出去,集中开展产品设计、品牌维护等,从制造企业转型为服务提供商;而在分享经济风生水起的当下,奔驰、宝马等车企也纷纷推出汽车分时共享业务,抢占租赁服务市场……全球制造业服务化转型的趋势愈加明显。

四、流量经济催生了经济数字化

以数字化为载体的流量正在改造着全球传统的经济体系。2015 年,数字形态的服务和产品已占据全球服务贸易比重的 63% 和产品贸易的 13.1%。数字化平台不仅直接促进了跨境产品和服务交易,并且不断通过对物理、实物形态的产品流进行数字化转换与包装,以实现价值的永续和增值。在这种情况下,商品的实体形态"存在于"哪里已经不那么重要,哪里是全球要素及信息网络的功能性枢纽,以及高端专业服务业的关键所在地,哪里才是一个国家在国际市场中价值与重要性的核心体现。

五、流量经济催生了平台化

流量经济中网络化高度发育,进而形成了多形式的流量平台。第一层由各种交通运输线路、各种通信线路设施以及各级城市构成,这也是流量经济中最为典型的空间硬件载体平台。第二层是世界各国企业、公司等生产基本单位所构成的网络,尤其是作为全球经济活动主体的跨国公司的经营活动,必然引领信息流、货物流、资金流、人才流和技术流在全球范围内大量流动。第三层是促成各类经济要素交换和配置的平台,包括资金平台(证券、保险交易所)、商品平台(大宗商品平台、期现货交易所)、技术平台(人才市场、科技会展、学术会议)、信息平台(金融、航运数据中心)等。流量越大,对平台的要求就越高;流量越交错跨界,对平台的结构要求就越复杂。可以说,平台经济是随着流量经济规模的壮大而形成的,而流量经济的规模壮大也是平台经济推动的,两者是一对孪生兄弟。

六、流量经济催生了城市空间节点化

依托以上载体,生产要素与商品的流量将在区域间的经济合作、贸易交流、资源整合等需求驱动下不断积聚和扩散,而流量汇聚或集中的"枢纽"便是"节点城市"。从工业文明向信息文明转变的过程中,全球顶级城市率先形成流量化经济特征,建立起以服务业特别是生产性服务业为主的产业体系,成为全球城市网络的节点城市。如现阶段世界经济和金融流量汇聚的中心在美国的纽约、欧洲的伦敦和日本的东京;而新加坡、伦敦和香港则构成了国际航运货流和客流的三大核心节点。节点城市的作用在于"控制与影响",即对四面八方的各种经济流形成吸引,再对其进行加工、充足、再造与增值,并通过网络和平台辐射到全球各地。节点城市的最显著特征就是产业体系的跃迁和高级化,服务业和生产性服务业成为节点城市的主导产业。根据节点的规模及其在流量网络中作用场的范围大小,可以将节点城市划分成不同等级,如国内地方节点城市、国家级节点城市、国际性区域节点城市、全球节点城市等。

综上所述,在流量经济环境中,新的发展模式要求增强对各类要素流量的承载力、控制力、运作力和辐射力,放大流量的附加值,促进各类经济要素有机组合、协同创新。其本质是打破行业边界,重组产业链条,加快生产要素的流动,创造更大的流量经济集聚与辐射效应。流量经济饱含潜力,发展流量经济,也是为未来积淀能量。在未来的发展中,谁能控制与引导流量,谁就能赢得发展主导权,占领竞争制高点。

| 第三节 | 流量经济理论体系初探：本书的结构与主要内容

从工业文明以存量为核心,到信息文明以流量为核心,流量在信息化和智能化科技革命的助推下,使现代经济发展模式实现了向轻资产化、去中心化、服务化、数字化、平台化、共享化、空间节点化的方向转变,从而导致整个经济形态出现了以要素流动推动经济增长的格局。基于此,本书将全面分析信息化和智能化时代流量经济的四大特征——数字化、平台化、共享化和空间化,并在此基础之上,进一步深入探讨这种流量思维和流量模式对制造业(技术流)、金融业(资金流)、人力资本(人才流)以及国际贸易和货物运输(货物流)等流量经济主要领域的影响。

一、流量经济理论演绎与本质特征

本书第一章,我们从经济史和经济学说史的角度,研究了不同经济发展阶段存量和流量的关系。研究的结论是：在工业化及其之前的经济发展诸阶段,人们经济活动的主要目标都是以追求存量的扩张为第一要务。无论是经济理论还是经济实践,我们所看到的都是在追求土地的占有、资本的扩张、人均资本装备的增加或资本产出率的提高等,宏观经济学家则重点研究储蓄和投资的关系,研究如何将储蓄更有效地转化为投资等。所有这些理论研究与实践活动,都体现为一种追求存量增加的学术路径和思维模式,这是因为工业化及其之前的经济发展阶段,就是存量经济阶段。信息革命以后,这种存量经济模式开始出现了分化,流量的概念逐渐兴起。信息化,尤其是移动互联网、大数据、云计算、物联网的出现,极大地加速了流量经济的形成,流量的瞬间匹配和流速的加快,已使一些存量可以不复存在(如库存等)。对整体经济而言,如果不增加存量的投资,只要加速存量的流动,也能够促进经济增长。这是一个经济形态转变的重要特征,并且会对未来经济发展产生深刻的影响。但是,这种已经在实践中出现的现象,在理论上还没有得到归纳与总结,更谈不上成为一种理论体系。这也是我们写作本书的初衷——为流量经济理论体系的形成做一点小小的贡献。

第二章是本书的核心部分,力图为流量经济做一个理论上的阐释,并力图构建一个流量经济理论模型。流量经济的定义是:流量经济是一种新型经济形态,它是指在信息化时代背景下,信息、人才、货物、资金和技术等经济要素在以各种要素交换配置平台等为载体所形成的实体或虚拟网络中进行流动、重组、整合和运作,最终形成一个活跃的经济动力系统。既然是一个动力系统,其良性运行就能产生经济增长的动能。因此,本章重点描述了这种以要素流动产生动能的机制,并初步建立了一个流量经济的理论模型。

第三章至第六章,分别讨论了流量经济的四个重要特征:数字化、平台化、共享化和空间化。

数字化特征是流量经济最终形成一种特定的经济形态的根本性标志。具有数字化特征的经济,也被称为数字经济,这是一种技术经济范式,具有基础性、广泛性、外溢性和互补性等特征,其最大的贡献在于使原来被分割的行业经济(大工业的产物)通过数字联网而再次跨界融合,并且由于消除了要素流动的障碍,使存量通过数字化而流动起来,从而形成了经济的新增长点。

平台化特征是流量经济的基础特征。要素的流动一直是依托于各类平台的。在工业化时期,这种平台大多是物理平台,进入信息化社会后,虚拟平台的出现,使要素流动的空间突然被放大,所有的要素流量,包括信息、货物、资金、人才、技术以及各类特定的服务都可以在不同的平台上瞬得以匹配和成交,从而大大缩短了要素流动的时间和空间,流量效率空前提升。

共享化特征是流量经济的动力特征。共享经济的一个重要贡献,就是可以使原先被闲置的存量流动起来,使存量变为流量,使资源得以重新配置,从而形成推动流量经济发展的重要动力之一。这种使存量变为流量的转变是具有革命性意义的。它不仅提高了资源配置的效率,还对传统经济学的产权理论、产业组织理论、价值创造理论、规模经济理论等我们耳熟能详的理论形成了巨大的冲击。

空间化特征是流量经济的外在特征。要素流动需要空间,但随着信息化和智能化的发展,出现了要素流动的虚拟空间,要素流动的范围被骤然放大,要素可以在更广阔的空间进行配置,从而使原先因为空间领域不够形成错配的,或以前不可能进行合理配置的资源得到了重新配置。这种重新配置导致了要素的加速流动,从而使流量经济在更广泛的领域实现了渗透,也为形成全球范围内的流量节点城市提供了基础。

本书通过对上述四个特征的理论描述和分析,完整地勾勒出流量经济学作为一门学科的理论框架。尽管这个框架还有待于进一步完善,但信息化时代所出现的流量经济特征已经被我们捕捉到了,这是一种有别于以"存量经济"为主要特征的大工业时代的重要特征。只有把握住这个经济发展的主脉络,我们才能在未来经济分析和政策研究中不走弯路。

二、流量经济中各要素流动的基本规律

本书第七至第十章,分别从流量经济的几个重要流动要素的流动规律、流动特征,以及与其他流动要素的相互关系和影响等方面展开了研究与分析。这些重要流动要素主要包括技术流(以制造业要素流动为主线)、资金流、人才流和货物流。我们之所以首先分析技术流,是因为新一轮工业革命的兴起,已经使技术流成为主导流量经济格局变化的最重要因素,其他流动要素都会根据技术流的变化而变化。

从新一轮科技革命的角度观察,全球经济正处在革命性变革的前夜。大数据、云计算、物联网、机器人、4D 打印、无人驾驶、无人工厂、生物革命、新能源开发……凡此种种,都意味着在制造业领域将出现一种我们已经很难预测的革命性、颠覆性的变化。为此,德国制定了"工业 4.0 计划",美国制定了"工业互联网计划",英国制定了"英国制造 2050"计划,中国制定了"中国制造 2025"计划。这是一个"山雨欲来风满楼"的时代,各种新技术的发明与创造,以及这些新技术的流向、流动规律、流动中的重组与裂变等,都将成为这个时代引人关注的重大事件。为此,本书第七章重点分析了当今制造业中这种技术流的变化路径及其对经济增长的影响。

本书第八章讨论了资金流问题。第二次世界大战以后,联合国为了搞清楚全球经济的真实状况,制定了一个提供给世界各国参考使用的《国民核算体系》(System of National Accounts,SNA)。这个核算体系共分为五个部分:国民收入核算、投入产出核算、资金流量核算、国际收支核算、国民经济资产负债表核算。尽管在 60 多年时间里,这个核算体系已经经历了三次重大修订,而且在许多核算领域都有了重大突破,但是,半个多世纪以来,资金流量核算的全部框架却一直难以完成。这是因为全球资金流动的格局实在过于复杂,各种资金的明流、暗流、变相流、错位流,导致各类机构假账横行,手段迭出,难辨真伪。自十年前美国次贷危机所引发的全球金融危机以来,资金的流动,特别是资金以各种"金融创新"名义的流动,使资金流动的规律变得越来越复杂。近年来互联网金

融的出现,更加改变了资金流动的规律。所有这些因素,都会极大地影响流量经济中的资金流。正因为资金流如此重要,且其流动状况又如此复杂,因此本章重点讨论在新经济情况下资金流动的规律与效用机制。

本书第九章讨论的是人力资本流动。尽管我国人口众多,但人力资本却很稀缺。正因为稀缺,所以争夺人力资本就成为经济发展中的一种常态。这种人力资本的争夺格局,加速了人力资本的流动。为了留住这些稀缺的人力资本,各国、各地区、各部门、各企业都会制订一些限制人力资本流动的规定。在世界各国对外签订的服务贸易协定中,都会涉及一条关于"自然人流动"的条款,其本意是鼓励人才的流动。因此,在现实经济中,就形成了人力资本自由流动和反对自由流动的力量对抗。从理论上说,鼓励人力资本流动一定会形成一种最优的资源配置格局,而且由于人力资本的特殊性,这种资源的自由流动会带动其他要素流动的变化,从而对经济发展形成重大影响。但是在现实中,这种理论状态很难形成。因此,本章的重点在于研究如何打破这种限制人力资本流动的障碍,从而使人力资本的流动与其他要素的流动能够更加有机地结合起来,形成一种更新、更有合成能力的经济流量。

本书最后一章讨论货物流问题。之所以把货物流问题放在最后讨论,是因为在信息化时代,这种流量已经变得不那么重要了,它已经成为其他流量的物质载体而已。本章所讨论的货物流,主要是指贸易流和通过运输而产生的物流。贸易流或物流是一个非常古老的概念,从人类经济活动一开始就出现了。但是,随着人们对运输概念理解的不断深化,以及对贸易概念的不断更新,这种贸易流和物流出现了很大的变化。在信息化时代,货物流动的规律也开始发生革命性变化,网购的形成和人们购物理念的变化,导致物流业出现了新的格局。新技术的发展也会导致贸易总量、贸易结构和贸易流向发生变化,所有这些变化都会对流量经济的结构产生影响。因此本章的重点在于讨论这种贸易结构的变化所产生的物流结构变化以及对流量经济的影响。

以上简单地介绍了本书写作的基本框架和各章主要内容。由于现在所做的这些研究是在建立一个新的理论体系,是一项艰苦而繁重的任务,不可能一蹴而就,因此力图在理论体系和实践体系两个方面展开研究,目标是为"流量经济"这个新的经济形态建立一整套理论体系而做出一些小小的贡献。

第一章 产业革命进程中的存量与流量关系转换

"理论是灰色的,唯生活之树常青"。从经济学理论诞生之时,经济学家们就一直关注着经济活动的变化,从中提炼出经济实践的理论意义,并试图以理论去指导实践。重商主义的经济思想鼓励人们通过贸易来改善经济状况,形成资本积累。随着工业革命的兴起,出现了古典经济学理论,观察到人们通过分工协作大大提高了劳动生产率的现象,这种现象加速了社会财富的积累。但同时,劳动分工也形成了经济流量问题,经济流量与存量的关系开始引起经济学家们的关注。随着工业革命不断升级,劳动生产率不断提高,世界经济在短期内获得巨大增长,经济研究的重点就慢慢从存量转到流量上来。因此,对经济存量与流量关系进行研究,本质上就是对经济发展不同阶段推动经济增长的动力问题的研究。

| 第一节 | 重商主义时期存量的形成

工业革命爆发前的重商主义时期是重要的资本原始积累阶段,其简单的贸易政策主张基本遵循贸易互利的原则,但逐利的本性驱使商人们不断扩大贸易,追求财富增长。特别是地理大发现后,西欧国家通过对殖民地金银的抢掠和商业贸易积累了大量的财富,为工业革命的爆发奠定了经济基础。

一、重商主义的基本经济思想与政策

重商主义是描述 16—18 世纪出现的部分松散的经济思想,学者们将其概括为西欧封建制度瓦解和资本主义经济制度准备时期反映商业资本利益的经济思

想和政策体系①。15世纪末,封建制晚期的西欧各国商业得到较大发展,商品交换与货币流动日益频繁,成为城市建立与规模扩大的基础,商品的国内与国际贸易亦获得发展。国王利用国家政权为商人提供海外商业霸权,打破封建割据对商品流通的束缚。反过来,商人为国王提供大量国内外战争的耗费,支持其不断扩大势力范围。从此,商人的社会地位发生改变,"世俗利益"成了人们不懈的追求。亚当·斯密将此时期较早出现的对国家财富增长的相关探讨称为"重商主义"。

1. 重商主义的基本经济思想

重商主义的基本经济思想主要包括三个方面:①财富就是货币,货币就是金银,拥有货币的多少是衡量一个国家富裕程度的标准②;②对外贸易是一国财富增加的常用手段③。所以,一个国家只有在对外贸易中保证贸易顺差,才能增加金银货币,使国家富强;③国家对经济活动的干预是一国增加财富的重要手段。

2. 重商主义的经济政策

重商主义的发展基本经历了两个阶段。15世纪至16世纪中叶是早期重商主义阶段;16世纪下半叶至17世纪中叶是晚期重商主义阶段④。这两个阶段因在如何增加货币的观点上不同而呈现出不同的特点。早期重商主义的经济政策认为国家在对外贸易中要绝对遵守"多卖少买,最好不买"的原则,必须做到金银的输入超过输出,国家应该采取严厉措施禁止货币输出,鼓励货币输入,并通过贮藏的形式将货币留在国内。而晚期重商主义的经济政策认为对外贸易可以多买,也可以多卖,总体贸易实现顺差即可。货币政策为在保证货币输入的前提下允许货币输出。国家要实行保护关税政策,提高本国产品竞争力,实现贸易顺差,并采取贸易干预措施,扩大出口,减少进口,保证贸易顺差。

二、16—17世纪欧洲经济的不断扩张

在重商主义政策的支持下,商人从中世纪较低的社会地位中脱离出来,并在欧洲经济扩张中发挥了重要作用。"随着贸易量的增长和国际船运的开拓,此前

---

① 尹伯成.西方经济学说史:从市场经济视角的考察(第2版)[M].上海:复旦大学出版社,2012:7.
② 吴宇晖,张嘉昕.外国经济思想史[M].北京:高等教育出版社,2007:35-36.
③ 托马斯·孟.英国得自对外贸易的财富[M].袁南宇,译.北京:商务印书馆,1959:4.
④ 池元吉.世界经济概论[M].北京:高等教育出版社,2003:285.

孤立的地区和贸易被联系了起来,商人和生产者的活动逐步对国家的政治经济发生作用并开始改变西欧社会的面貌。"[1]

1. 16 世纪初欧洲资本的原始积累

冲破了中世纪的枷锁,西欧社会面貌正悄然发生着变化。这种变化部分是由新的生产方式所造成的社会变化推动,部分是受政府政策的影响实现,但这些变化都离不开资本的驱使,从而逐渐形成了欧洲资本的原始积累,导致经济存量的不断增长。

所谓资本的原始积累,一般是指通过暴力使直接生产者与生产资料相分离,把他们变成雇佣劳动者,同时把货币转化为资本的一个过程。在这一时期,城市手工业的发展为国际贸易提供了物质基础,地理大发现和世界市场的初步形成促进了国际贸易的进一步发展。[2] 而国际贸易的迅速发展则促进了资本主义生产方式的产生。

地理大发现后,欧洲商业资本相继开始殖民扩张,通过类似英国东印度公司等商业集团对殖民地的贸易垄断,强迫殖民地农民种植欧洲市场需要的咖啡、甘蔗,并从东方低价收购香料、丝绸、宝石、手工艺品,运输到欧洲后以 6~7 倍的高价出售,再从非洲贩运黑人到美洲充当奴隶,甚至通过战争、抢劫、杀戮掠夺殖民地人民的财富。根据官方统计数字,仅在 1521—1600 年间,从美洲运到西班牙的白银就有 18 000 吨,黄金 200 吨[3]。从殖民地掠取的大量金银货币,在欧洲大部分转化为资本。正如马克思所指出的:"资本来到世间,从头到脚,每个毛孔都滴着血和肮脏的东西"[4]。

2. 16 世纪中叶至 17 世纪末欧洲经济的扩张

大卫·休谟(David Hume)认为社会无一例外地都会在一代或两代的时间内从即使最惨重的流行病对人口的破坏中恢复过来。事实证明,这种说法与 18 世纪的情况一致,但中世纪后期欧洲人口趋势并不与其一致。一般地讲,长期增长似乎是从 1450 年之后开始的,尽管 15 世纪最后 25 年,人口的恢复在有些地

① E. E. 里奇,C. H. 威尔逊. 剑桥欧洲经济史(第 4 卷)[M]. 张锦冬,钟和,晏波,译. 北京:经济科学出版社,2003:445.

② 陈宪,等. 国际贸易:原理·政策·实务(第 2 版)[M]. 上海:立信会计出版社,2002:20.

③ 米歇尔·博德. 资本主义史 1500—1980[M]. 吴艾美,等译. 北京:东方出版社,1986:7.

④《马克思恩格斯全集》,第 23 卷,第 829 页。

区受到阻碍,甚至因受特殊因素的影响曾一度下降。不过,在1500年以后,所有国家的人口都出现了明显而持续的增长[①]。

欧洲各个国家的工资率和物价的长期变化趋势表明,在15世纪最后25年和整个16世纪,欧洲许多地区城市生产者的真实工资和工业产品的每一实物单位所能交换的食物量急剧地下降。这样,人们不得不承认,这段时期内人口对土地资源的压力是巨大的。为缓解人口增长的压力,只能采用农场的小型化与土地分割的方式使土地得到更充分的利用。但这并不是一个彻底的永久解决办法。吸纳农村的过剩人口必须有另外的出路,那就是城市的大发展。要使城市能够吸纳相当数量的农村剩余人口,就必须使国内的生产体系迅速扩大,从而引发劳动力的大量需求。

16世纪的意大利是具有经济优势和消费中心地位的国家,在繁荣的地中海贸易中,佛罗伦萨和米兰成为重要的制造业中心,威尼斯和热那亚则是主要的海上列强和商业船队的活动基地。商人们在地中海地区进行粮食、盐和纺织品、服装等产品贸易,但更诱人的是香料贸易。他们通过长途的商业交换链把印度、锡兰、印度尼西亚的香料种植者与威尼斯的商会联系起来,再从热那亚分销到欧洲各国。此外还交易一些在欧洲拥有高价的东方产品,如中国的丝绸、印度的棉布及各种宝石,从而使威尼斯成为世界上主要的海港之一。

到了17世纪,意大利地区的这种地位被西北欧所替代。商业赢利的机会、丰富的资源和海运技术的结合使当时的北欧成为世界贸易的主要中心之一。葡萄牙的里斯本、荷兰的阿姆斯特丹、英国的伦敦等先后成为繁荣的国际贸易港口,其贸易范围远及亚洲、非洲和美洲。据统计,1600—1700年间,葡萄牙、荷兰、英格兰、法国等其他欧洲国家船只抵达亚洲的数量共计3 161艘,其中,葡萄牙371艘,荷兰1 770艘,英格兰811艘[②]。从美洲运到欧洲的黄金达158吨,白银达26 168吨[③]。在此期间,荷兰的人均收入增长是欧洲最快的,其人均收入水平也是欧洲最高的。到1670年,荷兰船队的运载量达568 000吨[④],经营范围涉及挪威、格陵兰、地中海、波罗的海和其他欧洲地区、西非和西印度岛以及亚洲,贸易商品包括鲱鱼、胡椒、纺织品等。强大的航运船队、新的市场组织和金融产品(股票)的出现,以及宽松的政治环境成为荷兰经济起飞的重要因素,被誉为

① 安格斯·麦迪森.世界经济千年史[M].伍晓鹰,等译.北京:北京大学出版社,2003:20.
② 安格斯·麦迪森.世界经济千年史[M].伍晓鹰,等译.北京:北京大学出版社,2003:54.
③ 安格斯·麦迪森.世界经济千年史[M].伍晓鹰,等译.北京:北京大学出版社,2003:55.
④ 安格斯·麦迪森.世界经济千年史[M].伍晓鹰,等译.北京:北京大学出版社,2003:54.

"海上马车夫"。与荷兰相比,英国在整个17世纪并不是人均收入最高的国家,但其仍处在欧洲的商业贸易圈之内,并在政治制度、经济政策等方面进行着一系列内部变革。事实证明,这些变革为英国最早走上工业化之路,实现其世界霸权奠定了基础。

　　总而言之,地理大发现之后,欧洲经济在生产技术、市场组织、政治形态的不断变革中实现了腾飞,商业中心从意大利城邦转移到大西洋东海岸,商业贸易活动将孤立的地区联系起来,形成世界市场的雏形。农业领域中新型农业经营制度的建立,使农民摆脱了封建束缚,农业技术较之前发生了较大提升与发展。农产品所提供的原材料还促进了制糖工业、调味品贸易、烟草贸易的发展。手工工场里轮子、控制杆、凸轮、螺旋桨等机器部件的使用代替了人工操作,纺织业、木材加工业等传统行业的动力化大大提升了产量。作为阿姆斯特丹毛纺业中心的尼德兰在1530年时呢绒的年产量为7 104匹,1548年则扩大到10 938匹;英国的毛织业到17世纪上半叶,呢绒的年产量则高达25万匹[1]。玻璃业、钟表业、印刷业等新兴行业也开始出现并初具规模。玻璃业产量从1560年前的不足2万箱,到17世纪末就达到10万箱;钟表加工技术的不断进步,使其式样更加小巧、精美,价格更加低廉,1680年日内瓦的钟表年产量达5 000座。印刷业因工匠们联合起来办工厂,行会束缚力小,成为较早的资本主义性质的行业[2]。特许公司如荷兰联合东印度公司、英国东印度公司等的建立为欧洲的殖民主义扩张铺平了道路,建立了贸易中的国家垄断。这些公司在殖民地国家建立分支机构,通过远洋贸易为公司获得利润,一次航行获得的利润都在200%以上[3]。在重商主义经济政策的影响下,各国争相通过贸易实现其财富增长,亦通过暴力手段攫取殖民国家财富,形成原始积累。但无论何种方式,最终结果是欧洲社会实现了经济存量的大幅度增长。

｜第二节｜工业化初期存量与流量关系初探

　　经济学家对工业革命进程的分类有着不同的分类方法。经济史学家图泽尔

① 刘永生. 世界全史:世界近代前期经济史[M]. 北京:中国国际广播出版社,1996:6.
② 王述祖. 经济全球化与文化全球化:历史的思考与求证[M]. 北京:中国财政经济出版社,2006:42.
③ E. E. 里奇,C. H. 威尔逊. 剑桥欧洲经济史(第4卷)[M]. 张锦冬,钟和,晏波,译. 北京:经济科学出版社,2003:234.

曼和钱德勒将每两次康德拉季耶夫长波(技术革命波)称为一次工业革命(产业革命)。按这样的分类,人类至今大致经历了六次技术革命,合并成三次工业革命。

第一次技术革命是纺织业机械化时代(1771—1829 年),这次技术革命的关键要素是棉花。第二次技术革命是蒸汽和铁路时代(1829—1875 年),这次技术革命的关键要素是铁和煤。图泽尔曼和钱德勒把这两次技术革命称为第一次工业革命。这次工业革命是以蒸汽机为代表的动力技术革命所引发的机器制造革命,是生产力突变和裂变的时代。这次革命使农村人口大规模移居城市,出现了产业工人。

第三次技术革命是钢铁、电气和重化工时代(1875—1909 年),这次技术革命的关键要素是钢和电力。第四次技术革命是石油、汽车和大规模生产时代(1909—1971 年),这次技术革命的关键要素是石油和塑料。这两次技术革命构成了第二次工业革命,这是以电力、电信、内燃机为代表的技术革命导致工业流水线的出现,从而引发了以大规模制造为核心的工业革命,这是资本大规模对体力劳动替代的革命。这次革命的基本特征就是使众多工业产品(包括家用汽车)的成本下降到普通消费者可以购买的程度,从而极大地推动了现代社会的发展。

第五次技术革命是信息和远程通信时代(1971—2008 年),这次技术革命的关键要素是芯片和信息。第六次技术革命是人工智能与绿色经济时代(2008 年至今),这次技术革命的关键要素是大数据、云计算和可再生资源。我们现在正处在这次技术革命时代。我们可以把这两次技术革命称为第三次工业革命。尽管这两次技术革命都可以归在信息革命范畴之内,但由于第六次技术革命具有颠覆性意义,所以也有学者把第六次技术革命称为第四次工业革命。

每一次技术革命都会导致经济发生革命性裂变,而经济理论也会随着技术革命的变化而不断修正和创新,存量与流量的关系也会不断发生变化。我们现在所熟知的古典经济增长理论,就是伴随着第一次工业革命的爆发而产生的,其主要目的就是研究资本、劳动、土地要素以什么方式相结合能创造更多的财富。亚当·斯密以后,该理论的发展并没有脱离自由经济的主张,只是对各要素的研究更加全面深入。事实上,在古典经济增长论的主张下,欧美国家在第一次工业革命期间改变了社会生产方式,而在第二次工业革命时期实现了各生产要素的更高效结合与利用,社会经济总量空前扩张,人口规模扩大,人均寿命延长,开创了人类文明向前发展的新时代。

一、古典经济增长理论中存量与流量关系初探

随着重商主义时期欧洲经济的不断扩张,商人、银行家们更加注重从现实中总结经济活动的经验,主张各行各业在市场上自由竞争,而逐渐放弃国家干预的政策。因而,到了 17 世纪末期,重商主义理论被逐渐瓦解,取而代之的是更加适应资本主义经济发展的古典经济增长理论,这个理论发端于英国,伴随着英国18 世纪的经济崛起和欧洲市场经济的形成。

1. 古典经济增长理论的基本内容

古典经济增长理论主张减少政府干预,阐明在自由竞争的市场中如何实现国民财富的增长。最具代表性的经济学家为亚当·斯密,他建立了古典经济学理论体系,被誉为"经济学之父"。李嘉图、萨伊、马尔萨斯、穆勒等经济学家在经济自由的主张下,对古典经济增长理论进行了扩充。下面主要介绍亚当·斯密、李嘉图、马尔萨斯的经济理论,侧重于阐释经济存量与流量的关系。

亚当·斯密认为国民财富的增长主要依靠两方面。一是劳动分工,可以提高劳动生产率;二是人口数量的增加。这个观点依托于他的劳动价值论,即劳动创造价值。而交换是分工的前提,生产的商品必须经过交换才能实现其价值,故从人类利己的本性出发,市场这只"看不见的手"支配着人们对利益的追求,从而导致社会财富的增加。

李嘉图继承和坚持亚当·斯密的劳动价值论,并对创造价值的劳动提出了新的见解。他将创造价值的劳动分为简单劳动和复杂劳动,复杂劳动是倍加的简单劳动[1]。他认为商品的交换价值必须以使用价值为前提,商品的价值并不取决于工资、地租、利润三种收入,并指出了价值规律与利润规律之间的矛盾。

马尔萨斯的人口理论对亚当·斯密人口数量增加对国民财富增长的作用在现实中出现的悖论提出了解释。他认为人类是以食物为生存前提的,食物按照算术级数增长,而人口按照几何级数增长[2]。当人口增长快于食物增长时,人口增长必然受到抑制,随着人口的减少和食物的增加会再度导致人口的增长和再度的人口抑制。也就是说,当人口出现过剩时,会强行抑制人口过快增长,降低

---

① 吴宇晖,张嘉昕.外国经济思想史[M].北京:高等教育出版社,2007:111.
② 吴宇晖,张嘉昕.外国经济思想史[M].北京:高等教育出版社,2007:135.

国民财富的增长速度。

2. 对古典经济增长理论中存量与流量关系的分析

亚当·斯密等古典经济学家所处的时代仍然是以手工业为主要生产方式的时期,分工对生产效率的提高也主要针对手工业生产而言。事实上,亚当·斯密所谓的分工是一种事前行为,即分工导致人们有了不同的运用技巧的能力和劳动禀赋,进而产生了劳动效率的差异。如果将这种禀赋视为存量,将由劳动效率提升引起的社会财富的增长视为流量的话,亚当·斯密的理论更加侧重于对存量的研究,以期达到流量增长的目标。而对于流量本身,实际上涉及交换的实现、分工的范围限制、要素的流动等,亚当·斯密只用"看得见的手"高度概括了市场的作用,认为市场范围扩大,经济自由就可以实现更大范围的分工和交换,增加社会财富,但对于土地、劳动、资本等要素如何高效、有序、规范地流动,并没有深入探讨。李嘉图的比较优势理论亦是对亚当·斯密扩大市场经济主张的发展,各国都生产自己具有比较优势的产品,这样可以降低各自的生产成本,通过交换获得比自己生产相应产品更大的利益。

随着社会分工的深入,科技进步在各领域不断出现,其中,大机器进入生产领域拉开了工业革命的序幕,并确立了资产阶级在政治上及经济上的统治地位。按照亚当·斯密的理论,工资、地租和利润决定了商品价值。资本家可将原始积累用作流动资本,以一种形态用出去,再以另一种形态收回来而获得利润,也可用作固定资本,购买大机器和工具等,不用改变所有者也可以获得利润。而对于后者而言,资本家通过将固定资本、劳动、土地等要素集合起来,并用由这三方面的要素价格(利润、工资、地租)决定的商品价值进行交换,最终实现财富增长。古典经济学家只看重这三要素的存量,认为要素存量越大,投入越大,社会财富就会实现相应的增长。事实上,这一系列经济活动的进行主要还是依托于要素的自由流动。尽管亚当·斯密也主张自由经济,但要素的流动不仅需要自由的环境,更重要的是体现了要素价格的形成过程,这实质上就是一种初级形态流量经济的表现。而马尔萨斯的人口理论,则更侧重对劳动要素流量特征的探讨。

二、工业革命对存量与流量的影响

工业革命的爆发,在迅速改变人类社会生产方式的同时,也实现了经济的空前增长,并导致了人口的增长与城市的发展。这种经济增长发端于西欧,并不断扩张到美洲及各殖民地区,使世界上越来越多的国家出现了这种经济活动产出的增加,且为未来的经济扩张提供了动力。

1. 工业革命对存量的影响

工业革命对存量的影响主要是指工业革命爆发以后,社会生产方式的变革对土地、资本、劳动力这三种最重要的生产要素存量的影响。大机器生产的出现以及技术进步引起的生产动力的改进,提升了资源的利用效率,促进了固定资本对流动资本的替代;新工业产品的生产使交通运输方式发生了变化,从而降低了运输成本,扩大了运输范围,促进了市场经济的扩张;人口增长增加了劳动力供给,人口流动促进了机械化技术的传播与推广,反过来,机械化的广泛使用也加大了劳动的分工程度。

(1)大机器生产提升了资源的利用率。早在 16 世纪至 17 世纪末,英国人均收入几乎翻了一番,而同时期的法国和德国的人均收入只增长了三分之一[①]。只有荷兰的人均收入在英国之上,这是因为当时荷兰在农业、航运、金融和商业服务等方面有着更高的生产率和更高的国家专业化程度。因此,英国的经济学家们就将荷兰视为追随的榜样,并且在政治、经济、社会管理方面进行了一系列的变革,如建立议会制,建立有利于商业资本主义利益的经济制度,完善公共财政体系等。值得强调的是,知识生活被逐渐普及化了,许多大学教授、知名学者都参与了公共政策的实际事务,为技术进步奠定了基础。

从 18 世纪 60 年代起,技术进步的影响开始凸现出来,特别是在棉纺业。在当时的技术条件下,棉花比羊毛更容易被机械化处理,因而,某些固定资本投资所形成的机械化就可以带来劳动生产率的大幅提升。著名的珍妮纺纱机在纺纬纱时可以将生产率提高 16 倍。理查德·阿克赖特(Richard Arkwright)在 1768 年发明的纺纱机可利用水力作为动力纺出结实的经纱。塞缪尔·克朗普顿(Samuel Crompton)在 1779 年发明的走锭纺纱机可同时纺出纬纱和经纱。伊莱·惠特尼(Eli Whitney)在 1793 年发明的轧花机极大地降低了从美洲进口原棉的成本。在 1774—1820 年间,原棉的进口量增加了 20 多倍,棉纺织业的就业人数也从 18 世纪 70 年代的几乎可以忽略的水平增加到 1820 年占整个劳动力的 6% 以上,棉纱及其制成品从 1774 年占英国出口量的 2% 迅速提升到 1820 年

---

① 安格斯·麦迪森.世界经济千年史[M].伍晓鹰,等译.北京:北京大学出版社,2003:262.

的 62%①。英国棉纺业的进步在同时期的欧洲出现了扩张,而法国在 1820 年时人均棉织品的消费量大约只有英国的四分之一。英国亦凭借纺织业的强盛逐步超越荷兰,成为欧洲乃至世界的商业霸主。

(2)交通运输业的发展与新领地的开拓。事实上,工业革命带来的技术进步并非只存在于工业领域,它对经济活动的影响是非常广泛的,主要体现在交通和通信技术的进步方面,促进了全球性的经济增长。1812 年,世界上第一艘利用蒸汽机作为动力的轮船出现在英国,到了 19 世纪 60 年代,几乎所有新下水的船舶都已采用煤作为能源。而且钢铁制成的轮船比木船更大、更快、更可靠。结果直接催生了国际远洋航线的开辟,加速了世界各大洲之间的联系。

在此之前,英国凭借其"以邻为壑"的商业战略以及对欧洲大陆多次战争的胜利,成为真正意义上的贸易霸主。在非洲的加勒比殖民地开发制糖业及奴隶贸易,在北美拥有 13 个殖民地,在印度建立东印度贸易公司,到 1750 年,英帝国的人口包括了它在美洲的约 150 万人,在爱尔兰及加尔各答、马德拉斯和孟买基地的约 240 万人②。1776 年,北美英属 13 个殖民地获得独立,建立了美利坚合众国。这虽然使英国失去了部分殖民地,但丝毫不影响英国在世界范围内的扩张。

新的航运动力的出现大大降低了远洋贸易的运输成本,廉价和可靠的客运服务也随之发展起来,欧洲移民大量涌向美国、加拿大、澳大利亚、新西兰、阿根廷和巴西。1820—1913 年,英国人口的净流出量大约为 1 200 万人(一半来自爱尔兰),从欧洲其他国家流出的人口大约为 1 400 万人,印度人口的净流出量超过了 500 万人③。来自欧洲的移民加快了北美洲、拉丁美洲和澳大利亚、东南亚地区自然资源的开发利用,提高了移民的收入水平。移民将收入汇款到母国,促进其经济发展。英属东印度公司不仅是英国对印度贸易的商业组织,更是其对印度实施统治的机构。它改变了印度的政府管理体制,并引起社会经济结构的一系列变革。它帮助英国从印度殖民地攫取大量的财富,从 1868 年到 20 世纪 30 年代,印度的资源流出量占其国民收入的 0.9% 到 1.3%,也就是说,大约五分之一的印度净储蓄被转移到了英国④,因而,尽管英国失去了北美 13 个殖民

---

① 朱磊.台湾产业与金融研究[M].北京:九州出版社,2012:134-135.
② 安格斯·麦迪森.世界经济千年史[M].伍晓鹰,等译.北京:北京大学出版社,2003:97.
③ Kingsley Davis. The population of India and Pakistan [M]. Princeton: Princeton University Press, 1951:99-101.
④ 安格斯·麦迪森.世界经济千年史[M].伍晓鹰,等译.北京:北京大学出版社,2003:80.

地,但是它控制了拥有一亿人口的印度领土。除了印度,英国对中国的控制也基本类似。

(3) 各工业化国家的劳动力状况。工业革命的爆发、技术进步的传播与扩张使英国乃至整个欧洲出现大规模的机械化生产,促进劳动力分工更加深入。人口数量的增长和人均寿命的延长为机械化生产提供了劳动供给,社会生产方式的大变化反过来促使社会劳动就业结构的变化。

据统计,西欧人口规模从 1700 年的 8 146 万人增加到 1820 年的 13 289 万人,到 1998 年增加到 38 840 万人,1700—1820 年间人口年均复合增长率达41‰,1820—1998 年间达 60‰①。西欧平均人口出生时的预期寿命在 1820、1990、1950、1999 年分别为 40 岁、50 岁、69 岁、77 岁,呈现出明显的增长趋势②。此外,移民数量也在不断地增加。统计 1700—1913 年间自英国迁往巴西、澳大利亚和美国的净移民数量发现,迁往巴西的净移民流入数量从 400 人增加到2 200 人,迁往澳大利亚的从 33 人增加到 1 069 人,迁往美国的从 587 人增加到15 820 人,英国人口移民净流出达 12 635 人③。

在德国,钢铁工业和机器制造业的快速发展,使得企业规模不断扩大,雇佣劳动力数量不断增长。1882—1907 年间,在雇员超过 50 人的企业中工作的工人人数所占比例从 26.3% 提高到 45.5%;在超过 1 000 名雇员的企业中工作的人数增加了 4 倍以上,从 20.5 万人增加到 87.9 万人④。而且随着劳动生产率的不断提升,雇员人数随着单位产出的物质增长而增加。

大量的劳动力从事工业生产,直接结果是从事农业劳动的人口数量逐步下降,就业结构发生变化。据统计,1700—1820 年间,荷兰的农业人口所占比重从40% 增加到 43%,工业人口占比从 33% 下降到 26%;而英国农业人口占比则从56% 下降到 37%,工业人口占比从 22% 增加到 33%⑤。这就表明在技术进步的推动下,英国出现了农业劳动力比重下降、工业劳动力比重大幅攀升的趋势,英国的经济结构发生了重大变化;而荷兰则出现了反工业化和返城镇化的趋势,这

① 安格斯·麦迪森.世界经济千年史[M].伍晓鹰,等译.北京:北京大学出版社,2003:20.
② 安格斯·麦迪森.世界经济千年史[M].伍晓鹰,等译.北京:北京大学出版社,2003:18.
③ 安格斯·麦迪森.世界经济千年史[M].伍晓鹰,等译.北京:北京大学出版社,2003:23.
④ 安格斯·麦迪森.世界经济千年史[M].伍晓鹰,等译.北京:北京大学出版社,2003:502.
⑤ 荷兰的数据来自 Horlings E, Smits J P, Zanden v J L. The measurement of gross national product and its components. The Netherlands, 1800 - 1913 [J]. Groningen Growth and Development Centre Monograph Series, NO. 5, 2000:19.英国和美国的数据来自 Maddison A. Monitoring the world economy 1820 - 1992 [J]. American Thoracic Society, 1995:253。

也成为荷兰逐渐被英国赶超成为新的商业霸主的原因。相形之下，美国受工业革命的影响更大。在 1820—1890 年间，美国农业劳动力占比从 70% 下降到 38%，下降近一半，工业劳动力占比从 15% 增加到 24%，服务业劳动力占比从 15% 增加到 38%。而同时期英国农业劳动力占比从 37% 下降到 16%，工业劳动力占比从 33% 增加到 43%，服务业劳动力占比从 30% 增加到 41%。美国在工业和服务业特别是服务业中劳动力占比的急剧增加，表明美国在经济结构变化和经济发展中更具有潜力，这也是美国在 1913 年后人均收入超越英国，并逐渐发展成为世界第一大国的动力所在。

2. 工业革命对流量的影响

工业革命带来的技术进步，从根本上改变了社会生产方式，也使土地、资本、劳动力这些生产要素的利用率提升，创造出更大的经济价值。大致表现为：交易的市场范围不断扩大，各国的国民收入持续增长；资本的流通速度加快，利用效率大大提高；企业组织形式及其规模扩大，加速了要素的流动和资源更合理的配置。

（1）新生产动力促进市场扩大，增加国民收入。工业革命爆发以后，以英国为中心的经济增长不断在欧洲扩散，并逐渐影响到世界的各地。1700—1820 年之间，英国的人口增长出现了明显的加速，并且其人口增长率是欧洲最快的，人口城镇化率在全国各地都有明显的提高，与欧洲其他地方形成了鲜明的对比[1]。期间英国的出口每年增长 2%，航运量超出世界航运能力 40%[2]。到了 1820—1913 年间，英国的人均收入增长空前加快，大约为 1700—1820 年间的 3 倍[3]。期间，英国的世界版图亦有所扩大，在扩大非洲殖民地的基础上，又控制了亚洲的亚丁、阿拉伯半岛周围的酋长国、缅甸、马来半岛诸国、中国香港和一些太平洋岛国，并控制了整个印度。到 1913 年，它在非洲领地上的人口约 5 200 万，在亚洲大约有 3.3 亿，在加勒比大约有 160 万，在澳大利亚、加拿大、爱尔兰和新西兰大约有 1 800 万。当时，英国总人口 4.12 亿，是英国本土人口的 10 倍[4]。庞大的殖民地也为英国创造了大量的财富。单单印度的税收就可供养在英国人控制下的庞大军队，英国还强制殖民地国家实行自由贸易政策，从殖民地国家攫取大

① 安格斯·麦迪森.世界经济千年史[M].伍晓鹰，等译.北京：北京大学出版社，2003：244.
② 安格斯·麦迪森.世界经济千年史[M].伍晓鹰，等译.北京：北京大学出版社，2003：87.
③ 安格斯·麦迪森.世界经济千年史[M].伍晓鹰，等译.北京：北京大学出版社，2003：789.
④ 安格斯·麦迪森.世界经济千年史[M].伍晓鹰，等译.北京：北京大学出版社，2003：105.

量财富。

德国和法国是效仿英国的主要国家,且法国是以英国为榜样的第一国家,但两国的发展路径和结果却不尽相同。对德国而言,关税同盟和德意志的统一为德国的经济腾飞提供了制度上的基础,德国在钢铁工业等重工业方面的发展,特别是铁路的建设,使德国的资本家们掌握了大量的煤炭、铁矿产资源,促进了经济的大规模扩张。人口向城镇迁移、轻工业工厂生产逐渐替代手工业、使用动力机械等成为经济发展的主要趋势。据统计,在1851—1855年间,德国的实际国民收入总值扩大了1/4,人均收入增长了0.8%左右。在1871—1875年及以后的20年间,德国的实际国民收入总值翻了一番,而且在第一次世界大战爆发前又增长了大约70%[1]。到1913年,德国拥有6 600万人口,其中3/5为城镇居民,德国成为欧洲重要的工业国[2]。相形之下,法国并没有出现短期内集中变革的现象,其工业化推进极为缓慢,18世纪末其农业收入占比约59%,到了19世纪末期,仍然占有35%。1954年时,法国的工业化程度仍然低于瑞典、挪威[3],足见其经济结构转变的缓慢。

从全球视角来看,1870—1913年,世界人均GDP的年均增长达1.3%,与1820—1870年间的0.5%、1700—1820年间的0.07%相比出现较明显的增长[4]。这不仅得益于技术进步,还有以英国为主导的自由经济秩序的建立对新技术扩散的推动。到1913年,澳大利亚和美国的人均收入水平超过了英国,即使在印度和非洲,其人均收入水平也提高了四分之一以上。

(2)新通信方式提升了资本利用效率,为资金流的形成奠定了基础。1840年,英国创建了现代邮政服务。该服务体系的建立实际上得益于工业革命带来的铁路设施建设,从而保证邮件的投递速度远远超过传统的驿站马车服务,而且这种同质性的服务便于在全国范围内执行统一的收费标准制度。而19世纪50年代发明的电报,对世界商务和政府的通信产生了更加重要的影响。1870年,英国已与印度和北美洲建立了直接电报通信联系。到1913年,电话的发明和无线电通信技术的初步开发进一步增强了电报在通信中的地位。

---

[1] Hoffmann W G, Moller J H. Das Deussche Volkseinkommen, 1851-1957. Tubingen, 1959.

[2] 林芊. 变革社会的利维坦:科技在近代西方大国崛起与社会变革中作用的历史考察[M]. 贵阳:贵州大学出版社,2008:212.

[3] H. J. 哈巴库克, M. M. 波斯坦. 剑桥欧洲经济史(第6卷)工业革命及其以后的经济发展:收入、人口及技术变迁[M]. 王春法,等译. 北京:经济科学出版社,2002:11.

[4] 安格斯·麦迪森. 世界经济千年史[M]. 伍晓鹰,等译. 北京:北京大学出版社,2003:117.

通信技术的创新不仅加强了世界各地的联系,实现了信息在更广范围、更短时间内的传递,而且这种功能被运用到国际金融市场中,促进了各国资本市场的连接,加快了国际资本的流动。英国凭借其稳定、健全的公共信用和货币体系、相当规模的资本市场和公债市场、从1821年就建立的旨在稳定汇率的金本位制度等在国际金融市场起着非常重要的作用。从19世纪70年代起,英国出现了大量以海外投资为目的的资本流出,约占其储蓄的一半,法国、德国和荷兰也有巨大的海外投资[①]。这些海外投资大部分是以债券形式进行的,并且大量集中在铁路建设方面。资本的流动对澳大利亚、加拿大、新西兰、阿根廷、巴西南部、乌拉圭、俄罗斯和南非的经济增长具有显著的贡献,但对亚洲的影响并不大[②]。

19世纪后期,越来越多的国家放弃了以银作为金属本位而选择了黄金作为本币,特别是在欧洲,德国、荷兰、瑞士、比利时先后采用了金本位制,法国也朝此方向发展,美国和日本也支持金本位制。至1900年,基本建立了以金本位为基础的国际货币体系,这就使得黄金的自由进出口成为可能。而伦敦是世界金银市场的第一中心,纽约为第二中心。伦敦的金银市场由设在伦敦的麦加利、汇丰、有利、正金等银行通过其世界各地的分支机构探寻其在远东的金银交易情况,然后根据市场供求、汇率等因素定出最新的市价。由此,伦敦通过控制金银市价而控制着世界各国的货币。再加上对外贸易中,英国采用英镑结算,使世界货币与支付体系形成以英镑为中心的中心——外围模式。随着英国海外银行业的稳步发展,英镑的作用得到进一步加强,伦敦拥有世界上主要的短期和长期资本市场、黄金市场以及商品市场。

(3)各工业化国家涌现的企业家与企业管理方式的革新,为经济要素的流动和配置提供了重要载体。工业革命早期的企业家常常"集资本家、融资人、劳工管理者、进货商、销售商的功能于一身"[③],多以追求财富以及财富带来的高消费、高社会地位和政治利益等为动机。到了19世纪,这种"全能生意人"在一些产业部门中就很少见了,取而代之的是"一组生意人"的战略决策和企业运营活动。他们不再思考如何以自有资金或从亲友处借来由自己负全部担保责任的资金来为企业业务的开展提供资金来源,而是以"多方合伙(股)"及随后的"股份联合"公司对经济活动不断渗透。此后,这"一组生意人"又进行了进一步的职能分

---

① 参见 Maddison(1995):第63页。
② 参见 Maddison(1989):第45页。
③ 查尔斯·威尔逊.工业革命时期不列颠的企业家[J].企业家历史探索,1955(3).

离,分成进行战略决策的人以及执行与维持决策运转的人。前者被称为"企业家",后者则为"管理人员"。

在英国,工业革命早期的企业家将资本投入棉纺业,这个阶段对固定资本的需求相对较少,对原材料和某些机器的资本需求可以通过信贷方式解决,工厂场地与成套设备可以通过租赁获得。企业家们主要考虑的问题一方面是为扩张计划提供资金支持,另一方面是准备把握市场的供求状况以及战争等外部环境变化带来的风险。到了1830年以后,企业家们已经解决了许多问题,相对复杂的管理技术也已形成,并且世界市场仍被英国人开发和占领,并不断地向纵深拓展。在当时,这种国内外市场在随着铁路建造热潮的即将到来和生活水平的逐渐提高而呈现出显著的趋热行情的环境下,英国的企业家们继承了工业革命早期形成的基本经济结构:棉纺和制铁仍占主导地位。时至19世纪最后30年,英国不再是世界的唯一工厂,其曾经压倒性的优势地位逐渐丧失。技术进步要求巨额资本、法律环境、企业规模不断扩大、国家间的经济竞争等因素都使得企业组织显示出新的发展趋势,那就是从家族企业向股份大公司的转变。

与这种趋势相伴而来的,是企业所有权与控制权出现分离,一批具有管理才能的职业经理人出现,企业将部分市场交易内部化,对市场中的各要素进行系统性的集聚与配置,提升要素流动与资源配置的有效性。英国的商业才能、美国的冒险精神、德国的进取态度,使其企业管理逐渐发展出一种新趋势。相对而言,法国则出现了时滞,简单合伙制、家长式管理、小企业规模是其较为明显的特征。在工业化进程中,欧美发达国家依靠技术进步,从工业企业发端,不断扩大企业规模、完善组织结构,并且在企业管理中出现权力分割、职能分工、技术人员管理地位上升等趋势,提升资源利用效率,为有效资源配置提供了一双"看得见的手"。

综上所述,工业革命爆发以来,至第一次世界大战前,受古典经济理论的影响,欧洲以及美国均侧重依靠资本、土地、劳动要素的投入来实现经济增长。相对于农耕时代,工业革命引发了社会生产方式的根本性变革,世界经济增长也达到前所未有的高度,生产规模亦空前增大。依据微观经济理论,当生产要素的投入量达到一定程度,边际产量会变成负数,总产量开始下降。对当时的生产技术而言,要素投入还没有到使社会总产量开始减少的程度,人们对财富的追求还处在存量增加的初级阶段,要素流动与资源配置也是依托于亚当·斯密所谓"看不见的手",认为市场是无所不能的,并没有过多深入的探讨。尽管企业这种新的资源配置方式已经出现,但它就像把原料变成产品的机器一样,理论经济学家和资本家们还停留在这样的认识中。事实上，这种新的组织形式的出现在资源配置和促进经济增长方面具有极大的潜力，随着人们对经济增长方式的思考，这种潜力将被逐步挖掘出来。

| 第三节 | 后工业化时期存量与流量关系的转换

计算机技术的产生为人类带来了第三次工业革命，随之产生的空间技术、生物工程等都开始对社会经济的产业结构、人们的衣食住行等方面产生巨大影响。而不断出现的以生产过剩为特征的经济危机，也使人们不断反思以往经济增长方式上存在的问题。从理论上看，凯恩斯的宏观经济理论弥补了此前自由经济的缺陷，循其思路，罗伊·福布斯·哈罗德（Roy Forbes Harrod）、罗伯特·默顿·索洛（Robert Merton Solow）等的定量模型对各要素的存量进行了深入的研究。从实际来看，宏观调控的手段很快使欧美国家脱离了经济危机，经济学家所倡导的定量模型也在实践中获得广泛的应用。但伴随着计算机技术的进步与发展，传统的生产三要素理论已显示出其局限性，理论研究中需要加入技术、知识、人力资本等新的生产要素，并且从过去要素存量带来经济增长的研究中转换到要素流量的研究上来，将比较静态研究转化为动态研究。

一、新古典经济增长理论中存量向流量转换的数理研究

20 世纪 30 年代，资本主义世界爆发了经济大危机，这也成为现代经济思想出现分野的标志，即经济增长思想开始从古典向新古典理论转变，经济学家们开始注重资源配置的问题，而不仅仅考虑如何将蛋糕做大的经济增长问题。经济增长的研究也开始区分于古典理论，对经济增长做专门性研究。1936 年，凯恩斯《就业、利息和货币通论》一书的出版是一个重要转折点。该书把重点放在了研究如何减少失业、刺激有效需求和进行政府干预上。尽管凯恩斯采用的是静态短期分析方法，假定人口、资本和技术不变，但他所采用的宏观调控分析方法重点在于如何进行有效的资源配置，从而解决了当时存量严重过剩所引起的经济危机问题。哈罗德—多马模型在凯恩斯的研究基础上进行扩展，考虑了时间因素在经济增长中的作用。二位学者首次建立了经济增长的数理模型，开启了现代经济增长理论研究的一次革命。后来的索洛模型、拉姆齐模型对哈罗德—

多马模型进行了修正与发展,可以称为现代经济增长理论研究的第二次革命。下面我们分析这三个模型对存量所展开的数理研究。

1. 哈罗德—多马模型(Harrod-Domar Mode)中存量的数理分析

哈罗德于 1939 年发表的《论动态理论》一文和 1948 年发表的《动态经济学导论》一文以及同时期埃弗塞·多马(Evsey David Domar)的《资本扩张、增长率和就业》《扩张与就业》两篇文章,从动态角度系统论述了经济增长的理论模型,标志着现代经济增长理论的诞生。

哈罗德—多马模型的中心论点是收入(产量)的增长率等于储蓄率除以资本—产量比率或乘以产量—资本比率。哈罗德模型的表达式为

$$G = s/v$$

式中,s 表示储蓄率,即储蓄倾向;v 表示资本—产量比率;G 表示增长率。

多马模型的表达式为

$$G = \sigma s$$

式中,σ 表示产量—资本比率,即资本的生产率。

由上可知,哈罗德模型和多马模型的观点基本一致,故统称为哈罗德—多马模型。在上述模型中,如果 s 为 15%,表示收入为 100 亿元时,储蓄为 15 亿元。若资本—产量比率为 3,那么增加 5 亿元的产量就需要增加投资 15 亿元。此时,增加的投资等于储蓄,故这 5% 的收入增长率就是均衡增长率,称为合意的或有保证的增长率,实现了这样的增长,储蓄全部得到了利用,经济将逐年稳定增长。但经济的实际增长率是由有效需求决定的,是社会上无数独立生产者分散活动的结果。如果实际增长率大于均衡增长率,投资就会超过储蓄,引起通货膨胀;反之,投资小于储蓄,引起失业。

将人口和技术的变化也考虑进来,上述分析中的实际增长率就成为自然增长率。当自然增长率大于均衡增长率时,生产发展就不会受到劳动力和技术的限制,经济会出现长期繁荣趋势;而如果自然增长率小于均衡增长率,生产就会受到劳动力和技术不足的限制,经济就会出现长期停滞。只有实际增长率、合意的均衡增长率和自然增长率三者相一致时,经济才能有合乎理想的长期增长局面。

哈罗德—多马模型给出了经济增长率、储蓄率与资本—产量比之间的大致

关系,为宏观经济决策提供参考。如果将经济增长率视作 GDP 增长率,则本模型研究的实际上是经济流量与经济存量之间的数理关系。相对于古典经济增长的研究,这一模型将研究对象转变到流量中,并分析存量的变化对经济流量产生的作用。

2. 索洛—斯旺模型(Solow-Swan Model)中存量与流量的均衡分析

哈罗德—多马模型中假设了资本—产量比不变,未考虑技术进步,全部储蓄转化为投资,不存在失业和通货膨胀等,这与实际情况不符。针对这一问题,经济学家们不断寻找解决方法。1956 年,美国经济学家索洛和另一名经济学家特雷沃·斯旺(Trevor W. Swan)分别发表论文《经济增长的一个理论》和《经济增长和资本积累》,文中最重要的假定是资本—产量比是可变的,进而开始建立新古典经济增长模型。

索洛模型中假设资本和劳动能互相替代,经济增长时能保持充分就业和自由竞争状态。其基本方程式是

$$\Delta k = sy - (n + \delta)k$$

式中,s 表示储蓄率;y 表示人均收入;k 表示人均资本;n 表示人口增加率。这一方程表示人均资本的增加等于人均储蓄(sy)减去新增劳动所需资本量(nk)和资本折旧(δk)。$(n+\delta)k$ 项也表示资本的广化。若人均储蓄大于此项,则人均资本增加 Δk 称为资本的深化。若两者相等,则有 $\Delta k = 0$,这时,如果 s、n、δ 各参数不变,则 y 也不变,这一状态为长期均衡状态。

新古典增长模型突破了哈罗德—多马模型难以实现的实际增长率、有保证的增长率和自然增长率三者正好一致的困难,通过假定资本—劳动比率可变,考察如何实现经济中的长期均衡状态,这也比较符合第二次世界大战后各国经济出现的相对平稳的增长局面。事实上,索洛模型与哈罗德—多马模型一致,考察的仍然是流量与存量之间的经济关系,前者只是在理论设定方面做出改进,建立了更有利于实际经济情况的模型。

新剑桥经济增长模型对索洛模型进行了进一步扩展,更有利于其在国民经济中的应用。该模型不仅分析说明劳动、资本存量与技术进步在促进经济增长中的作用,更重要的是采用各变量的变化率作为变量进行研究,将经济增长理论的研究从存量转换为流量,分析各变量的变化率对经济增长的影响。假设资本、劳动、技术都是关于时间 t 的函数,$A_t L_t$ 为有效劳动,则有 $Y_t / A_t L_t = y_t$,表示单

位有效劳动对应的产出水平，$K_t/A_tL_t = k_t$ 表示单位有效劳动对应的资本投入，进一步假设 $dA_t/A_t = g$ 表示技术进步率，$dL_t/L_t = n$ 表示劳动增长率，采用 C－D 生产函数，索洛模型的基本方程变为

$$\dot{k}_t = sy_t - (n+g+\delta)k_t$$

方程的基本含义为单位有效劳动的平均资本存量 k_t 的变化率为等式右边两项之差。前一项中由 s 决定单位有效劳动对应的产出中用于资本积累的部分，后一项表示单位有效劳动的资本存量的减少量。当 $\dot{k}_t = 0$ 时，$k_t = k_t^*$，且在这一点上，资本和有效劳动均以 $(n+g)$ 速度增长，产出 Y_t 也按速度 $(n+g)$ 增长，劳动力平均资本 $\frac{k_t}{L_t}$ 和平均产量 $\frac{Y_t}{L_t}$ 以速度 g 增长，得到稳定的平衡增长路径。

从上文的分析中可知，扩展后的索洛模型可以对各国收入差异与经济增长速度差异进行解释，人口增长率较高的国家通常比较贫穷，储蓄率和劳动生产率较高的国家通常比较富裕。对于增长速度，也可以进一步采用泰勒展开的方式近似计算出来，且从我国改革开放以来经济增长速度的实际中得到验证。由此可见，在这些有关经济增长的模型中，索洛模型具有较高的应用价值。究其原因，我们不难发现，扩展后的索洛模型中的自变量加入时间变量，考察资本、劳动、技术各要素的变化率对经济增长的作用，实际上是对各要素流量的考察，尽管模型中将劳动和技术的变化率视为常数，但是从得出的稳态的微分方程进行比较静态分析就可以得出各参数变化对经济增长的影响。索洛模型的建立与拓展使现代经济增长理论的研究进入新的阶段，即开始对要素流量与经济增长的关系进行研究，开始了存量研究向流量研究的转换。

二、新古典经济增长理论中流量的动态一般均衡研究

20 世纪 80—90 年代，美国基本完成了工业化，开始向后工业化社会转变。其基本特征是经济活动中知识和信息的重要性日益凸显，物质资本的重要性较之前有所下降。经济中更多的有形投资流向了技术密集型产业，研究与发展、教育与培训等投资起到了更加重要的作用。与此同时，经济学家们还发现新古典增长模型的观点与现实经济发生了很多的偏差。例如，20 世纪 80—90 年代后世界各国的经济增长并没有出现趋同趋势，国际的资本流动仍然集中在发达国家之间，流向发展中国家的资金量所占比例很小。同时，有不少发展中国家在政

府干预下也实现了较快的经济增长。考虑到这些现实情况,经济学家们开始将技术、知识、人力资本等要素引入生产函数,修正新古典增长模型中的外生性问题,建立了新增长理论。从新增长理论对技术内生化的研究来看,这一理论的发展基本上可分为两个阶段:以肯尼斯·约瑟夫·阿罗(Kenneth J. Arrow)的"干中学"模型为代表的半内生增长模型研究阶段和以保罗·罗默(Paul Romer)、罗伯特·卢卡斯(Robert Lucas)为代表的内生增长模型研究阶段。

1. 半内生增长模型中流量的动态一般均衡研究

半内生增长模型试图将技术、知识、人力资本等因素引入生产函数,改善新古典增长模型中的外生性问题。但实际上,经济学家们并没有真正实现这些要素的完全内生化,因而被称为"半内生增长模型"。具有代表性的人物和理论包括阿罗的"干中学"模型、宇泽弘文(Hirofumi Uzawa)的技术创新和人力资本模型、埃德蒙·S. 费尔普斯(Edmund S. Phelps)的技术进步和研发最优规则、卡尔·谢尔(Karl Shell)的发明活动模型、威廉·诺德豪斯(William D. Nordhaus)的创新和技术进步以及福利增长理论。半内生增长模型解决外生性基本采用两种手段,一种是将知识视作独立的生产部门生产的产品,另一种是将知识视作资本和劳动生产的产品之一。

采用第一种手段的研究开发模型将知识的生产函数设为类似的C-D生产函数,将储蓄率和劳动增长率视作外生的,对资本和知识进行动态分析。干中学模型则是采用第二种手段进行研究的。阿罗认为可以通过干中学创造和积累知识,就无须存在一个研究开发部门来专门生产知识。因此,资本和劳动全部投入产品生产部门,并且在生产产品的同时产出知识。干中学模型中仍然采用C-D生产函数,将劳动增长率和储蓄率视作常数,与新古典增长模型类似地对资本增长率、知识增长率和产出增长率进行动态分析。结果显示,两种分析手段的结果基本一致,只有知识的增长率相差较多。

从经济的实际情况看来,半内生模型的研究假定储蓄率与劳动增长率仍然被视为外生变量,并没有实现完全的内生性转化,且从模型的结果来看,资本增长率的表达式体现了资本增长率与各要素存量及储蓄率的关系,知识增长率和产出增长率的表达式中加入了资本增长率这一要素流量,体现了要素流量与经济增长之间的关系,这与新古典增长模型类似。尽管如此,半内生模型实现了部分要素的内生化,考察了要素流量与经济增长之间的动态均衡关系。

2. 内生增长模型中流量的动态一般均衡研究

新增长理论的进一步拓展,形成了完全内生增长理论。内生增长理论成功地将知识、技术、人力资本等要素内生化到经济增长模型中,且并非只有一个理论模型,而是有众多的研究成果,代表人物及理论模型有:保罗·罗默的知识技术内生化、罗伯特·卢卡斯的人力资本内生化、墨菲和维什尼(Murphy & Vishny)的资本与知识外部性理论、埃尔赫南·赫尔普曼和吉恩·M. 格罗斯曼(Elhanan Helpman & Gene M. Grossman)的横向创新模型、菲利普·阿吉翁和彼得·霍伊特(Philippe Aghion & Peter Howitt)的创造性毁灭模型。

罗默的知识技术内生化模型和卢卡斯的人力资本内生化模型假定收益递增以外部经济形式出现,认为技术进步取决于知识资本或人力资本的积累和溢出,因而技术进步是内生的。而后,经济学家们试图放弃完全竞争的市场机制,开始在垄断竞争的框架下考察经济增长的决定机制。赫尔普曼和格罗斯曼的横向创新模型假设技术进步表现为新型资本品或消费品的不断出现,是产品品种增长型模型。阿吉翁和霍伊特的创造性毁灭模型假设技术进步表现为产品质量的不断提高,是产品质量升级型增长模型。这两种增长模型的结论基本一致,即技术进步对经济增长起决定作用,不存在政府干预的情况下,经济均衡增长率通常低于社会最优增长率。不同的是,产品品种增长型模型中,新产品引进并不会导致旧产品淘汰;而产品质量升级型增长模型中认为技术创新是一种创造性破坏过程,新产品不断出现,旧产品被不断淘汰。两种模型均采用动态一般均衡的分析方法,考察了技术进步各种类型及其对经济增长的影响。从新增长理论模型的研究来看,各生产要素包括技术、知识和人力资本逐步实现完全的内生化,产生了各要素流量与经济增长之间的动态均衡。[1][2][3]

第三次工业革命期间,信息技术的发展加速了经济全球化的步伐。全球信息和资源流动速度的提升,使世界各国间的交流从改善交通环境转变为改变交流方式(互联网通信),世界市场从第一次工业革命时的西欧扩大到美洲,再从美洲扩大到亚洲,在第三次工业革命期间形成稳定的世界政治经济格局,并将人类的工业文明发展推向新高潮。然而,在经济空前繁荣的同时,我们也面临着巨大

---

① 谢安世. 经济增长:理论、特征与本质[J]. 科学经济社会,2017(2):44-45.
② 尹伯成. 西方经济学说史:从市场经济视角的考察(第2版)[M]. 上海:复旦大学出版社,2012:439-440.
③ 朱勇. 新增长理论[M]. 北京:商务印书馆,1999:30-31.

的能源、资源消耗,生态环境破坏,全球气候危机等问题,社会生产成本提升。进入 21 世纪以来,随着互联网的空前发展,电子商务的普及、人工智能、量子信息技术的出现正逐步改变着当前的社会经济环境,出现了工业智能化,将人类带入第四次工业革命。新的科技革命使影响经济增长的因素变得更加多元化,比如对资本、劳动、技术等各要素逐一分析可以发现,在互联网条件下,新知识产生与传播速度大大加快,市场的信息成本越来越低,资本在各部门间的流动速率不断加快;电子商务和人工智能将改变传统的劳动方式,能够极大地提升劳动效率;技术革新的时间间隔不断缩短,且与人力资本的投入成反比。这些现象都表明,新的科技革命产生了各生产要素的空前增长。依据新增长理论技术进步对经济增长起决定作用的观点,新的科技革命一定会带来新的经济增长。然而,2008年次贷危机以来,全球大部分经济体都陷入经济低迷状态,各国政府开始意识到,谁能够掌握并运用最新的技术,谁就能引领未来全球经济增长的方向。

这种由新技术引领的新的经济增长,其动力并不是创造新的生产要素,而是如何在新技术引领下,使现有资源得到更有效的配置。尽管新增长理论的研究中,也有经济学家将金融中介、信用制度、产权制度、环境污染等因素内生化到经济增长的模型之中,但其结果与上述新增长模型基本类似,并没有很好地研究在新技术条件下,要素流量的流动方式、流动速率、流动范围等变化开始对经济增长产生极其重要的影响。尤其是数字经济、平台经济、共享经济等经济形态的出现,完全改变了经济流量的流动规律,而正是这种流动规律的改变,才使当今世界出现了众多以前我们见不到的经济现象。技术的变化导致经济增长规律的变化,经济增长规律的变化,导致经济理念的变化。正是意识到了这一问题,我们开始从新的角度研究流量经济,试图找到未来经济发展的新规律。

第二章 信息化时代的流量经济

本书第一章,从经济史的角度,研究与讨论了经济理论的发展是如何从研究存量配置走向研究流量分析的。从农业化时代到工业化时代,人们关注的重点在于存量资产的配置,注重资产的拥有,无论是宏观经济理论还是微观经济理论,都是从投资的效率和人均装备水平的角度来分析与评价经济发展的水平与质量。然而,进入信息化时代后,以前许多研究视角开始失灵了,拥有重资产(存量)的企业开始走下坡路,轻资产的概念兴起,轻资产的公司开始拥有较高的评估价值。这些现象,都是经济中存量与流量的关系发生重大变化的信号,流量在经济分析中的作用开始凸显。为什么会出现这种情况?我们应该怎样理解这种变化?在流量主宰的经济中,我们应该有怎样的理论分析框架。这正是本章所需要讨论的核心问题。

第一节 信息化加速流量经济的形成

按照第一章对技术革命和工业革命的分类,信息化起源于第五次技术革命,同时也标志着第三次工业革命的开始。在40多年的时间中,信息化的进展程度大大超出了所有人当时的预期,这种技术革命的突飞猛进,正在改变着我们所有人的思维方式和行为准则。本节将重点讨论信息化是如何使流量经济成为经济的主导模式的。

一、信息化时代背景下经济的新特征

近现代以来,科技革命的浪潮推动了世界从农业文明向工业文明再向信息

文明的跨越。在工业社会当中，资本代替了土地成为经济生产过程中最重要的生产要素。同样，在信息社会当中，人类的经济空间结构、生产方式和生活方式也必将产生巨大的变化。在当今信息化时代背景下，新一代网络信息技术突飞猛进，在人类社会的各个方面不断渗透发展，不断产生颠覆式影响。其中一个最重要的影响便是信息的瞬时传输成为可能，改变了过去信息极度滞后的时代缺陷，大大降低了市场的交易费用。此外，各种新式的信息通信和交通运输工具及手段不断涌现，使人类生活和生产过程中所受到的时空束缚大大降低，经济中的各种要素流动性不断加强。在信息化时代背景下，经济呈现出独有的若干新特征，归纳起来有以下几个方面。

（1）在信息化与生产国际化以及经济全球化的共同背景下，信息通信技术革命使得信息在全球范围内的不间断瞬间传输成为司空见惯，经济活动中的各种要素资源的流动方式也发生了巨大变化，其存在的形态、流动的渠道和途径更多地趋于网络化和虚拟化，这使得经济活动中的要素资源配置效率大大提高。随着互联网技术的创新和扩散，信息的充分流动使经济主体的行为决策方式由原来的静态比较决策更加趋于动态规划决策。同时，经济当中的各种要素（如劳动力、资本、知识等）也在信息充分流动的带动和引导之下，在流动中积极寻求自身边际产出的最大化，原有处于错配状态的要素得以在流动中改善自身的配置效率，从而提高资源在各个维度（行业间、地区间、所有制之间以及三大产业之间等）的配置效率和产出效率，最终促进经济增长。而这一切得以实现的前提，便是信息化时代背景下信息通信技术的发展带来了信息快速充分地流动。从这一视角来看，高质量的信息资源已成为信息社会财富的源泉和经济增长的主要驱动力。谁拥有信息，谁就能获得社会财富。

（2）信息处理技术和信息通信技术的不断进步与广泛应用，催生了金融、交通运输以及其他各个经济领域的变革。由于技术条件的不断优化，这一时期的金融创新活动空前活跃，丰富的金融创新成果满足了现代经济条件下资本的高效流动与配置的需求。同时，交通运输系统在信息化的引导下进一步优化整合，为商品、货物以及各种经济资源要素的大范围跨区域流动提供了物质条件。经济要素流动和配置方式的变化对企业组织的运作模式产生了巨大冲击，全新的公司组织形式和运作模式不断涌现，比如新型的跨国公司等。由此可见，在当今信息化社会的经济运行过程中，各个经济主体可以打破时空束缚，对经济资源进行跨期跨区域配置，以实现资源的动态最优配置状态。资源的跨期与跨区域配置使得经济当中的各种资源相较于以往会进行更加频繁的跨时空流动、更加频繁的资源属性与功能的转换以及更加频繁的产权的变更。

（3）信息化时代背景下经济主体与要素的流动和集聚使得城市的地位和作用发生转变。信息化时代背景下的城市已不再仅仅是人类生活的聚集地,现代经济活动的流量化特征以及经济空间的不断扩大与融合,使得城市逐渐演变为全球经济网络中的区域性资源要素流动节点,之所以城市能够成为所谓的节点,是因为其具备完善的现代化基础设施。而全球具有影响力的节点城市需要对全球重要经济资源具有强烈的控制与影响力,主要体现在能够对全球的经济要素形成吸引力和汇聚力,经济要素流经本城市后,经过该城市对其进一步的优化加工重组,能够以更优质经济资源的形态高效率地流动配置到全球各个地区。

二、信息化时代背景下要素的流量化

如前一节所述,当前全球正处于工业文明向信息文明转变的过程中,信息技术的迅猛发展、数字化方式的日益盛行,特别是互联网的快速发展,使得信息的流动速度大大提高,信息不对称程度得以改善。信息通信技术的广泛应用催生了层出不穷的金融创新,为资本的瞬时流动创造了条件,同时交通运输在信息的充分流动过程中被充分整合,为经济资源和要素的高效跨时空流动提供了可能性,而经济资源和要素的流动与集聚又使得城市的地位和功能发生了显著变化。基于上述变化,当前经济运行中的各种要素逐渐呈现出显著的流量化特征,其具体表现如下。

（1）流量在全球经济中的价值和贡献不断提升。仅 2012 年,全球商品、服务、金融流量总价值高达 26 万亿美元,占全球 GDP 的 36％。据估计,到 2025 年全球流量总规模将扩大 3 倍,每年对世界 GDP 的贡献价值为 2 500 亿～4 500 亿美元,占据全球经济增长的 15％～25％[①]。

（2）流量成为衡量一国(或地区)竞争力优势的重要指标。通过考察欧美和新加坡等国家及其主要城市的发展情况,可以发现其城市竞争力的主要来源是其拥有的能够在全球范围内配置资源流量的大型跨国公司的数量。这些跨国公司通过其遍布全球的分支机构及其所开展的全球性经济业务牵动和影响各种要素流量,而这正是其所在城市竞争力的主要来源。与此同时,发展中国家的城市

---

① 数据来源：麦肯锡全球研究院报告。

也不甘落后,通过寻求自身的比较优势,比如货物贸易和廉价劳动力资源充裕,提升自身在全球流量价值网络当中的地位和存在感。但是从总体来看,知识和技术密集型要素在全球经济流量当中的比例不断提高,在未来,掌握高端技术要素的国家和城市很有可能在全球流量经济发展格局当中占据主导性优势地位。

(3) 数字经济流量改造传统贸易与服务行业格局。2014 年,数字形态的服务和产品已占据全球服务贸易的 63% 和产品贸易的 13.1%[①]。数字化平台一方面为产品和服务的跨境贸易提供便利,另一方面又对原有的实物形态产品与服务进行数字化的包装升级,提升其附加值。在这一背景下,一个城市的价值与重要性已经不再体现在拥有多少实物形态的商品,而是体现在其能否成为高端服务业的集聚地以及全球要素的功能性加工、整合与升级平台。

在信息化、网络化时代背景下,由于信息的高度透明化和快速传播改变了原有的信息不对称现象,导致要素的流动不再带有原先的盲目性和被迫性,而是在信息流的引导下,要素追求自身边际收益最大化的一种体现,所以,要素的大量流动所导致的要素流量化,其本身便意味着要素资源的不间断优化迭代配置。

三、信息化时代背景下流量经济的形成与发展

在信息化时代背景下,经济中各种要素的流动与集聚形成了当今经济形态的主要特征,比如人口的流动与集聚产生了以城市为主的人类聚居地,人口的流动配合以资本的流动形成了产业集聚等。因此,要素的流动与集聚是解释当今经济格局和各种经济现象的重要视角。世界范围内全球性城市的不断涌现也使得要素的流动和集聚问题吸引了各方的广泛关注。流量经济也随之成为人们关注的重点领域。流量经济之所以能在信息化时代背景下形成并得以发展,主要可以从三个方面进行分析。

(1) 根据要素流动过程中城市所扮演的角色可以发现,在信息化时代背景下,城市逐渐演变为各种经济要素在其流动过程中地理空间上的一个节点。这就好比古代的各个驿站,各种经济要素在流动过程中在此短暂或者长时间地停

---

① 沈桂龙、张晓娣.上海流量经济发展:必然趋势、现实状况与对策思路[J].上海经济研究,2016(8):3—18.

留集聚，然后经过在"驿站"的休整和配置更新之后，再流出并流向世界各地。而经济要素在上述空间节点城市的进出规模、频率以及强度，成为衡量该城市竞争力和地位的重要指标。纽约、伦敦以及东京等全球城市倚仗其在流量经济发展格局中的优势地位，成为具有影响力的全球节点城市。因此在信息化时代背景下，经济的流量化特征使城市竞争力的决定因素转变为对经济中各种流量的控制和影响。经济中要素的流动、集聚与节点城市的发展相辅相成，互相促进，使得经济的流量化特征凸显。

（2）信息通信革命对企业等经济组织的结构变革。信息通信技术的飞速进步使得流量经济迅速发展，其对经济组织的理念造成了重大影响，经济组织的目标不再是侧重于在某一固定狭小区域内进行财富的创造和积累，而是强调在全球范围内进行资源的统筹和调配，公司等经济组织的组织理念也发生了重大变化，现代化的经济组织成为支配和控制经济流量的动态经济组织。

（3）信息化加速了生产的国际化和经济全球化的进程，为流量经济的发展提供了可能性和必然性。信息化程度的不断提高，使得有质量的有效信息在全球范围内实现瞬时传输变得不再遥不可及，信息流对经济当中各种要素流量的引领和控制作用产生了巨大的影响，在此基础上经济发展的范式得以转变。一方面，信息的瞬时传输使得人们对经济环境的各种预期变得更为及时迅捷，经济主体的预期对经济的运行和发展所产生的影响较之以往更加强烈；另一方面，各种经济要素也不再仅仅以实物形态存在，更多的经济要素通过现代信息网络以虚拟的形态存在，这种虚拟形态的经济要素资源存在方式，使得各种经济衍生品和金融衍生品层出不穷，各种经济要素的跨时空高效配置和高效流动水平大大提高。

综上所述，在信息化时代背景下，流量经济已经成为一种重要的经济形态，经济要素流量的数量和质量已经成为衡量经济发展质量的重要指标，同时也成为城市和国家经济控制力与影响力的主要标志。在信息化时代背景下，经济中的存量要素将转变功能和角色，以服务于流量要素为主。在这种趋势下，现有的经济发展和经济增长理念将面临重大的挑战，更加注重流量经济的发展将成为日后促进区域经济发展的重要抓手。此外，流量经济的形成与发展也对现有的经济核算与统计体系提出了挑战，如何调整现有的经济核算与统计指标，使其更能彰显信息时代下流量经济的功能与特征，更加真实地展现经济运行的实际规律，已经迫在眉睫。

第二节 流量经济的基本概念与特征

既然信息化时代经济的流量化已取代经济存量规模成为经济增长与发展的重要引擎,是不是可以把具有这一重要特征的经济形态称为"流量经济"? 在这种经济形态下,经济运行的方式、经济运行的动力以及对经济运行的评价方式是不是会发生重要变化? 我们首先从流量经济的基本概念入手,然后做进一步的深入探讨。

一、流量经济的基本概念与内涵

纵观现有文献,流量经济的概念较早是由周振华和韩汉君(2002)针对上海浦东新区的发展模式提出的。他们认为流量经济是一种经济发展模式,它是指一个地区以相应的平台和条件,吸引区外的物资、资金、人才、技术和信息等资源要素集聚集中;并在该地区重组、整合和运作,进而带动各产业部门的发展;再以由此形成并倍增的经济能量向周边乃至更远的地区辐射。通过高效、有序和规范的流动,各要素实现其价值,并且通过循环不断的流动,要素流量的规模不断扩大。由此,达到该地区经济规模不断扩大、经济持续发展的目标[①]。在这之后韩伯棠等(2003)对周振华和韩汉君提出的流量经济概念进行了进一步探索,确定了流量经济中要素流量的内容,同时认为流量经济的理论基础是聚散效应理论和区域空间结构理论[②]。孙希有(2003)给出的流量经济定义认为,流量经济是指在经济领域中各种依靠经济要素或生产物的流动而带来经济效益与发展的经济存在形态的总称。流量经济有两种存在形态:一种是站在某一区域发展的视野,以区域自身相应的平台或条件吸引外埠的物资、资金、人力、技术、商人、信息等经济发展要素向区域内集聚,通过各种资源要素在区域内的重组、提升式的有限期滞留、借助式的经过等,来促进和带动区域内发展,再通过区域内的资源要素向外部的输出、流动等,既使本区域得到发展,又带动和服务外区域的经济发展所产生的经济现象。另一种是站在区域间发展的视角,通过推动和促进经

---

① 周振华,韩汉君. 流量经济及其理论体系[J]. 上海经济研究,2002(1): 21-31.
② 韩伯棠,艾凤义,张平淡. 流量经济的若干问题研究[J]. 经济纵横,2003(7): 15-19.

济要素或生产物的相互流动,因经济要素或生产物重组、互补等产生经济效益,从而使各区域间有机协同发展所产生的经济现象①。

本书试图在借鉴和总结周振华和韩汉君(2002)、孙希有(2015)以及沈桂龙和张晓娣(2016)的文献资料基础上,对流量经济的概念进行重新界定和完善。周振华和韩汉君(2002)以及孙希有(2015)对流量经济的定义依然局限于空间要素的流动,但在信息化时代下,一部分的要素流动是在实体网络中进行,还有一部分的要素流动则是在互联网等虚拟网络中进行流动,物理空间已经不是唯一的载体。因此,本书对流量经济重新定义如下。

流量经济是一种新经济形态。它是指信息、人才、货物、资金和技术等经济要素在以各种要素交换配置平台等为载体所形成的实体或虚拟网络中进行流动、重组、整合和运作,最终形成一个活跃的经济动力系统。该动力系统网络中的主体具有"控制与影响"的作用,通过对经济要素流的吸引、再造、增值和辐射,使经济要素在整个经济网络中高效流动,并使得要素流量的规模不断扩大,最终达到经济要素最优配置和经济系统持续发展的目标。流量经济作为信息化时代的产物,其与旧的经济形态的本质区别如下:由于工业化时代的重要标志是机器自动化生产模式对人类体力和双手的解放所带来的生产力提升,因此在工业化时代体现一国经济实力的指标主要是人均装备水平。而在流量经济这一新经济形态条件下,体现一国经济实力的指标可以从两个层面来进行考察,在总体层面上,一国对各种经济要素流量的控制力和影响力将是体现其经济实力的重要指标;从人均层面来看,流量经济条件下,人均信息基础设施水平将成为决定和衡量一国经济要素流量配置效率的重要指标,进而会对该国经济的可持续发展和综合实力产生深远影响。

在上述定义里,主要有四个重点。

(1)明确指出了流量经济体系下的经济要素和流量载体的具体所指。其中流量经济当中的经济主体主要为空间城市和企业,流量经济的要素主要为信息、货物、资金、人才和技术。

(2)本定义强调了实体网络和虚拟网络均为流量经济体系下要素流的流动渠道,这种定义方式更加符合当前信息化和网络化的时代背景,并且突出了信息通信技术在流量经济的形成和发展过程中起到的重要作用。

(3)本定义强调了流量经济形态是一种经济动力系统。因此,经济主体间

---

① 孙希有.流量经济[M].北京:中国经济出版社,2003:6-12.

的相互联系和互动影响应该得到重视,即各个经济主体之间不再是互相孤立的,经济主体之间通过要素流动这个网络被联通,经济主体之间的相互作用机制和方式对经济具有不可忽视的影响。

(4)本定义对经济要素流在网络中流动的机制和目的做了简单叙述,并对经济主体的作用做了介绍。经济要素在网络中的流动是在信息流的引导下,各个经济要素追求自身边际收益最大化的结果,其最终结果是达到经济要素的最优配置,且该最优配置属于动态的最优配置,经济环境和条件的不断变化催生新的要素最优配置组合,而不断达到全新最优配置组合的方式便是通过要素的快速流动和迭代,最终使经济系统达到持续发展的平衡增长路径水平。

二、流量经济的基本特征

根据上述流量经济的概念和内涵,流量经济的基本特征主要包括数字化、平台化、共享化等。

(1)流量经济是信息化时代下的产物,是依托信息通信技术的发展和广泛应用,以信息的快速流动与传播为先导发展起来的一种经济形态。因此,流量经济呈现出显著的数字化特征。流量经济的数字化特征主要表现在数字化信息在流量经济形成和发展过程中的重要作用,还表现在信息通信技术在全球经济各个行业和领域当中的应用,使得经济要素的流动打破了时空的局限,可以在虚拟网络空间中实现经济资源配置所需的跨时空流动。而上述数字化特征已经被学术界描述为一种新的经济形态,称为"数字经济"。而数字经济正是流量经济中的一个重要组成部分,已经成为推动全球经济增长和发展的重要动力之一。

联合国贸易和发展会议(UNCTAD)在其《2017 全球投资报告——投资和数字经济》报告中指出,数字经济是全球投资增长和发展的主要动力。它可以提升所有行业的竞争力,为商业和创业活动提供新机会,帮助企业进入海外市场和参与全球电子价值链;它也为解决可持续发展问题提供了新的工具。数字跨国企业的海外销售额占其销售总额的 70%,但其资产只有 40% 位于海外,能够对资产进行如此形式的配置,一个重要的原因便是数字技术的运用和信息的瞬时高效传播使得资源的配置在虚拟数字网络空间当中进行。数字技术在全球各行业供应链中的应用将会深刻影响国际生产。而其影响国际生产的作用传导机制便是在数字技术的支撑下,实现要素在不同维度的流动和高效配置。这一表述正与我们对流量经济的界定特征相吻合。

（2）要素的流量化是在一定"流动空间"范围内的流量化，且该"流动空间"需要有满足经济要素充分便利流动的不同层次的平台，这就是流量经济的平台化特征。早在1996年曼纽尔·卡斯特尔（Manuel Castells）就提出了世界城市是一个"流动空间"的概念，并指出，伴随着信息技术革命和全球化进程，这个流动空间存在于三个层次：电子通信网络、物质网络（由商品、信息、劳动力和知识流动构成）和精英网络。各种交通、通信设施以及不同层级的城市构成了流动空间的第一个层次；而各种类型的公司和市场主体及其所从事的经济活动对经济中的各种要素资源的带动作用构成流动空间的第二个层次；最后是针对不同经济要素的服务性平台，比如资金平台、商品平台、技术平台等，构成流动空间的第三层次。现实当中，上述三个层次的流动空间基本都被概括在城市当中，各种经济要素流量在城市聚集，经过城市的加工整合之后再流向世界各地。

（3）流量经济的一个重要特征便是共享化。在信息化时代背景下，在信息流的引导下，在高度生产力水平下引致的各种供给过剩问题使得流量经济的共享化成为必然。当前耳熟能详的共享经济在本质上是流量经济的一种表现形式。共享经济作为工业时代向信息时代转变过程中的全新产物，其对经济的运作和发展方式产生了巨大的影响，主要是由于生产力的进步导致产能极度过剩，原有的存量经济理念被逐渐打破重构，"流量共享"理念逐渐对传统的"存量分配"理念造成冲击，同时也带来对传统产权制度的挑战，这种资源配置方式的转换，只有通过流量经济才能够真正实现。

三、流量经济与存量经济的联系和区别

我们认为，存量经济是工业化时代的经济形态，而流量经济则是信息化时代的经济形态。尽管流量经济的概念早已提出，但由于当时并没有进入到真正的以移动互联网、大数据和云计算的信息化高端时代，所以人们对流量经济的看法还比较粗浅。而当我们进入了信息化高端时代，我们才能真正体会到，相对于存量而言，流量的重要性不仅仅在于其规模的扩大和流速的加快，而在于这是一个新的经济时代的到来。

对比一下存量经济与流量经济，会使我们对这个问题有更清楚的认识。

首先，流量经济是在存量经济的基础上发展起来的。存量在不同地区、行业或者产业上的供给过剩和需求不足是流量经济得以发展的动因，因此，存量经济是流量经济的基础。在信息化时代背景下，经济要素在不同地区、行业或者产业

之间的流动,本质上是经济要素对自身边际收益最大化追求的体现,而不同地区、行业或者产业间经济要素边际收益的差距则与该地区、行业或者产业存量经济当中要素的供给和需求关系有关,当某地区、行业或者产业的存量经济中,某种经济要素供给过剩,根据要素边际收益递减原理,该要素的边际收益将降低,最终使得该要素向边际收益高的地区、行业或者产业流动。在信息化时代背景下,信息的高速瞬时传输使得经济要素的流动更加趋于频繁和理性,最终,越来越多的要素存量转变为要素流量,形成了经济的流量化特征。

其次,存量经济向流量经济的转变的可能性是以信息化时代背景下,在信息流引导下,各经济要素能够快速理性地流动和配置为前提的。信息化时代背景下的要素流动减少了过去的被迫性和盲目性特征,要素流动更加趋于理性和符合经济规律,其根本原因在于信息条件的改善,使得要素流动本身带有越来越强烈的要素优化配置的功能。由此,我们可以推断,在存量经济条件下,经济增长依靠要素的投入(投资)和扩大再生产,而在流量经济条件下,即使在没有投资的前提下,通过要素的高效流动和重新配置也能实现经济增长。这是当今流量经济与过去存量经济的一个重要区别。

再次,存量经济得以发展的前提是经济要素在一定时空范围内的静态集聚,这种经济形态在某种程度上也带来了市场的分割。而流量经济得以发展的前提是信息化背景下的经济要素动态集聚与扩散,这种经济形态促进了不同区域市场之间的融合和扩展。这就意味着经济要素可以在更为广阔的时空范围内进行动态优化配置,使得经济的动态最优增长路径突破了原有市场分割和要素静态集聚状态的限制,资源配置不断逼近帕累托最优状态,达到更为高效的动态最优均衡增长路径水平。

最后,流量经济作为信息化时代的产物,其数字化特征、平台化特征与共享化特征使得各种要素在经济中的状态由存量状态转变为流量状态,各种要素流量得以在信息流的引导下进行理性高效地流动配置,这一重大变化必然会对原有的存量经济运作和发展形式产生重大的影响。首先,从供给侧角度来看,信息化时代背景下,原有的信息不对称程度大大降低,各种生产要素得以突破原有的流动配置界限,在更为广阔的空间范围内进行流动配置,这使得流量经济条件下的生产活动比存量经济条件下具有更高的生产效率;从需求侧角度来看,信息化时代背景下,各行业的产品和服务能够以智能化、信息化的特征形式提供更为符合消费者需求偏好的产品和服务,其本质就是利用大数据结合消费者的偏好和需求信息,使生产过程的投入产出效率最大化。再结合流量经济的共享化特征,预测消费者的偏好信息和个性化需求,将这些需求不断地细分,导致产品的功能被进一步分化并且在不同消费者之间共享使用。同时制造业共享化发展趋势引致一批平台公司产生,平台经济带来的网络外部性使不同利益相关者主体围绕该平台集聚、整合,其所涉及的要素流量也被进一步优化配置。

在工业化时代(存量经济时代),遇到的最为棘手的问题就是反复出现的周期性经济危机。但是如上文所述,流量经济的各种全新发展趋势能够不同程度地盘活存量资源,比如共享化的本质就是闲置资源使用权的暂时性转移,进而让商品流、服务流、数据(资源)流及(人的)才能流等要素流量具有共享渠道,最大限度地实现资源的有效配置。流量经济的数字化特征趋势则表示企业的生产过程将不再需要大量的存货资源以应对需求的意外变动,其智能工厂可以完全将这种随机因素纳入生产过程当中,实现资源的有效利用。因此,在流量经济条件下,全新的资源配置状态有望在一定程度上熨平存量经济时代的经济周期。

| 第三节 | 流量经济的理论基础及其突破

作为一种新的经济形态,有必要从理论上对流量经济进行论证与探讨。第一章对经济学史的演进分析中已经演绎了从存量分析到流量分析的必然性和路径。本节将讨论流量经济的理论基础及其对传统经济学理论的突破。

一、流量经济结构体系与经济效应

关于流量要素的结构体系,目前有以下提法。袁恩桢和万曾炜(2002)认为流量应该包括资金流、资产流、商品流、人才流[1];而周振华和韩汉君(2002)提出的流量要素包括物资流、信息流、技术流、人才流、资金流五种要素[2]。对此韩伯棠等(2003)认为,前者提出的要素中不包括信息流,而实际上流量经济是信息化时代的产物,且信息流在其他要素的流动和相互作用过程中起着重要的先导和引导作用,因此将信息流排除在流量经济之外显然并不合适。后者提出的五种

---

① 袁恩桢,万曾炜.浦东开发的八大经济效应[J].浦东开发,2002(4):11-16.
② 周振华,韩汉君.流量经济及其理论体系[J].上海经济研究,2002(1):21-31.

流量当中包括物资流和资金流,但是从两者的内涵来看,物资流就包括了货物和资金,两者意思有重叠之处①。因此我们对物资流进行拆分,拆为货物流和资金流。

流量经济的经济效应可以用区域经济学当中的聚集效应与扩散效应来进行概括,以充分体现其对经济中各种要素的加工、整合和重组的基本功能。

1. 集聚效应

集聚效应是指经济主体和各种经济要素资源在空间上的集中所带来的经济效应,其集聚的规模和范围是通过集聚的规模经济效应与集聚的规模不经济效应两者达成均衡来实现的。

(1)集聚规模经济的表现形式。集聚规模经济是指经济主体和经济要素在空间维度的集中所带来的收益递增效应或者成本节约效应等。集聚规模经济产生的原因主要是由于经济要素在狭小的空间范围内的高度集中所带来的生产要素的共享使用、信息和技术的溢出效应以及交通运输等交易成本的节约等。除此之外,还有不同类型和不同利益诉求的经济主体相互影响,相互作用,一方面会形成互补的经济规模效应,另一方面,这种差异化集聚又会催生一系列创新行为和创新成果,以满足不同利益诉求的经济主体的基本需要,从而推动该地区的经济和社会发展。

(2)集聚的规模不经济效应表现形式。集聚的规模不经济主要是由于经济主体和各种经济要素在空间高度集中所带来的拥挤成本,其中包括交通运输等公共基础设施建设的拥挤和建设滞后问题,城市环境随着人口和各种经济活动的高度集聚所引致的恶化,城市商务成本随着经济活动的高度集聚而不断上升所带来的负面效应等。具体可以将其总结为外部不经济和规模不经济两个方面。集聚的不经济使得原本高度集聚区域的经济吸引力呈下降趋势,因而便有了向外扩散的冲动。

2. 扩散效应

扩散效应是指经济活动的规模在地域空间上不断扩张的趋势特征及其对经济发展所带来的一系列经济效应。

扩散效应的原因主要是经济活动高度空间集聚所带来的一系列外部成本的

---

① 韩伯棠,艾凤义,张平淡.流量经济的若干问题研究[J].经济纵横,2003(7):15-19.

提高,还包括市场容量逐渐扩张过程中企业等市场主体的组织模式和营运方式不断的优化与变革,导致其继续寻求具有更大发展空间的区位。此外还有技术进步过程中的要素资源重组优化等原因也会导致扩散效应。就扩散效应的空间形式而言,其具体形式与所在区域经济发展的不同发展阶段有关,根据不同的发展阶段,区域的扩散效应或就近扩散,或跳跃式扩散,或等级式扩散。

综上所述,流量经济的经济效应之所以能够有上述集聚与扩散效应,本质上是因为经济要素流量在运动过程中带动了相关区域经济的发展,核心区域与周边区域的经济效应相互影响、相互反馈,最终形成上述经济效应,且带来更大、更有效的流量。

二、流量经济分析的微观基础与突破

传统的微观经济理论在研究企业生产行为时,往往通过构建不同形式的生产函数(如C-D生产函数或CES生产函数等),然后构建企业面临的约束条件或状态方程,以企业的利润最大化为目标分析企业的资源配置和经营决策问题。在传统的微观经济分析框架中,研究的主要变量往往以资本(K)、劳动(L)和象征技术进步的全要素生产率(A)为主。但是在流量经济分析框架中,企业的决策变量将不仅包括资本、劳动和技术,还包括要素的流动速度(V)、要素的集聚与扩散效应以及相关要素在流动过程中的溢出效应等(如研发要素)。因此,流量经济与空间经济理论及区域经济理论紧密相关,即厂商的生产决策问题变为

$$\max F(K,L,A,V\cdots) - rK - wL$$
$$s.t.\, rK + wL \leqslant M$$

式中,$F'_k>0$;$F'_L>0$;$F'_V>0$。即要素流动速度也被囊括进企业的目标函数当中,并且要素流动速度的加快将有助于企业目标函数值的提高,且由于要素的流量化和要素的流动,带动了生产可能性曲线的外向性扩张(见图2-1)。鉴于上述流量经济理论构想,本节将针对流量经济理论中对传统微观经济理论的突破和创新进行阐述,重点探讨

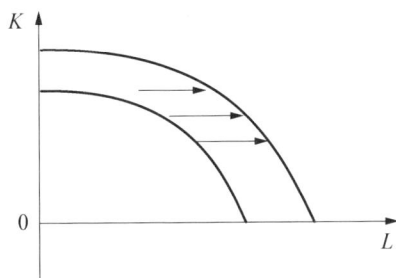

图2-1 生产可能性曲线在流量经济框架中的外向性扩张

空间经济理论与流量经济紧密相关的研发要素流动及其溢出效应,以及区域空间结构理论与流量经济理论的关系。

1. 流量经济与空间经济理论

经济要素的流动受到空间距离、空间结构、空间环境的限制。而空间经济学本身是研究经济资源如何在空间中进行最优分配的理论,因此,流量经济是以空间经济理论为其理论根基的。现有经典微观经济理论的核心问题是研究经济资源的最优配置决策问题,空间经济学本质上是在经典微观经济学理论的基础上加入了空间距离、空间主体的相互影响等因素。这在一定程度上反映了流量经济的部分特征,比如要素的空间流动、不同地区、城市以及其他流量载体之间的相互作用对经济的影响。在空间经济理论当中,较为典型的代表便是 Fujita & Thisse(2003)的研发要素流动模型,白俊红(2017)对其进行了一定的调整改进,其具体模型如下所示[①]。

示例: 研发要素流动与经济增长模型

1) 消费者和生产者行为假设

消费者的瞬时效用函数为

$$u = (Q^\mu A^{1-\mu})/[\mu^\mu (1-\mu)^{1-\mu}], \ 0 < \mu < 1 \tag{2-1}$$

其中,A 是农产品的消费量,Q 代表制造业制成品的消费指数,由式(2-2)表示:

$$Q = \left[\int_0^M q_i^\rho\right]^{1/\rho}, \ 0 < \rho < 1 \tag{2-2}$$

其中,q_i 表示对商品 $i \in [0, M]$ 的消费量。ρ 代表对差异产品多样化偏好程度的倒数。如果 ε 表示消费者的消费支出,p^A 表示农产品价格,p_i 表示产品 i 的价格,且有差异产品价格指数为

$$P \equiv \left(\int_0^M p_i^{-(\sigma-1)} \mathrm{d}i\right)^{-\frac{1}{\sigma-1}} \tag{2-3}$$

构建拉格朗日函数:

$$L = \frac{Q^\mu A^{1-\mu}}{[\mu^\mu (1-\mu)^{1-\mu}]} + \lambda(\varepsilon - p^A A - PQ) \tag{2-4}$$

[①] 白俊红,王钺,蒋伏心,李婧. 研发要素流动、空间知识溢出与经济增长[J]. 经济研究,2017(7): 109-123.

式中，λ 为拉格朗日乘子。通过一阶条件可得消费者的间接效用函数为

$$v = \varepsilon P^{-\mu} \qquad (2-5)$$

将其对数化可得 $\ln v = \ln(\varepsilon P^{-\mu})$。

接下来我们转向经济中的生产者一方，与中心—外围模型一样，假设农产品生产部门完全竞争，生产同质产品且规模报酬不变，因此，两区域中的农产品生产部门工资率相等。假设两区域中农产品生产部门的工资率标准化为 1。

设 E_r 为区域 r 在某时点上的总支出，p_r 为这一区域工业制成品价格指数。则对区域 r 的某一品类产品的需求总量为

$$q_r = \mu E_r p_r^{-\sigma} P_r^{\sigma-1} + \mu \phi E_s p_r^{-\sigma} P_s^{\sigma-1} \qquad (2-6)$$

其中，$r, s = 1, 2$ 且 $s \neq r$，$\phi \equiv \tau^{-(\sigma-1)}$ 是空间折扣因子。利润为

$$\pi_r = (p_r - 1)q_r \qquad (2-7)$$

由此得到区域 r 生产的所有品种的相同均衡价格：

$$p_r^* = \frac{\sigma}{\sigma - 1} \qquad (2-8)$$

因此，如果 M_r 表示在考虑的时点，区域 r 的工业制成品种类数量（可能与该区域创造的专利总数不同），那么可以得出：

$$P_r = \frac{\sigma}{\sigma - 1}(M_r + \phi M_s)^{-1/(\sigma-1)} \qquad (2-9)$$

式中，$r, s = 1, 2$ 且 $s \neq r$。据此，可以得到产自区域 r 的任意品类的均衡产量 q_r^* 和均衡利润 π_r^*：

$$q_r^* = \frac{\sigma}{\sigma - 1}\mu\left(\frac{E_r}{M_r + \phi M_s} + \frac{\phi E_s}{M_s + \phi M_r}\right), \ \pi_r^* = q_r^* / (1 - \sigma) \qquad (2-10)$$

2）研发部门

根据内生增长理论（Romer，1990；Grossman & Helpman，1991），假设区域 $r \in \{A, B\}$ 中的知识总量为 K_r，研发要素的数量为 λ_r，研发要素 j 拥有的特定知识量为 $h(j)$。在 Fujita & Thisse(2003)理论模型的基础上，可得区域 r 拥有的知识总量为

$$K_r = \left[\int_0^{\lambda_r} h(j)^\beta \mathrm{d}j + \eta_r \int_0^{1-\lambda_r} h(j)^\beta \mathrm{d}j\right]^{1/\beta} \qquad (2-11)$$

式中,β 是研发要素创新时的互补参数,反映了研发要素的异质性,$0 < \beta < 1$;$\eta_r (0 \leqslant \eta_r \leqslant 1)$ 表征其他地区的知识向 r 地区的空间溢出程度。

由于制造业企业间投入差异化的知识,生产异质性产品,因此知识存量与制造业企业的数量 M 正相关(Fujita & Thisse, 2003)。不失一般性,假设 $h(j) = M$,$\lambda_A \equiv \lambda$、$\lambda_B \equiv 1-\lambda$,则区域 A 和区域 B 的研发要素数量为

$$k_A(\lambda) = [\lambda + \eta_A(1-\lambda)]^{1/\beta}, \ k_B(\lambda) = (1-\lambda + \eta_B\lambda)^{1/\beta} \quad (2-12)$$

将 $k_A(\lambda)$ 和 $k_B(\lambda)$ 分别对空间溢出程度求偏导,可得:

$$\frac{\partial k_A(\lambda)}{\partial \eta_A} = \frac{1-\lambda}{\beta}[k_A(\lambda)]^{1-\beta} > 0, \ \frac{\partial k_B(\lambda)}{\partial \eta_B} = \frac{\lambda}{\beta}[k_B(\lambda)]^{1-\beta} > 0 \ (2-13)$$

假设制造业企业总数为 $M = 1$,因此,如果区域 A 中的制造业企业数量为 λ,那么区域 B 中的制造业企业数量即为 $(1-\lambda)$。研发要素 j 的总收益为

$$\varepsilon_j = a_H + w_j \quad (2-14)$$

式中,a_H 是 j 的初始资产价值;w_j 是 j 生产新知识的报酬(Fujita & Thisse, 2003)。

3)市场均衡

进一步可以得到区域 A 和区域 B 均衡的企业数量为

$$M_A = \frac{E_A - \phi E_B}{(1-\phi)E}M, \ M_B = \frac{E_B - \phi E_A}{(1-\phi)E}M \quad (2-15)$$

当 $M_A > 0$ 且 $M_B > 0$ 时,可得 $\phi < \dfrac{E_A}{E_B} < \dfrac{1}{\phi}$。由式(2-10)和式(2-15)可得:

$$P_r = \left(\frac{1}{\rho}\right)[(1+\phi)(E_r/E)M]^{-1/(\sigma-1)}, \ q_A^* = q_B^* = \mu \rho E/M \quad (2-16)$$

同理,$M_A = M$ 且 $M_B = 0$ 时,可得 $\dfrac{E_A}{E_B} \geqslant \dfrac{1}{\phi}$ 时的均衡结果;$M_A = 0$ 且 $M_B = M$ 时,可得 $\dfrac{E_A}{E_B} \leqslant \dfrac{1}{\phi}$ 时的均衡结果。由式(2-10)和式(2-16)可得制造业企业的均衡利润为

$$\pi^* = \max\{\pi_A^*, \pi_B^*\} = \frac{\mu E^*}{\sigma M} \quad (2-17)$$

根据 Melitz(2003)，企业的资产价值等于其期望利润。令 Π 表示单个企业的资产价值，那么所有制造业企业的资产价值可以表示为[①]

$$a_H = M\Pi = \frac{\mu E^*}{\sigma} \qquad (2-18)$$

区域 r 的均衡工资为

$$w_r^*(\lambda) = a_H k_r(\lambda) \qquad (2-19)$$

4) 研发要素流动的长期均衡

接下来，讨论研发要素流动的长期均衡。在 $\ln v = \ln(\varepsilon P^{-\mu})$ 式的基础上，可以求得两个地区人员的迁移偏好为

$$V_A(\lambda) - V_B(\lambda) = \ln v_A(\lambda) - \ln v_B(\lambda) \qquad (2-20)$$

联立式(2-5)、(2-15)、(2-18)以及(2-19)可得：

$$v_r(\lambda) = a_H [1 + k_r(\lambda)] [P_r]^{-\mu} \qquad (2-21)$$

又在式(2-16)的基础上可以得到 $\phi < \dfrac{E_A}{E_B} < \dfrac{1}{\phi}$ 时两个地区价格指数之比与支出之比之间的关系；同理可得 $\dfrac{E_A}{E_B} \geqslant \dfrac{1}{\phi}$ 以及 $\dfrac{E_A}{E_B} \leqslant \dfrac{1}{\phi}$ 时两个地区价格指数之比与支出之比之间的关系。将式(2-2)代入式(2-20)得到：

$$V_A(1) - V_B(1) > 0, \quad V_A\left(\frac{1}{2}\right) - V_B\left(\frac{1}{2}\right) = 0, \quad V_A(0) - V_B(0) < 0$$

并且有

$$\frac{\mathrm{d}[V_A(\lambda) - V_B(\lambda)]}{\mathrm{d}\lambda} \geqslant 0$$

5) 研发要素流动的空间知识溢出效应对经济增长的影响

继续假设研发要素向区域 A 集聚，即 $\lambda > \dfrac{1}{2}$。由于区域内部的知识存量与制造业企业的数量成正比，所以研发要素的流量必然有如下等式：

① Melitz M J. The Impact of trade on intra-industry reallocations and aggregate industry productivity [J]. Econometrica，2003，71(6)：1695－1725.

$$\Delta S_k = \frac{(K_A - K_B)}{2M} = \frac{1}{2} \big[k_A(\lambda) - k_B(\lambda) \big]$$

$$= \frac{1}{2} \big[\lambda + \eta_A (1-\lambda) \big]^{1/\beta} - \frac{1}{2} (1-\lambda + \eta_B \lambda)^{1/\beta} \tag{2-22}$$

根据式(2-22)可以求得空间知识溢出对研发要素流量的偏导：

$$\frac{\partial \eta_A}{\partial \Delta S_k} = \frac{2\beta}{1-\lambda} \big[k_A(\lambda) \big]^{\beta-1} > 0; \quad \frac{\partial \eta_B}{\partial \Delta S_k} = -\frac{2\beta}{\lambda} \big[k_B(\lambda) \big]^{\beta-1} < 0 \quad (2-23)$$

式(2-23)表明,当研发要素由区域 B 流向区域 A 时,将有利于向区域 A 的知识溢出,但对流出区域 B 则产生不利影响。考虑式(2-14)可得区域 A 和区域 B 的总收益函数,并将式(2-18)和(2-19)代入可得:

$$E = L / \left\{ 1 - \frac{\mu\lambda}{\sigma} \big[1 + k_A(\lambda) \big] - \frac{\mu(1-\lambda)}{\sigma} \big[1 + k_B(\lambda) \big] \right\} \tag{2-24}$$

将式(2-12)代入式(2-24),可以得到空间知识溢出对总收益的影响:

$$\frac{\partial E}{\partial \eta} = \frac{\dfrac{\mu L}{\sigma} \left[\lambda \dfrac{\partial k_A(\lambda)}{\partial \eta} + (1-\lambda) \dfrac{\partial k_B(\lambda)}{\partial \eta} \right]}{\left\{ 1 - \dfrac{\mu L}{\sigma} \big[1 + k_A(\lambda) \big] - \dfrac{\mu(1-\lambda)}{\sigma} \big[1 + k_B(\lambda) \big] \right\}^2} \tag{2-25}$$

由式(2-13)可得 $\dfrac{\partial E}{\partial \eta} > 0$,即空间知识溢出有利于经济增长。在式(2-22)和式(2-24)的基础上,根据链式法则,可得研发要素的流动量 ΔS_k 对总收益 E 的边际贡献为

$$\frac{\partial E}{\partial \Delta S_k} = \frac{\partial E}{\partial \eta_A} \frac{\partial \eta_A}{\partial \Delta S_k} + \frac{\partial E}{\partial \eta_B} \frac{\partial \eta_B}{\partial \Delta S_k}$$

$$= \frac{\dfrac{\mu L}{\sigma} \left[\lambda \dfrac{\partial k_A(\lambda)}{\partial \eta_A} \dfrac{\partial \eta_A}{\partial \Delta S_k} + (1-\lambda) \dfrac{\partial k_B(\lambda)}{\partial \eta_B} \dfrac{\partial \eta_B}{\partial \Delta S_k} \right]}{\left\{ 1 - \dfrac{\mu L}{\sigma} \big[1 + k_A(\lambda) \big] - \dfrac{\mu(1-\lambda)}{\sigma} \big[1 + k_B(\lambda) \big] \right\}^2} > 0 \tag{2-26}$$

从上述模型可以看出,该模型涵盖了研发要素集聚和流动的原因、方式以及其流动对经济的影响,同时也分析了不同地区在研发要素流动过程中所扮演的角色以及研发要素流动对本地区经济的影响,上述分析内容均与流量经济理论密不可分。同时也验证了流量经济的部分理论假说,即在信息化时代背景下,即使在没有投资和要素额外投入的情况下,仅凭经济要素的流动,也可以促进经济的增长,说明了流量经济对经济增长的重要促进作用。

2. 流量经济与区域空间结构理论

区域空间结构理论将区域经济的发展过程理解为一个逐渐演化的过程,其具体形式为经济活动在某一区域范围内由一个点沿着某一个方向呈线状扩张,再由线辐射扩散成面,最终形成该区域的经济发展网络。区域的经济空间结构充分反映了该地区各经济主体、经济要素以及经济系统之间的相互关系。

流量经济理论与空间结构理论的研究内容具有一致性,同时也存在一定差异。与空间结构理论所研究的区域经济的一般演化规律不同,流量经济理论所研究的是一种更为特殊的空间结构,其重点强调以大型城市为中心区域,利用城市自身的先进基础设施等优势条件,吸引各种经济要素在其周围集聚,然后各种经济要素在城市内部经过不同经济主体、经济系统之间的相互作用被整合优化,以流量的形式向周围地区不断扩散和辐射。在流量经济理论所阐述的空间结构里,主要分为中心区域和周围区域,其阐述的区域经济发展模式更像是"核心——外围"发展模式。流量经济理论中很多重要的思路就是来自空间结构理论,特别是增长极理论、点轴开发理论、核心——边缘理论、圈层结构理论等几种空间结构理论[①]。

3. 流量经济对传统微观经济学研究范式的突破

传统微观经济理论是利用动态优化方法或者比较静态分析方法来研究单个经济体的最优资源配置问题。在这样的研究范式中,一般假设经济不存在外部性,且经济主体之间的相互影响也较少涉及。而流量经济则在微观经济学研究范式的基础上进一步分析多个经济体在互相影响的情况下的资源配置问题,而在信息时代背景下,经济要素的流量化或者说经济要素在不同维度的流动,是不同经济主体之间相互影响的重要纽带和途径。上述研究内容和研究范式是对现有微观经济理论的一种突破。

三、流量经济分析的宏观内涵与革命

自凯恩斯创建宏观经济学以来,宏观经济学的研究有了很大的进展。其中经济增长理论的形成标志着宏观经济学的研究视角从治理经济危机开始转向推

---

① 韩伯棠,艾凤义,张平淡. 流量经济的若干问题研究[J]. 经济纵横,2003(7):15 - 19.

动经济增长。而经济增长理论的研究视角也在不断地发生着变化,这种变化与经济形态从存量经济走向流量经济的过程关系密切。

1. 流量经济与经济增长

以索洛为代表的新古典经济增长理论研究表明,经济增长的动力主要包括资本、劳动等要素投入的增加以及全要素生产率(total factor productivity, TFP)的提高,其中 TFP 的提高对推动有效人均 GDP 的增长更为重要。通常而言,一个国家经济总体 TFP 的提高主要有两条途径:一是作为生产主体的企业通过研发创新提高生产要素的边际产出来实现自身 TFP 的提高,进而提高国家经济总体的 TFP(唐未兵等,2014);二是通过资源的进一步优化配置来实现国家总体 TFP 的提高(Hsieh & Klenow, 2009),其中体制因素(靳来群,2015)和结构因素(靳涛、陶新宇,2015)是影响资源配置的重要因素。自 2004 年以来,我国工业企业生产效率的提升越来越依赖企业自身的成长,然而其增长空间却在不断缩小(杨汝岱,2015),因此,目前提高 TFP 可以依赖的途径应进一步转向资源的优化配置。而流量经济所倡导的经济要素流量化,便是在信息流的引导下,要素以追求自身边际收益最大化为目的进行的理性流动,其结果便是资源的进一步优化配置,因此,流量经济本身与经济增长理论密不可分,并可以由此对原有的经济增长理论进行修订。

在流量经济的框架下,即使没有投资,仅通过资源要素的流动,也可以促进经济的增长。基于该结论,本书借鉴柏培文、张伯超(2016)的理论模型对此做进一步验证。

构建不同维度间资本流动与均衡配置模型,假设某 m 行业(地区、产业)生产函数为 $Y'_m = A_m \phi_m^{\theta} K_m^{\alpha_m} L_m^{\beta_m}$,资本边际生产力为 $r_m \kappa_m = \alpha_m A_m \phi_m^{\theta} K_m^{\alpha_m - 1} L_m^{\beta_m}$,$\kappa_m$ 表示资本收益率和其边际产出之间的差异,当 $\kappa_m = 1$ 时,表示行业(地区、产业)资本收益率等于其边际产出,此时满足利润最大化原则。然而,现实当中的金融资源配置扭曲等因素导致资本的边际产出和其收益率并不完全一致,因此,现实中的 κ_m 通常不为 1。ϕ_m 表示 m 行业(地区、产业)的垄断程度,θ_m 表示行业(地区、产业)垄断对该产品定价水平的影响程度。Y'_m、K_m 和 L_m 分别表示行业(地区、产业)m 的增加值、资本和劳动力。α_m 和 β_m 分别表示资本和劳动力的产出弹性。此外我们还考虑另外两种假设情形:① 不考虑垄断,此时行业(地区、产业)m 的生产函数形式变为 $Y_m = A_m K_m^{\alpha_m} L_m^{\beta_m}$,$Y_m$ 为行业(地区、产业)m 在该情形下的实际增加值;② 不考虑资本成本与边际产出差异时,有 $r_m = \alpha_m A_m K_m^{\alpha_m - 1} L_m^{\beta_m}$。对任意行业(地区、产业)$i$,其资本的边际生产力可以表示为 $r_i\kappa_i = \alpha_i A_i \phi_i^{\theta_i} K_i^{\alpha_i-1} L_i^{\beta_i}$,当 m 行业(地区、产业)的资本收益率为 r_m 时,此时该行业(地区、产业)的资本可以表示为 $K_m = \dfrac{\alpha_m \gamma_m \phi_m^{\theta_m}}{r_m \kappa_m} K \left[\dfrac{1}{\sum\limits_i \dfrac{\alpha_i \gamma_i \phi_i^{\theta_i}}{r_i \kappa_i}} \right]$,其中 $\sum\limits_i K_i = K$,$\gamma_m = \dfrac{Y_m}{Y}$,$\gamma_i = \dfrac{Y_i}{Y}$,$\sum\limits_i Y_i = Y$[①]。

不同维度之间的资本收益率差异会导致资本存在从收益率较低的行业(地区、产业)流动到资本收益率较高的行业的倾向。即当资本的流动不存在摩擦且资本同质,则资本可以在不同维度间自由流动,该流动始于行业间(地区间、产业间)资本收益率存在差异,终于各个行业(地区、产业)的资本收益率相等,也就是资本在不同维度间的均衡配置状态。在该状态下,受到企业内部经营管理因素、金融资源扭曲配置等因素的影响,仍然存在资本收益率与其边际产出不相等的现象,所以,资本在不同维度间的均衡配置仅表现为资本收益率相等。资本在不同维度间实现均衡配置时,其均衡的资本收益率用 r_0 表示,m 行业(地区、产业)的资本边际产出可以表示为 $r_0 \kappa_m = \alpha_m A_m \phi_m^{\theta_m} K_m^{\alpha_m-1} L_m^{\beta_m}$。任意行业(地区、产业)$i$ 的资本边际产出可以表示为 $r_0 \kappa_i = \alpha_i A_i \phi_i^{\theta_i} K_i^{\alpha_i-1} L_i^{\beta_i}$。相应的,m 行业(地区、产业)在均衡状态下资本的数量可以表示为 $K_m^* = \dfrac{\alpha_m \gamma_m^* \phi_m^{\theta_m}}{\kappa_m} K \left[\dfrac{1}{\sum\limits_i \dfrac{\alpha_i \gamma_i^* \phi_i^{\theta_i}}{\kappa_i}} \right]$,其中,$\gamma_m^* = \dfrac{Y_m'^*}{Y^*}$,$\gamma_i^* = \dfrac{Y_i'^*}{Y^*}$,$\sum\limits_i Y_i^* = Y^*$,$Y_i^*$ 和 γ_i^* 分别表示资本经过充分流动之后的均衡配置条件下行业(地区、产业)i 的增加值及其占经济总增加值的比重,Y^* 表示资本均衡配置条件下的经济总增加值。则 m 行业经过资本充分流动和重新配置之后的变化量(资本流入量)为

$$\Delta K_m^* = K_m^* - K_m \qquad (2-27)$$

假定行业 m 劳动力不变,则资本充分流动前后的行业增加值变化可以表示为

$$\frac{Y_m'^*}{Y_m'} = \left(\frac{K_m^*}{K_m} \right)^{\alpha_m} \qquad (2-28)$$

基于上述模型,可以继续考察资本经过充分流动和均衡配置之后,对行业

[①] 柏培文,张伯超. 工资差异与劳动力流动对经济的影响——以上市公司行业结构和产出为视角[J]. 中国人口科学,2016(2):47-60.

(地区、产业)结构和经济总增加值的影响。一是对不同行业、地区和产业经济结构的影响。资本经过充分流动并实现均衡配置,不同维度间的资本发生变化,从而影响该行业(地区、产业)的产出规模,最终导致行业结构、地区经济结构乃至三大产业结构发生变化。二是对经济总产出的影响。参考现有相关文献,用行业部门产出的指数化乘积来构建总量生产函数,为了考察资本经过充分流动并达到均衡配置前后经济总产出的变动,在此需要构建行业资本达到均衡配置之前的总量生产函数:$Y' = Y'_1{}^{\gamma_1} Y'_2{}^{\gamma_2} \cdots Y'_i{}^{\gamma_i}$,此时的指数 γ_i 表示 i 行业(地区、产业)的资本未达到均衡配置时的行业(地区、产业)产出占经济总产出的比重。行业(地区、产业)资本达到均衡配置之后的总量生产函数为 $Y'^* = Y'_1{}^{*\gamma_1^*} Y'_2{}^{*\gamma_2^*} \cdots Y'_i{}^{*\gamma_i^*}$,此时的指数 γ_i^* 为资本在均衡配置时,行业(地区、产业)i 的产出占经济总产出的比重。在比较资本均衡配置前后的社会总产出变化时,需要对指数进行选择,现有的文献往往采用资本未经过充分流动的情况下各行业的产出占社会总产出的比重作为统一指数,该方法的优点是便于计算,但是忽视了资本经过充分流动达到均衡配置之后各行业产出比例的变化对社会总产出的影响。因此,为兼顾资本充分流动前后的行业(地区、产业)结构因素,我们在考察资本流动配置对社会总产出的影响时,构建的函数表达式为

$$\frac{Y'^*}{Y'} = \frac{Y'_1{}^{*\gamma_1^*} Y'_2{}^{*\gamma_2^*} \cdots Y'_i{}^{*\gamma_i^*}}{Y'_1{}^{\gamma_1} Y'_2{}^{\gamma_2} \cdots Y'_i{}^{\gamma_i}} \qquad (2-29)$$

现有文献(柏培文、张伯超,2016)运用上述模型所做的实证检验都发现,资本和劳动等经济要素在不同维度间的流动改善了资源配置效率,同时也促进了经济增长。上述模型从一个侧面验证了流量经济一直强调的,要素流动所带有的资源优化配置功能及其对经济增长的重要作用。

2. 流量经济对传统宏观经济学研究范式的革命

传统宏观经济学的研究范式往往假设经济中的要素数量既定或者随着时间的推移保持一定的外生增长率(如索洛模型),而在信息化时代背景下,不同经济体之间的生产市场与消费市场分割被逐渐打破,经济要素可以在更大范围的时间与空间之间进行流动配置。在不同经济要素流动过程中所形成的要素流量化特征乃至整个流量经济的形成,以及在流量经济框架下,不同经济体之间通过要素流动而相互影响等问题,在现有的宏观经济研究范式当中仍较少涉及。

通过上述理论模型可以发现,不同经济要素在信息化时代背景下,其流动本身带有资源进一步有效配置的功能,这使得要素的流动不再带有盲目性。在理性经济人假设下,这种要素的流动对经济的影响正在日益增强。Hsieh & Klenow(2009)的研究表明中国与美国之间的经济发展差距基本上可以用资源的错配对全要素生产率的影响程度来表示,而改善资源错配的一个有效途径便是在信息通畅的环境下,使资源理性、有序、自由、充分地流动配置,从而提高经济的全要素生产率,这在我国当前经济新常态背景下,具有十分重要的意义。

第四节 流量经济分析的一般框架

根据上述理论分析,对流量经济的一般分析框架进行了设计。

一、流量经济分析的范畴及其数理分析方法

流量经济分析主要研究的重要变量有:①流量经济主体(包括城市和企业)进行经济活动的位置;②流量经济主体间的经济要素流(包括人才流、资金流、技术流、信息流和货物流)的流动速率和流量;③在流量经济分析视角下收入的可获得性的增加与下降;④流量载体的网络结构,包括城市间的交通运输线路、企业间的经营活动网络和平台网络等。

流量经济的数理分析方法应该是有别于比较静态分析方法的一个基于动态模型或理论的动力系统分析,即在动态结构模型中把变量随时间变化的法则进行内生化。流量经济的数理分析目标是在一个含参数的特定结构模型中,能够确定该模型中内生变量的特定值,或者可以得到一组均衡表达式,这些均衡表达式可以描述模型解的结构特征。另外,模型参数变动的敏感性分析可以用来研究对解的轨迹或结构的影响。

在本节的剩余部分将利用数理分析方法具体讨论上面提到的四个变量,即位置、流量、变化和结构所涉及的重要问题,具体包括:讨论流量载体的网络最优结构问题;讨论流量经济主体间关于经济要素流的互动问题;讨论流量经济分析视角下的经济增长问题。

二、流量载体的网络最优结构

本书在 Tapiero(1971)关于离散交通网络最优结构决定问题的研究和网络理论基础上[①],建立了用于分析流量载体的网络结构的数理分析框架。

求解最优网络结构采用的基本思路是对既定需求的 m 个汇中配置 n 个源以实现总流动成本最小化。其中,汇和源本身都是经济主体,区别在于流向总是从源开始流向汇。在动态模型中,经济要素的流量可以被视作时间速率来处理。模型的外生变量定义如下。

(1) $(0, r)$:时间窗口,表示一定时间内。

(2) (a_j, b_j), $j = 1, 2, \cdots, m$:经济主体(汇)在网络中的位置。

(3) d_j:经济主体(汇)对某要素的需求。

(4) s_i, $i = 1, 2, \cdots, m$:经济主体(源)的存量限制。

(5) r_{ij}:从经济主体(汇) i 到经济主体(汇) j 的单位距离单位要素的流动成本。

(6) c_i:经济主体(源)的单位要素成本。

(7) $\bar{c}_j$:经济主体(汇)的单位要素成本。

内生变量定义如下。

(1) (u_i, w_i):经济主体(源)的位置。

(2) $v_{ij}(t)$:经济主体源到汇的单位要素流动速率。

(3) $x_i(t)$:经济主体(源)具有的经济要素存量。

(4) $y_i(t)$:经济主体(汇)具有的经济要素存量。

假设单位流动成本及流动速率与欧式距离成正比时,最小化函数设定如下:

$$\min \phi = \int_0^r \sum_{i, j} \{ v_{ij}(t) r_{ij} [(a_j - u_i)^2 + (b_j - w_i)^2]^5 + c_i x_i(t) + \bar{c}_j y_i(t) \} \mathrm{d}t$$

$$(2 - 30)$$

约束条件为:

$$\int_0^r y_j(t) \mathrm{d}t = d_j, \ j = 1, 2, \cdots, m$$

---

① Tapiero C S. Transportation-location-allocation problems over time [J]. Journal of Regional Science,2010,11(3):377 - 384.

$$\int_0^r x_i(t)\mathrm{d}t = s_i,\ i = 1,\ 2,\ \cdots,\ n$$

$$\dot{x}_i(t) = -\sum_j v_{ij}(t);\ x_i(0) = s_i;\ j = 1,\ 2,\ \cdots,\ m$$

$$\dot{y}_j(t) = \sum_i v_{ij}(t);\ y_j(r) = d_j;\ i = 1,\ 2,\ \cdots,\ n$$

$$\dot{u}_i(t) = 0,\ i = 1,\ 2,\ \cdots,\ n$$

$$\dot{w}_i(t) = 0,\ i = 1,\ 2,\ \cdots,\ n$$

在该优化问题中,控制变量为 v_{ij}、u_i 和 w_i,状态变量为 $x_i(t)$ 和 $y_i(t)$。控制变量的时间路径是通过运动方程支配状态变量的运动方式来选择的。而目标函数最小化是由控制和状态变量的时间路径的最优选择来决定的。事实上,在该模型中,源的位置作为控制变量始终保持在初始状态。当然,这也符合现实情况,如无论是城市还是企业,其地理位置在一定时期内不会随时间推移而发生变动。因此,在该问题中,决定网络最优结构的控制变量就只有单位要素的流动速率。最后,关于求解该一般化模型的方式是采用最优控制方法,即构造汉密尔顿函数,并对其求一阶条件,通过该一阶条件可以得到多个微分联立方程,并以此来求解源的位置和流动流量问题。在一般情况下,这些联立方程需要采用数值模拟来求解。

三、流量经济主体间关于经济要素流的互动问题

本书在 Harris & Wilson(1978)的研究和引力熵建模理论的基础上,建立了研究经济主体间关于要素流在网络中的相互作用问题的数理分析框架,该模型框架可用于确定经济主体流入和流出的某要素的流量。定义如下。

(1) $q_{rr'}$:从经济主体 r 到 r' 的流出的某要素的流量。

(2) d_r^{I}:经济主体 r 对某要素的流入需求。

(3) d_r^{E}:经济主体 r 对某要素的流出需求。

(4) s_r^{E}:经济主体 r 对某要素流出的期望供给。

(5) k_r:经济主体 r 对某要素的流出能力存量。

(6) $c_{rr'}$:从经济主体 r 到 r' 的流动成本。

(7) k_r^α:吸引力,$\alpha > 0$。

(8) $e^{\beta c_{rr'}}$:从经济主体 r 到 r' 的流出阻力,或从经济主体 r' 到 r 的流出阻力,$\beta < 0$。

（9）n：经济主体的数量。

关于经济要素流量的引力熵模型可以被描述为如下形式：

$$q_{rr'} = d_r^{\mathrm{I}}\left[\frac{k_r^{\alpha}e^{\beta c_{rr'}}}{\sum_{j=1}^{n}k_j^{\alpha}e^{\beta c_{rr'}}}\right],\ r,\ r' = 1,\ 2,\ \cdots,\ n \qquad (2-31)$$

另外，定义经济主体 r 对某要素的流出需求函数为

$$d_r^{\mathrm{E}} = \sum_{r=1}^{n}q_{rr'},\ r = 1,\ 2,\ \cdots,\ n \qquad (2-32)$$

经济主体 r 对某要素流出的期望供给可以写成

$$s_r^{\mathrm{E}} = \lambda k_r,\ r = 1,\ 2,\ \cdots,\ n \qquad (2-33)$$

其中，λ 是一个流量系数，它把经济主体 r 的流出能力存量转换为流出的期望流量。

均衡时：

$$d_r^{\mathrm{E}} = s_r^{\mathrm{E}} \qquad (2-34)$$

最后，经济主体 r 对某要素来自其他所有经济主体（包括其自身）的流入总量必须等于它对该要素的流入总需求：

$$d_r^{\mathrm{I}} = \sum_{r'=1}^{n}q_{rr'},\ r = 1,\ 2,\ \cdots,\ n \qquad (2-35)$$

式（2-31）到（2-35）的数量总共为 (n^2+4n) 个，所需决定的变量为 $q_{rr'}$、d_r^{E}、d_r^{I} 和 s_r^{E} 的 n^2+3n 个。

在上述分析的基础上，考虑模型的动态调整：

$$\dot{k}_r = \theta(d_r^{\mathrm{E}} - s_r^{\mathrm{E}}),\ r = 1,\ 2,\ \cdots,\ n,\ \theta > 0 \qquad (2-36)$$

其中，式（2-34）意味着均衡时 $\dot{k}_r = 0$。为了将经济主体 r 的需求函数［式（2-32）］表示为 k_r 的函数，需要考虑其函数图形的形状。

首先，在式（2-31）和（2-32）中，当 $k_r = 0$ 时，$d_r^{\mathrm{E}} = 0$，因此流出需求函数过原点。其次，定义 D 为式（2-31）的分母部分，并对 k_r 求偏导数：

$$\frac{\partial q_{rr'}}{\partial k_r} = (\alpha_r^n - q_{rr'})\frac{\alpha k_r^{\alpha-1}e^{\beta c_{rr'}}}{D} = \frac{\alpha(\alpha_r^n - q_{rr'})q_{rr'}}{k_r} \qquad (2-37)$$

因为，$\alpha > 0$ 且 $q_{rr'} \leqslant d_r'$，该导数是非负，并且由于

$$\frac{\partial d_r^{\mathrm{E}}}{\partial k_r} = \sum_{r'} \frac{\partial q_{rr'}}{\partial k_r} \qquad\qquad (2-38)$$

作为 k_r 的函数的区域 r 的流出需求的斜率为非负;如果 $k_r > 0$ 且所有的 $\alpha_r^n > 0$,斜率为正并随 k_r 的增加而上升,再考虑下式:

$$\begin{aligned}
\frac{\partial^2 d_r^{\mathrm{E}}}{\partial k_r^2} &= \sum_{r'} \frac{\partial^2 q_{rr'}}{\partial k_r^2} \\
&= \frac{\alpha}{k_r} \sum_{r'} \left\{ \frac{\partial q_{rr'}}{\partial k_r} \left[\alpha_r^n - 2q_{rr'} - \frac{1}{\alpha} \right] \right\} \qquad (2-39) \\
&= \frac{\alpha^2}{k_r^2} \sum_{r'} q_{rr'} \left[(a_r^n - q_{rr'})^2 - \left(q_{rr'} + \frac{1}{a} \right) \right]
\end{aligned}$$

Harris & Wilson(1978)指出一般情况下,关于 k_r 的二阶导数应该为正,但当 k_r^2 上升时,二阶导的值将急速减少,可能变为负值但接近于零。预期的图形为 S 型结构,如图 2-2 所示。当供给函数为 s_{1r}^{E} 时,稳定点为 $k_r^1(=0)$ 和 k_r^3,非均衡点为 k_r^2;当供给函数为 s_{2r}^{E} 时,稳定点为 $k_r^1(=0)$ 和 k_r^4;当供给函数为 s_{3r}^{E} 时,唯一的可能稳定点是 $k_r^1(=0)$。

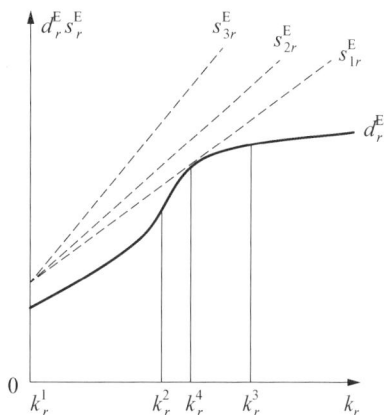

图 2-2　经济主体间相互作用模型的稳定性

四、流量经济分析视角下的经济增长

从索洛和斯旺提出新古典经济增长理论开始,技术进步作为经济增长的源泉的观点被广泛接受,但在新古典框架下并没有讨论技术的决定。罗默将知识作为技术产生的基础,引入研发部门之后建立了内生增长模型,从而解释了经济系统如何内生地决定一个国家经济持续增长。但无论是新古典还是内生增长理论都没有考虑到经济要素的流动问题。尤其是在目前的信息化时代,数据信息的大量存在已经成为许多企业的重要资产,也成为目前技术进步的主要基础。因此,如何将数据信息的存在和流动引入经济增长模型,如何将技术的流动考虑在内,都是亟待解决的新问题。

本研究在罗默、Andersson & Jari(2010)等研究工作的基础上,构建了分析流量经济下存在技术流和数据信息流的一个简单数理模型框架。在构建具体模型之前,有必要简单讨论以下两个重要问题。

第一,数据、知识和技术的关系。我们已经知道在罗默模型中,技术内生化于知识的产生和累积。但在信息化时代,大数据分析、人工智能等新技术不仅依赖于计算机的前沿知识,也依赖于数据的产生和积累。因此,现代技术不仅内生化于知识,也内生化于数据。同时,数据本身是一种信息,因此数据的流动可以视为信息流。

第二,数据、知识和资本的关系。在罗默模型里,知识基本被视为一种知识资本(包括管理知识、技术知识等)。而在现代社会,互联网企业看待数据的方式与制造业企业看待厂房和机器的方式是一样的,因此,数据本身可以被视为一种资本。

综上所述,数据和知识可以用来决定技术,而数据和知识本身则被视为一种资本。具体模型具有下列结构和假设。

(1) 每个经济主体(企业或区域)的生产都可被描述为一个具有新古典生产函数特征的形式:

$$Q_r(t) = F_r[L_r(t), C_r(t), v_{sr}^K(t), v_{sr}^D(t)] \qquad (2-40)$$

其中,各个经济主体的劳动力 L 按照人口增长率 n 外生增长。C_r 为经济主体 r 的资本存量。$v_{sr}^K(t)$ 和 $v_{sr}^D(t)$ 分别为知识流和数据信息流的流动速率。

(2) 定义:

$$\int_0^\infty v_{sr}^K(t)\mathrm{d}t = \sum_s \exp(-\beta \mathrm{d}_{sr}) K_s(0) \qquad (2-41)$$

$$\int_0^\infty v_{sr}^D(t)\mathrm{d}t = \sum_s \exp(-\beta E_{sr}) D_s(0) \qquad (2-42)$$

式(2-41)和(2-42)分别表示经济主体 r 关于知识和数据信息的可达性。其中,d_{sr} 是经济主体 r 和 s 之间在实体网络中的距离。E_{sr} 是数据信息在经济主体 r 和 s 之间传递的虚拟网络中的距离。$K_s(0)$ 是经济主体 s 在初始状态下的知识存量。$D_s(0)$ 是经济主体 s 在初始状态下的数据信息存量。

(3) 在该简单模型中,假定劳动力使用与资本使用成比例,且该比例取决于外生供给。另外,假定劳动力不在网络中流动[①]。

(4) 资本、知识和数据信息的增长均被假定与储蓄倾向 σ_r 成正比,并由份额 a_r 和 b_r 来决定总积累在投资、研发、数据信息收集与分析之间的配置。

---

① 关于劳动力流动与经济增长关系的文献可参考 Keyfitz(1970),Rogers(1971)。

$$\dot{C}_r(t) = (1 - a_r - b_r)\sigma_r F_r[L_r(t), C_r(t), v_{sr}^K(t), v_{sr}^D(t)]$$

$$\dot{K}_r(t) = H_r\{K_r, a_r\sigma_r F_r[L_r(t), C_r(t), v_{sr}^K(t), v_{sr}^D(t)]\}$$

$$\dot{D}_r(t) = G_r\{D_r, b_r\sigma_r F_r[L_r(t), C_r(t), v_{sr}^K(t), v_{sr}^D(t)]\}$$

$$r = 1, \cdots, n \tag{2-43}$$

特别的,对于正的自变量,假定 H_r 和 G_r 函数为正且是平滑的。

(5)结论:Nikaidô(1968)证明了满足上述函数形式的新古典多区域经济系统一定存在稳定的特征。利用该定理理论可以证明,具有固定资本/知识比率和资本/数据信息比率的所有区域,存在增长均衡。另外,根据比较动态分析也可以知道,实体距离 d_{sr} 和虚拟距离 E_{sr} 的任何减少都将增加所有区域的均衡增长率。

在本小节中我们提出了一个流量经济分析的一般框架。在该框架中,我们重点需要研究的变量有四个:经济主体的位置、经济要素流的流量和流速、流量经济情形下的收入变动和流量载体的网络结构。具体的方法论是采用动态的数理模型来研究。进一步地,我们重点讨论了一些涉及上述四个变量的重要问题。在流量载体的网络最优结构问题中,建立了一个动态规划模型用于决定经济主体的最优位置和流量载体的最优网络结构。在流量经济主体间关于经济要素流的互动问题中,我们利用引力熵模型和供需均衡条件构建了一系列的方程组用于确定要素流的流量。在流量经济分析视角下的经济增长问题中,从内生增长理论出发,引入信息化时代最为重要的数据信息作为新的决定技术的内生变量,以此为基础给出了经济增长的数理分析框架,并对该框架可能得到的一些显而易见的结论进行了阐述。纵观该节内容,事实上对于上述重要问题的解答,最终都归结于四个重要变量的决定问题。因此,流量经济分析的一般框架就是重点研究框架内涉及的这些重要变量。

第三章 流量经济特征之一：数字化

第二章讨论流量经济理论的基本概念与模型时，已经对流量经济的基本特征进行了概括，即数字化、平台化、共享化和空间化。本章将讨论流量经济的基本特征之一：数字化。

| 第一节 | 基 本 概 念

目前对经济的数字化概念有多种表述，在这里的表述是根据流量经济理论所体现出的数字化概念进行的表述。

一、数字产品的界定

要界定数字经济的含义，首先要明确数字产品、数字贸易等相关概念。对数字产品和数字贸易的理解，各国和有关国际组织尚未达成统一认识。世界贸易组织（WTO）1999 年将数字产品（digital products）定义为通过网络进行传输和交付的内容产品，并据此将数字产品分为电影、图片、声音和音乐软件、视频、电脑和娱乐游戏。2003 年《美国—智利自贸区协定》中定义的数字产品，是指计算机程序、文本、视频、图像、录音和其他经数字化编码并以电子方式传输的产品，无论缔约一方根据其国内法律将此类产品视为商品，还是服务。这个定义明确数字产品不包括金融工具的数字形式，也不包括货币。《跨太平洋伙伴关系协定》（TPP）虽未能生效，而且美国也已宣布退出，但仍然代表了自由化程度最高的区域贸易协议，它对数字产品的定义是：为商业销售或分销之目的生产，并且可以通过电子方式传输的计算机程序、文本、视频、图像、录音或其他数字编码产品。也有学者按照产品属性将数字产品分为内容类产品(如电子书)、工具类产品(如各类软件)和服务类产品(如 App)。[①]

二、数字贸易的性质之争

美国国际贸易委员会于 2013 年 7 月发布的《美国和全球经济中的数字贸易》报告将数字贸易(digital trade)定义为，通过互联网传输交付产品和服务的国内和国际贸易，包括物理产品。这一定义包括三个要素：一是以互联网传输为媒介，数字交换技术为手段；二是以数字化数据信息为贸易标的；三是贸易内容包括数字产品和数字服务。但在国际层面，对于数字贸易的属性定义并不统一，即使美国也在不同环境下主张不同的性质。

1. 服务贸易与货物贸易之争

电子传输的数字产品属于货物贸易还是服务贸易存在着争议。多个协定都声明，即使在电子商务章节中规定了数字产品，也并不表征缔约方对于电子交付或通过电子传输进行的数字产品贸易是货物贸易，还是服务贸易的立场。美国从本国利益出发，对数字贸易在境内各州之间交易以服务贸易方式对待，而在国际上则坚持定位货物贸易属性，受自由程度更高的《关税及贸易总协定》(GATT)约束。我国和欧盟则都坚持数字贸易属于服务贸易，应受《服务贸易总协定》(GATS)约束。

2. 跨境交易与境外供给之争(服务贸易的类别)

根据 GATS 的规定，服务贸易分为四类，即跨境交付、境外消费、商业存在和自然人流动。即使认为数字贸易属于服务贸易，也还存在着是归为跨境交付还是境外消费之间的争议。可见，当人们通过互联网在世界任何地方提供和获取网上服务时，政府无法明确这类贸易所归属的承诺范畴。因此，为跨境交付和境外消费提供同等水平的开放度，有助于减少国家关于服务贸易与互联网服务贸易交付方式对应性的不确定性，降低国际贸易纠纷发生的概率。[②]

[①] Kai Lung Hui, Patrick Y K Chau. Classifying digital products [J]. Communication of the Acm, 2002, 45(6)：73-79.

[②] 石良平，沈桂龙.中国服务业扩大开放与服务贸易发展[M].上海：上海交通大学出版社，2016.

三、数字经济的概念衍变

数字经济(digital economy)的概念,最早由加拿大学者唐·泰普斯科特(Don Tapscott)在其 1996 年出版的《数字经济》(*The Digital Economy*)一书中正式提出[①]。美国商务部在 1998—2000 年三年间连续发布了三份以"数字经济"为主题的研究报告,其中 1998 年发布的《浮现中的数字经济》(*The Emerging Digital Economy*)报告中指出,数字革命已成为世纪之交各国战略讨论的核心和焦点,并预测数字经济将成为新的经济活动的主题。数字经济概念至此得以广泛传播。

2016 年 9 月 29 日,G20 杭州峰会通过的《二十国集团数字经济发展与合作倡议》对数字经济做了明确定义:数字经济指以使用数字化的知识和信息作为关键生产要素,以现代信息网络作为重要载体,以信息通信技术的有效使用作为效率提升和经济结构优化的重要推动力的一系列经济活动。互联网、云计算、大数据、物联网、金融科技与其他新的数字技术被应用于信息的采集、存储、分析和共享过程中,改变了社会互动方式。数字化、网络化、智能化的信息通信技术使现代经济活动更加灵活、敏捷、智慧。在 2017 年中国信息通信研究院发布的《中国数字经济发展白皮书(2017)》中,进一步对数字经济的内涵进行了提炼。该白皮书明确:数字经济是一种技术经济范式,具有基础性、广泛性、外溢性和互补性等特征,能够引发经济社会的跳跃式发展和变迁。同时,数字经济是一种与农业经济、工业经济并列的经济社会形态。另一个与数字经济相关的概念是"互联网经济"(internet economy)。2014 年亚太经合组织发布的 *APEC Initiative of Cooperation to Promote Internet Economy* 中定义,互联网经济是源于或使用互联网和联接技术的所有经济活动。可见,数字经济的概念是随着其对社会经济影响的不断深入,从经济热点、经济范式,逐渐衍变为与传统农业经济和工业经济并列的独立的新型经济形态。

四、数字经济是流量经济的主要形式

如前所述,流量经济的基本要义就是通过要素的流动来推动经济增长。

[①] Don Tapscott. The digital economy [M]. New York: Mc Graw-Hill, 1996.

信息、货物、资金、人才和技术等要素的流动、重组、整合和运作,形成动力系统,使得要素流量的规模不断扩大,推动经济系统持续发展。流量经济的存在形态体现为各种要素的组合与变化。从动力系统的角度来看,数字经济是以信息流为主要经济要素,并与人、物、资金和技术等其他经济要素相互结合,形成不断扩大的流量规模、逐步规范的流量规则、逐渐优化的流量经济形态。在这一过程中,信息流和其他经济要素黏合程度、聚集方式的不同,体现为不同类型的数字经济范式。例如,以平台为例,支付平台是信息流与资金流的结合;电子商务平台则是信息流与物流的结合,如亚马逊和淘宝网等;住宿平台是信息流与人员流的结合,如 Booking 和爱彼迎;出行平台则是信息流与运输工具及运输人的结合,如 Uber 和滴滴专车。每个平台流量效益的产生和增长,除了核心要素外,人的要素是必不可少的,也不能缺少技术要素的参与。鉴于信息技术的发展阶段和特性,平台经济的模式和形态会发生不同的变换。商业模式也因为迅速的变化而呈现出不稳定性的状态,这也是数字经济的一个特征。

　　数字形态,在存量经济时代就有所体现,如以数字化的知识和信息驱动的某种经济状态。数字化的知识和信息驱动的经济,属于信息经济范畴。因此,在存量经济时代,数字形态一般是以信息经济的子集方式存在。而在流量经济时代,信息经济已经发展成为数字经济。数字经济除了包括信息化外,还包括在信息化基础上所产生的经济和社会形态的变革,是信息化发展的结果[①]。不同类型的数字经济的发展,直接影响着流量经济的规模和效益。因此,数字经济是流量经济发展的一种主要路径和体现。

｜第二节｜数 字 特 征

　　数字经济是流量经济的主要形式之一,数字经济赋予了流量经济在大数据时代不同于互联网时代的特征。流量经济的数字特征体现为 ICT 的运用、大数据的挖掘、贸易数字化和平台数字化等。这些特征不仅诠释了流量经济和数字经济之间的关系,也是推动流量经济发展的主要基础和动因。

---

① 中国信息通信研究院.《中国数字经济发展白皮书(2017)》。

一、ICT 运用是流量经济的技术基础

1. ICT 的影响

ICT,是信息通信技术(information communication technology)的简称。20世纪 70 年代初大型计算机得到广泛应用后,ICT 开始被应用于商业和管理过程中。80 年代商用和个人电脑的普及加速了 ICT 在人们日常生活中的运用。大量实证研究显示,ICT 对全球经济和人类社会产生了多维度的影响,包括对经济发展速度、经济产量和经济效益的提升等方面的影响。

21 世纪初,八国集团在日本冲绳发表的《全球信息社会冲绳宪章》(*Okinawa Chater on Global Information Society*)认为:ICT 是 21 世纪社会发展的最强有力动力之一,并将迅速成为世界经济增长的重要动力[①]。作为一种通信技术和信息技术融合而形成的一个新概念和新的技术领域,ICT 被公认为是当前世界经济越来越重要的催化剂[②]。

2. ICT 与数字技术的关系

就一国而言,ICT 要完成向更复杂的数字技术(digital technology)的演进,就不能拘泥于简单的技术范畴,而要有全面而谨慎的发展规划。过去 30 年,ICT 已经深刻改变了世界,而且被认为是未来 20 年世界发展的引领器。数字技术不仅使社会交易和社会活动本身更加有效和活跃,也将长期推动社会思维模式的基本概念、主要策略、学习和实践的发展[③]。Bresnahan & Trajtenberg(1995)提出,与蒸汽机和电一样,ICT 也是一种通用技术(general purpose technology,GPT),未来很长的一段时间内将对全球的经济增长和转型起到巨大影响作用[④]。根据这两位学者的分析,GPT 一般都具有三个显著特征:一是普遍性,通用技术能延伸至经济的方方面面,能够被运用于广泛的领域;二是推动性,随着时间的推移,通用技术能够迅速发展和蜕变,运用效果日益明显,同时

---

① Okinawa Chater on Global Information Society. G8 Summit Meeting at Kyushu-Okinawa on 21 - 23 July,2000.

② http://www. mofa. go. jp/policy/economy/summit/2000/pdfs/charter. pdf.

③ Khuong M. Vu, National University of Singapore, ICT Diffusion and Production in ASEAN Countries:Patterns, Performance, and Policy Directions. Telecommunications Policy. May 2017.

④ Bresnahan T F,Trajtenberg M. General purpose technologies "engines of growth"? [J]. Journal of Econometrics,1995,65(1): 83 - 108.

运用成本也会持续降低；三是创新繁衍性，通用技术能够迅速渗透，研发的生产力和创新动能不断提升，带动下游产业不断转型。除了这三个典型特征外，GPT还能够营造出两种现象，即网络的联动效应（network effects）和知识增进效应（knowledge enrichment）。网络的联动效应是指一个人在ICT连接和能力方面的投入，不仅能够惠及自身，网络中其他成员也会受益；知识增进效应则是指ICT提供的网络通道使知识在全球范围内不受时间、地点、个人财富和社会地位的限制，更容易被获得和传播。以上这些特点不仅使数字革命更具影响力和重构力，也比以往的任何GPT更具公平性和可持续性[①]。

二、大数据是流量经济的能量储备

1. 大数据的定义

日常生活中几乎所有事情都与数据相关。出行、饮食、环境、医疗……我们每天都在产生数据，刷微信、打电话、乘坐地铁、进出办公楼、预订机票火车票、网络购物……我们每个人都是大数据的提供者，也是大数据的享用者。2008年后，《自然》（Nature）和《科学》（Science）等国际顶级学术刊物上相继刊载对大数据的研究论文。2008年《自然》杂志出版专刊Big Data[②]，从经济学、互联网、计算机、环境科学、生物医药等多个方面阐述大数据将给人类社会带来的挑战。同年，《科学》杂志上刊登文章Big Data：Science in the Petabyte Era。之后，"大数据"这个词开始被广泛传播。

相对于广为人知的名声，"大数据"本身尚没有一个权威的定义，不同定义基本是从特征出发，通过对特征的阐述来归纳出定义。其中广为流传的是大数据4V定义，即认为大数据需要具有三个特点：大量（volume，数据量大）、高速（velocity，数据处理快）与多变（variety，数据多样性），合称"3V"[③]，IBM认为大数据还必然具有第四个V：真实性（veracity）。麦肯锡全球研究所认为，大数据是一种数据集合，具有海量的数据规模、快速的数据流转、多样的数据类型和价值密度低四大特征，这种结合是传统数据库软件工具无法进行获取、管理及分析的。

① Khuong Vu. IC diffusion and production in ASEAN countries: pattern, performance, and policy directions [J]. Telecommunications Policy，2017(5).

② Big Data. Nature，2008，455(7209)：1 - 136.

③ 2001年麦塔集团（META Group）分析员道格·莱尼（Doug Laney）提出。

2. 大数据的价值

美国在 2012 年 3 月公布大数据研发计划[1]，着手提高和改进人们从海量和复杂的数据中获取知识的能力。奥巴马更是在同年投入 2 亿美元进行大数据的开发，强调大数据是未来的石油。欧盟也将数据信息化基础设施作为 Horizon 2020 计划的优先领域之一[2]。大数据是产业升级与新产业诞生的重要推动力量[3]。在"数据为王"的时代，企业关注的重点由产品转向数据，计算机行业由对计算机速度的追求转变为关注大数据的处理能力，软件的功能由应变为主转为以数据处理能力为主。经过数据处理后决策更为精确，从而使科研和生产的效率大大提高。

信息往往以数据作为表现形式，后者是反映客观事物属性的记录。信息只有经过数字化转换变成数据才能大量存储和迅速传输，数据的聚集规模和处理能力直接影响信息的存在和传播方式。信息是流量经济的流动要素。通过数字的流动和积聚，信息和资源得以整合，社会协作在不增加资源的情况下，为市场提供更加精准的产品或服务，为流量经济的发展提供了可能。以数据表现的信息之间的重组、整合程度，催生了流量经济各种业态的形成。准确来说，大数据的聚集程度和规模只是驱动经济增长的条件，人类对大数据的处理能力才是决定流量经济发展的至关重要的因素。需要明确的是，数据的存在从来都是客观的，信息技术为数据的存储和大数据的形成提供了可能，未来大数据的处理能力决定着数据潜能激发的程度。

三、贸易数字化是流量经济的主要交易方式

1. 贸易数字化的界定

贸易数字化不同于数字贸易。后者仅限于数字产品的贸易，前者则是传统贸易程式的全部或者部分电子化，具体指在贸易双方进行磋商、合同缔结和合同

---

[1] Tome Kalil. Big Data is a Big Deal [EB/OL]. March 29, 2012. http://www.whitehouse.gov/blog/2012/03/29/big-data-big-deal.

[2] 2014 年开始，Horizion 2020 通过高达约 800 亿欧元的资金投入来增强欧洲的竞争力，由欧盟及其成员国提供资金支持，当时成为全球最大的资助项目。该项目特色之一在于，通过对关键技术的资助，为科技与竞争力之间构建起一座桥梁。

[3] 李国杰，程学旗. 大数据研究：未来科技及经济社会发展的重大战略领域——大数据的研究现状与科学思考[J]. 中国科学院院刊, 2012, 27(6): 647 - 657.

履行的整个过程中实现数字化,或者其中某一个环节实现数字化。贸易数字化的主要表现形式就是电子商务的迅猛发展。生产企业、流通企业和消费者处于一个以信息通信技术为基础的大数据网络经济中,要素流通充分,交易完成时间大大缩短。

2. 电子商务对流量经济的贡献

电子商务的发展对全球经济的颠覆和推动作用是不言而喻的。人们论及电子商务的积极作用,往往从其特征中寻找动因,如贸易的碎片化、便捷性和直接性,这些特征增加了中小企业参与贸易的机会,降低了交易的成本,改善了消费者的购买体验。但从社会规则的角度来看,电子商务的参与成本低,市场准入门槛低,是电子商务平等性和可及性的体现[①]。在传统经济模式中,从事贸易活动的卖方需要具有资质、资金、人力和财力等众多前提条件,而在电子商务模式下,中小企业等各类经济组织和团体,甚至一些个人和家庭都可以从事销售和服务活动。可见,电子商务的平等性和可及性调动了社会组织中原有经济要素的流动,增加了中小企业的交易机会,激活了沉睡的经济要素,是促进流量经济发展的重要模式。

四、数字平台是流量经济独特的组织形式

1. 平台和平台经济的产生

平台,被认为是具有"双边市场战略(strategy for two-sided markets)"的商业模式,即服务和链接两端用户。如传统的大卖场是生产商和消费者的交互平台,加油站是石油公司和汽车用户的交互平台。

随着互联网公司的发展,世界五百强企业中越来越多地出现了互联网平台企业的身影,无论是美国的亚马逊,还是中国的阿里集团都是从经营平台起家的,平台经济时代悄然而至。一般认为平台经济有两种类型,互联网原生平台与跨国公司转型平台。谷歌、脸书、阿里巴巴和腾讯都是诞生于互联网的原生平台,不以有形商品而以无形服务作为公司产品,注重平台建设和平台生态[②]。这

---

① 此处的"可及性"援引自世界司法改革的第三次浪潮"接近正义"(access to justice)之名,原指社会为解决纠纷、恢复正义提供的救济手段是否能够被当事人实际获得,以及是否容易获得。
② 《数字经济系列报告之———数字经济 V2.0:告别公司,拥抱平台》,阿里研究院,2017 年 1 月。

类公司的爆发性成长已经毋庸置疑。2014 年,全球最大市值的五家公司中有三家公司苹果、谷歌和微软都是平台经济公司①。以 BAT(Baidu、Alibaba、Tencent)为代表的中国互联网公司的发展也非常迅速,截至 2017 年底,阿里巴巴市值登顶亚洲,进入全球互联网公司第一阵营。

2. 数字化平台是流量经济独特的组织形式

如果说互联网原生平台诞生之初就是数字化平台,那么科技型跨国公司和传统行业跨国公司都在主动或被动地向数字化平台转型。例如,苹果公司在 2008 年推出应用商店,吸引了近 40 万 App 开发者加入其生态系统,开发了上百万的 App,完成了千万次的用户下载,是苹果公司获得手机行业 90% 利润的决定性因素。② 我国国内的传统零售业,如百联集团、苏宁电器都在过去几年中逐渐培育了自己的数字平台。

平台是信息的主动汇集者,也是信息聚集和交互的空间。传统经济中的加油站主要是汽车和汽油这两种资源的聚合地,大商场是零售商、品牌商和消费者的交易地,房产中介为待租、待售房屋与承租人及购买人的聚合地。数字化平台继承了信息聚集的功能,但又超越了传统平台的局限。两类平台的核心区别是平台聚集信息的方式不同,并由此决定了信息的聚集规模。信息通信技术是数字化平台的基础,数字化平台是数字经济的基础,共同成为流量经济中最活跃的商业元素和模式。在数字化平台上,信息流不再受制于传统经济供应链体系中主体功能和规模的限制,生产商、供应商和消费者的距离大大缩短,沟通成本大幅降低,市场管理成本和对经济的制约也不断弱化,各类经济要素得以充分流通、交互。平台经济理论认为,一端用户规模越大,对另一端用户的吸引力越大,两个用户群体是互相促进③。数字化平台上的信息聚集量越大,规模经济效应越明显,运行成本就越低。

---

① Parker G G, Van Alstyne M W, Choudary S P. Platform revolution: how networked markets are transforming the economy and how to make them work for you [M]. New York: W. W. Norton & Company, 2016.

② 《数字经济系列报告之一——数字经济 V2.0:告别公司,拥抱平台》,阿里研究院,2017 年 1 月,第 28 页。

③ Parker G G, Van Alstyne M W, Choudary S P. Platform revolution: how networked markets are transforming the economy and how to make them work for you [M]. New York: W. W. Norton & Company, 2016.

| 第三节 | 全球数字经济的规则和壁垒

　　数字经济的快速发展及其对全球经济的驱动,促使各国政府纷纷在国内层面关注数字经济的发展,在国际层面开展双边、多边合作。但各个贸易协定对数字贸易谈判的议题并不一致,因此也没有一个统一的国际标准。由于各国的数字经济发展阶段不同,数字经济发展的政治文化背景不同,所以国际组织对数字经济的关注程度和方向也不尽相同。本节从美国、中国和欧盟三个经济体的视角出发,选择全球数字规则的构建、跨境数据流动和立法等方面的问题来解析全球数字经济的有关规则和壁垒。

一、全球数字规则的构建

1. WTO

　　《信息技术协议》(Information Technology Agreement,ITA)是 WTO 框架下的多边协议,旨在分阶段地削减信息技术产品的关税至零。这个协议于 1997 年 3 月 26 日由 40 个国家和地区的代表在新加坡签署,2003 年 4 月中国加入该协定。

　　从 1996 年到 2015 年,ITA 产品的出口总额从 5 490 亿美元增加到 15 000 亿美元,平均每年 6% 的增长率,实现了三倍的增长。尽管 ITA 主要产品的价格不断下降,但是出口总额却占到全球出口量的 15%,已经大于汽车工业和医药业的全球贸易额。经过十多年的发展,中国不论在 ITA 产品的进口还是出口方面的增长速度都位居全球第一,欧盟则位居第二。2015 年 7 月 18 日,54 个 WTO 成员方就 ITA 的扩围协议基本达成一致。扩围协议考虑到信息技术的进步,新增了约 200 项产品的关税免除,产品涵盖新一代半导体、GPS 导航设备和医疗设备等。ITA 扩围协议成为 WTO 成立 19 年后第一份关税减让协议,WTO 多边谈判的功能在这一协议中得到了增强。截至 2017 年 3 月,ITA 共有 82 个参与方(含欧盟),成员方代表了全球 97% 的 IT 产品出口额。

　　2017 年是 ITA 签订的第 20 周年,这 20 年中,ITA 对世界经济自由化的进程功不可没。根据 ITA 签订 20 周年报告的统计和预测,ITA 产品的关税平均每下降 1%,产品的进口就增长 0.7%～0.8%。如果取消所有 ITA 产品的关税,它们的进口额将增加 10%~13%。经过 20 年的实践,ITA 极大地改变了成员方的贸易方式以及他们在全球经济中的市场份额。通过降低壁垒,ITA 在技术扩散和创新方面扮演了重要角色。ITA 降低了计算机和移动电话的成本,使更多的人可以获得和使用这些信息技术,直接推动了互联网和数字经济的发展[①]。

近年来,有学者针对 ICT 的发展现状和趋势,以及 WTO 框架和自由贸易区协议所暴露的局限,提出将 ITA 升级为世界数字经济协议(International Digital Economy Agreement,IDEA)的建议,以扩大 ITA 产品免税的范围,增加新兴经济体成员方[②]。

2. G20

在 2016 年中国杭州 G20 峰会提出发展数字经济的倡议后,G20 在 2017 年成立了数字经济特别小组(digital economy task force,DETF)。早在 2015 年,G20 峰会的领导就意识到现代经济具有强烈的数字转型特征,新技术将成为未来经济发展的核心要素。

不同于 ITA 对 ICT 产品免税的一贯追求,OECD 则关注数字经济的税收问题,并把这一问题直接放在"税基侵蚀和利润转移"(base erosion and profit shifting,BEPS)议题中加以考虑。在 2015 年该议题的报告中,专门对数字经济的税收挑战进行了评估和陈述。这一报告在 2015 年 11 月得到 G20 国家领导人和 BEPS 多边公约 100 多个成员方的签署[③]。该报告指出,数字化进程和相关商业模式对世界税收体制提出了巨大的挑战。但报告认为,由于无孔不入的数字特性,人为地将数字经济与其他经济形态割裂,会使税收问题变得更加复杂。尽管数字经济和有关商业模式并没有产生独特的 BEPS 问题,但数字化的一些核心特征确实加剧了 BEPS 的风险。

[①] ITA 的相关数据来自 *20 Years of Information Technology Agreement—Boosting trade,innovation and digital connectivity*(WTO)。

[②] Hosuk Lee-Makiyama,Director of European Centre for International Political Economy(ECIPE),Future-Proofing World Trade in Technology:Turing the WTO IT Agreement(ITA)into the International Digital Economy Agreement(IDEA). http://ecipe.org/publications/future-proofing-world-trade-in-technology-turning-the-wto-it-agreement-ita-into-the-international-digital-economy-agreement-idea/。

[③] BEPS 多边公约指的是实施税收协定相关措施以防止税基侵蚀和利润转移的多边公约。该公约是第一个在全球范围内就跨境所得税政策进行多边协调的法律文件,有利于促进主要经济体之间协调一致,开展务实高效合作,构建公平和现代化的国际税收体系,促进世界经济包容性增长。它的签署也标志着 G20 国际税收改革项目 BEPS 所有行动计划完成。2017 年 6 月 7 日,中国政府签署该公约。

3. 其他国际组织和多边协定

1) 国际商会(ICC)的数字经济委员会

ICC 致力于为欧盟以及世界其他国家和地区提供关于数字经济政策和数字产品税收问题的解答和指引。2016 年 ICC 发布了《数字经济规则现代化》报告，分析了数字经济的发展特征，包括数字经济连接了全球市场，拓展了经济要素的地理可及性，以顾客为中心的服务模式凸显等内容。ICC 认为各国在制定数字经济政策时，应该考虑这些数字经济的特征与传统监管架构及理念上的矛盾。在制定现代化的规则体系时，ICC 提出了具体的建议：①在规则理念上，要有提高整个通信行业的价值和提升数字服务生态系统的全局视野，并兼顾公共利益；②要为消费者提供可预测的保护体系，因此在通信和数字服务等制度革新时，需保持方式方法的一致性、竞争性和可替代性；③保证现有竞争法律规则和消费者保护法律规则在数字经济中的有效性；④推动开放和非碎片化的互联网持续发展。

2) 联合国贸易和发展会议(UNCTAD)

UNCTAD 一份关于数据保护的报告指出，社会与文化的不同将影响各国监管隐私的方式，这会对贸易产生一定的影响。UNCTAD 在评估全球的隐私和数据流动制度时指出了若干核心共同原则：开放、收集限制、使用限制、安全、数据质量、访问和更正、问责。报告建议未来签署的协定或建立的机制应朝着国际协调或兼容性的方向迈进。尽管 UNCTAD 列出了若干核心原则，但各国政府在制定政策时仍面临许多挑战。OECD 列出了三个存在潜在矛盾的互联网经济政策目标：①利用互联网；②促进互联网内外的竞争；③保护消费者和隐私。

3) 跨太平洋伙伴关系协定(TPP)

TPP 是美国在亚太地区主导的一个多边自由贸易协定。尽管现在特朗普政府已经宣布退出该协定，但不可否认的是，该协定是目前为止涉及范围最广、标准最高、内容最详尽的多边自由贸易协定。因此也有人预测，不久的将来美国还是会重返这一协定。这个协定除了涉及国民待遇、原产地规则和贸易技术壁垒等常规内容外，还专门增加了第 14 章"电子商务"。其中有 18 个条款，共分为四个方面，分别是减少数字贸易壁垒、保护网络消费者权益、促进数据流动便利化和国际协调合作。TPP 的这些关于数字贸易的规则已经被成员方部分地运用到其他双边或多边贸易的协定中。

二、跨境数据流动与隐私保护的国际惯例

1. 跨境数据流动的含义

目前国际上还没有跨境数据流动的统一定义。联合国跨国公司中心对跨境数据流动的界定是跨越国界对存储在计算机中的机器可读数据进行处理、存储和检索。OECD 的定义是个人数据的跨越国界流动。在 OECD 的《关于隐私保护和跨境个人数据流动的指南》、APEC 的《跨境隐私规则》以及欧盟—美国的隐私协议中所指的都是"个人数据",因此可以做出这样的判断:个人数据是数据跨境流动规则中的主要客体,但不是唯一客体。TPP 电子商务章节"通过电子方式跨境传输信息"的条款中,明确指出数据的范围是"缔约方应该允许为执行业务需要,相关人/涵盖人通过电子方式跨境传输信息,包括个人信息"。但同时TPP 特别指出,该条不适用于"缔约方或以其名义持有或处理的信息,或与此信息相关的措施,包括与信息收集相关的措施"。简而概之,TPP 认为跨境传输数据和信息,不仅包括个人信息,还包括其他业务信息,但不包括政府或以政府名义持有或处理的信息。可见,这些定义都是分别从数据的范围、如何理解数据的流动和数据的性质等不同侧面来界定的。

2. 跨境流动的数据属性

现实案例中对数据管辖的争议,很多是源于对大数据性质的不同认识。最受瞩目的案件是微软与 FBI 之间的诉讼[①],双方对"数据是权利,还是记录"的不同认识影响到美国政府调取微软公司存储在境外服务器中的数据是否合法的裁决。早在 2010 年 10 月,英国《经济学人》杂志就提出"数据是一种权利"的观点,随着数字经济和大数据的发展此观点广受认同。但数据复制和传送的低成本属

---

① 2013 年 12 月,美国纽约南区联邦地区法院助理法官詹姆斯·C. 佛朗西斯(James C. Francis)应 FBI 申请,签发搜查令,要求微软公司协助一起毒品案件的调查,将微软的一名用户的电子邮件信息内容提交给美国政府。这名用户的电子邮件数据存储微软位于爱尔兰的数据中心,而非美国本土境内。微软认为电子邮件内容不应该被认定是记录(record),而应是财产(property)。按照美国宪法第四修正案的要求,要让微软交出存于爱尔兰的邮件内容,FBI 必须拿出"具有境外法律效果的搜查和扣押令"。在美国的司法实践中,要求美国公司提供其海外运营的各种记录司空见惯。本案中,执法部门认为邮件内容对微软仅是一个记录。因为"物理世界中发生的搜查和扣押"涉及"进入"某个场所,以及执法机关对这项财产暂时性的排他控制,而邮件内容可以无限复制,微软只需交出复制的邮件内容即可。这使得 FBI 认为,他们手里的搜查令在功能上更像是传讯,也就是说要求协助调查而已。

性，也引发了后来数据是"记录"还是"财产"的争议：谁对数据拥有所有权？这种所有权是否具有排他性？

3. 数据跨境流动的类型和限制移动的方式

从国际惯例来看，跨境数据流动可以理解为两种类型：一是数据跨界传输和处理；另一种是数据被主体跨界访问和使用。

目前各国限制数据跨境流动的主要方式就是"数据本地化"。"本地化"要求可以有三种理解方式，服务本地化、设施本地化、数据本地化，分别是要求服务提供者在境内设立机构、在境内建立数据中心、在境内存储数据。一般来说，服务本地化—设施本地化—数据本地化是一个依次递进、逐渐推进的逻辑过程。但也有不同的理解，数据实现本地化，但可能存储在其他公司的数据中心，也不一定是境内的商业存在。国际上较为普遍的方式是规定外资企业在境内建立数据中心作为其在境内开展业务的前提条件。

跨境数据流动一方面促进了全球数字贸易的投资和增长，另一方面也带来了一定的安全风险。因此，世界各国对跨境数据流动都有限制，但限制过度又会给经济发展带来负面影响。在未来国际多边和双边谈判中，数据本地化的问题将是重要议题之一，各国需要在数据的主权利益和数据的流动价值属性、国家安全与贸易自由化、本国数字经济发展阶段和未来在国际市场的地位诉求的众多利益中寻求平衡。

三、美国数据跨境流动的立法与实践

1. 微软与 FBI 的数据性质之争

前述微软与 FBI 的争议，体现了美国执法机关与互联网公司对数据性质的不同判断。微软公司认为，数据是一种记录。依照美国《存储通信法案》(Stored Communication Act，SCA)[①]申请的搜查令其法律效力仅限于美国境内，微软根据搜查令的要求将存储在美国境内的有关用户登录的时间、地点等元数据上交，但电子邮件内容存放在美国境外的微软爱尔兰数据中心，不在美国政府的管辖范围内，微软爱尔兰数据中心不受该法约束。美国执法机构的认识则不同：邮

---

① 美国《存储通信法案》(Stored Communication Act，SCA)，1986 年制定，主要针对"存储的有线和电子信息和交易记录"的第三方互联网服务商(ISP)自愿和强制披露义务作出规定。

件内容对微软仅是一个记录。因为"物理世界中发生的搜查和扣押"涉及"进入"某个场所,以及执法机关对这项财产暂时性的排他控制,邮件内容可以无限复制,微软只需交出复制的邮件内容即可。

案件的一审法官詹姆斯·C. 佛朗西斯(James C. Francis)和地区法院首席法官洛蕾塔·普瑞斯卡(Loretta Preska)都支持美国执法部门。洛蕾塔·普瑞斯卡认为,案件的关键不在于"信息的位置",而在于"谁控制了这些信息",因此无论数据被储存在哪里,微软都需要交出其控制的任何数据。随后,微软向美国联邦第二巡回上诉法庭提出上诉。同时,爱尔兰政府也提交了一份"法庭之友"陈述,强调爱尔兰的主权不应该受到侵犯,并指出获取存储于爱尔兰境内数据的合适方式,应该是通过国际条约和国际合作。美国时间 2016 年 7 月 14 日,美国联邦第二巡回上诉法院作出解答,三位法官一致认为,FBI 的搜查令不具域外效力(extraterritorial effects),要获取境外数据,通过双边司法协助条约(mutual legal assistance treaty)方是正道。2017 年 1 月 24 日,美国联邦第二巡回上诉法院的八位法官中,四位拒绝重新审理案件,四位则选择支持。由于没有取得多数,FBI 重审的申请未果。FBI 锲而不舍,将案件提交至美国最高法院。2017 年 10 月,最高法院同意审理该案。2018 年 2 月 27 日,微软公司与美国司法部对峙于美国最高法院,双方就美国政府是否有权合法要求微软交出海外数据展开辩论。该案件的主要焦点就在于存在管辖权是依据"数据存储地标准",还是"数据控制者标准"。

2. 《澄清域外合法使用数据法案》(Cloud Act)

为了解决 2013 年底开始的微软与 FBI 之间境外数据在国内的执法困境,2018 年 2 月,美国国会引入《澄清域外合法使用数据法案》(Clarifying Lawful Overseas Use of Data Act,Cloud Act),旨在提高执法过程中获取跨国界存储数据的能力[①]。Cloud Act 法案以美国利益为先,但也体现了较多的利益制衡的设计。就国家跨境数据执法的需要而言,有两种情形:一是本国执法机构调取本国企业存储在境外的数据;二是外国执法机构调取存储在本国的数据。

微软与 FBI 的争议就是第一种情形的典型案例。针对该情形,Cloud Act 规定,只要通信、记录或其他信息为服务提供者所实际拥有、管理和控制,他们就得依据该法规定的义务保存、备份、披露,而不论这些内容是否储存在美国境内。

---

① 考虑到最高院对微软案件的最终裁判的影响因素,所以该法案是否获得通过仍不能确定。

同时,法案允许当具有以下三种情形之一时,服务提供者可以提出"撤销或修正法律流程"抗辩：①目标对象不是美国人且不在美国居住;②披露内容的义务将给服务提供者带来违反"适格外国政府"立法的实质性风险;③根据具体案件的所有情况判决,该法律流程与公平正义理念原则违背。

对于第二种情况,国际层面一般采取双边司法协助的途径解决,而不能直接向企业调取。美国《存储通信法案》还规定,美国境内组织不得向外国政府提供存储于美国境内的通信内容数据。鉴于美国在互联网行业的优势地位,世界各国从脸书和推特这样的美国公司平台上获取数据的需求很大,但也极端困难。而 Cloud Act 法案开了一个口子,允许"适格外国政府"向美国境内的组织直接发出调取数据的命令。判断"适格"的标准是"外国政府的国内立法,包括对其国内法的执行,是否提供了对隐私和公民权利有效的实质和程序上的保护"①。这种"适格"的判断需要美国总检察长与国务卿意见一致才可以作出认定。

四、欧盟跨境数据流动的立法与国际合作

1.《通用数据保护条例》(GDPR)

《通用数据保护条例》(General Data Protection Regulation,GDPR,以下简称《条例》),是在互联网技术和数字经济快速发展下应运而生的,是以保障个人数据隐私安全为目的的法规。《条例》在 2018 年 5 月 25 日生效,以取代欧盟之前使用的 1995 年颁布的《数据保护指令》(Directive 95/46/EC,以下简称《指令》)。相比于《指令》,《条例》在约束力、适用范围、监管方式、权利类型等方面都有开创性的探索。

首先,《指令》对欧盟各成员国的国内立法只是起到指引作用,并不具有强制约束力,而《条例》则是可以被各国国内立法直接援引并做出判决的法律依据。其次,《指令》适用于在欧盟设立的组织和在欧盟建有设备的组织,而《条例》的适用范围扩大到在欧盟成员国内提供服务的组织。再次,为保证监管的协调统一性,《条例》规定企业以成立地所在国的监管机构作为主导监管机构,该国的监管机构对企业的监管效力溯及该企业在欧盟其他国家的分支机构。最后,《条例》

---

① 具体考察的因素包括,外国政府在网络犯罪和电子证据方面是否有足够的实质性和程序性法律,是否加入《布达佩斯网络犯罪公约》,是否遵守国际人权义务或展现出对国际基本人权的尊重,是否展现出对全球信息自由流动和维护互联网开放、分布式、互联本质的决定和承诺,等等。

增加了两个特别权利,转移权和被遗忘权。转移权是指用户可以将其个人数据从一个信息服务提供者转移至另一个信息服务商,服务提供商需要提供配合,无权干涉和阻碍。被遗忘权包含了两方面的含义:一是当数据主体依法撤回同意或者数据控制者不再有合法理由继续处理数据时,数据主体有权要求删除数据;二是数据控制者不仅要删除自己所控制的数据,还应该对其公开传播的数据负责,即需要通知其他第三方也停止利用并删除。

欧盟关于跨境数据流动的限制早在《指令》中就明确:限制欧盟公民的个人数据转移至不能达到与欧盟同等保护水平的国家,除非满足特定条件。在实践中,部分成员国增加了事前的备案或者许可要求等更严苛的要求。《条例》则明确禁止了这种进一步增加限制的做法,只要符合了《条例》中跨境数据流动的条件,则成员国不得再予以限制。《条例》还建立了明确的数据处理者问责机制,内容更加详细规范,在立法上实现了抽象的保护到具体的操作的进步,是世界关于数据传输和隐私权保护立法的典范。

2. 欧盟—美国隐私保护框架(EU-U.S. Privacy Shield Framework)

框架由欧盟委员会与美国商务部于 2016 年共同设计,虽为促进数字经济的发展,主旨却是保护欧盟公民的数据隐私权。框架规定双方的企业如果从欧盟向美国传输个人数据需要遵守欧盟关于数字保护的法律要求,还对参与企业如何使用个人数据、美国政府的疏忽以及如何加强与欧盟数字保护局(Data Protection Authorities,DPAs)的合作等做了明确的规定。企业可以选择是否加入该框架,在美国的企业需要进行自我评估,并公开承诺遵守框架的各项要求,承诺在双方均具有法律效力。

| 第四节 | 数字经济的发展与挑战

数字经济的发展速度远远超出了我们的预期。数字经济的影响渗透到各行各业,其影响力和冲击力前所未有,并正在极大地改变着传统经济运行的轨迹,同时也冲击着我们已经习而惯之的经济理论。尽管在数字经济的各种规则方面目前还没有形成统一的看法,但这种趋势是不可逆的。我们必须高度正视数字经济的发展及其对我们的挑战。

一、数字经济的现状与趋势

1. 数字经济是全球经济增长的驱动力

根据欧盟委员会公布的 2017 年数字经济和社会指数(digital economy and society index，DESI)①，自欧委会 2015 年发布数字单一市场战略(digital single market strategy)以来，欧盟成员国在宽带连通、数字技术、人力资本、公民使用网络的普及度、商业数字技术的整合程度和数字化公共服务等方面已取得一定成效。2016 年欧盟所有国家的 DESI 都提升了，平均提升了 0.028。根据 2017 年的 DESI，丹麦、芬兰、荷兰和瑞典是最先进的四个国家(见图 3 - 1)，这四个国家在 2016 年也位居前四位。

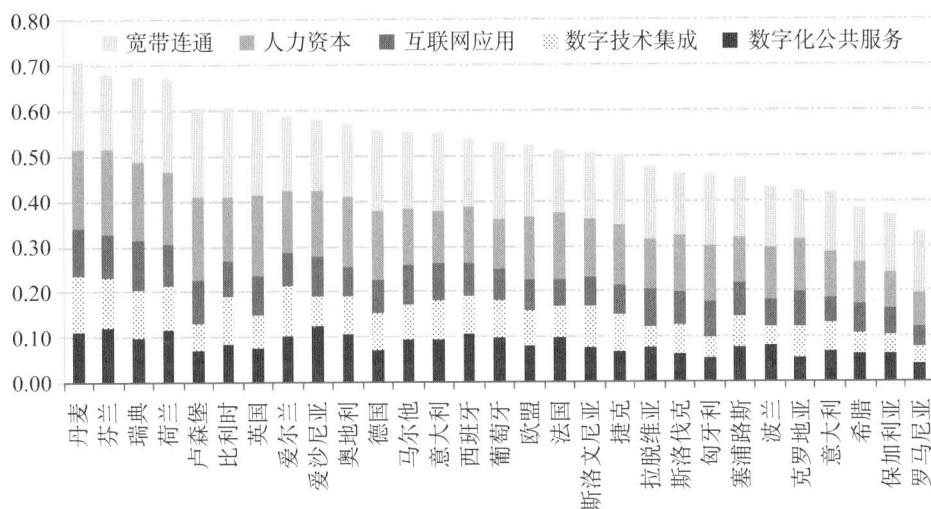

图 3 - 1　2017 年欧盟数字经济和社会指数排名

资料来源：欧盟委员会。

美国是世界上数字化进程最快的国家，也直言数字化是其经历的经济社会变革最迅速和最深刻的历史阶段。根据美国 2016 年数字贸易报告，在 2015 年 7 月，53% 的美国人都开始使用智能电话，79% 的家庭都能够连接宽带，已有

---

① DESI 指数是衡量欧盟成员国数字经济和社会发展程度的一种工具，汇集了当前欧盟数字领域综合政策的 30 多项指标，其中最主要的五大指标为宽带连通、人力资本和数字化应用技巧、互联网应用、数字技术集成、数字化公共服务。

88%受过大学教育的成年人在使用因特网。美国商务部经济分析局（Bureau of Economic Analysis，BEA）曾经基于信息通信技术服务的国际贸易和潜在信息通信技术（potentially ICT-enabled，PICTE）服务的国际贸易进行过分析。根据这一分类，2018年1月5日美国商务部经济统计局和首席经济学家办公室共同发布了《北美数字贸易发展状况的报告》，分析了美国与加拿大和墨西哥之间贸易对信息计算机技术的依存度。该报告坦言美国官方的贸易统计数据还没有细化服务提供方式，无法提供准确的数字贸易数据，但仍然可以管窥数字贸易对整个美国经济的深刻影响。以美国与加拿大之间的PICTE服务贸易为例，2016年PICTE服务分别占了美国出口服务贸易的54%和进口服务贸易的48%。其中，美国与加拿大之间的PICTE出口服务贸易共计279亿美元，美国与加拿大的PICTE出口服务贸易占比52%，美国与其他国家的PICTE出口服务占7%；而美国从加拿大进口的PICTE贸易为139亿美元，占了美国从加拿大进口的所有服务贸易的46%和美国所有PICTE贸易进口的6%。美国出口加拿大的PICTE服务贸易在2006—2016年的十年间每年以平均4.0%的速度保持增长。

2. 数字经济是推动中国经济增长的核心动力

据中国信息通信研究院于2017年发布的《中国数字经济发展白皮书》，2016年中国数字经济总量达到22.6万亿元，显著高于当年GDP增速，占GDP的比重达到30.3%，同比提升2.8个百分点。2016年中国数字经济对GDP的贡献已达到69.9%。中国数字经济对GDP增长的贡献不断增加，接近甚至超越了某些发达国家的水平，数字经济在国民经济中的地位不断提升。报告编制的中国数字经济指数（digital economy index，DEI指数）表明，数字经济增速显著高于我国宏观经济景气指数，成为拉动经济增长的重要引擎。

近年来，中国政府对数字经济发展的支持也为中国数字经济发展提供了宝贵的时间和空间。当今中国数字经济的发展现状超过任何观察者的预期。根据麦肯锡的报告，中国已经成为数字技术最大的投资国和实践国，拥有全世界1/3的市值超过10亿美元的私人持有的初创公司，又称独角兽公司（unicorns）。中国数字经济的三大巨头BAT催生的数字生态系统已经跻身于世界互联网巨头公司之列。2016年，这三家公司的风险投资占中国的42%。而脸书、亚马逊、Netflix和谷歌一共才占美国风险投资的5%。显然中国的三家互联网公司在本国数字经济中的地位更加显著①。根据阿里研究院的报告，截至 2016 年 11 月，全球前 15 大互联网公司的市值在 20 年内增长了 180 倍，其中中国五家互联网公司进入前 15 的排名行列。近期，上海社会科学院发布《中国数字经济宏观影响力评估及中长期税收政策走向设计》报告预测，至 2030 年，中国数字经济有望迈过 150 万亿元大关，实现与经济社会环境多个领域的全面融合，数字经济占 GDP 比重达到 80% 左右，届时中国将全面进入数字社会。

3. 数字经济发展的不均衡性

根据 UNCTAD 在 2017 年发布的《信息经济报告》(*Information Economy Report*)，数字经济已经渗透至衣食住行等人们生活的所有方面，其发展速度和方式均超出人们的想象。信息通信技术、电子商务和其他数字应用正在帮助发展中国家越来越多的小企业进入全球市场，为中小企业开辟新的创收方式，也增加了妇女的权益，甚至助力她们成为成功的企业家和贸易商。2017 年的《OECD 数字经济展望》(*OECD Digital Economy Outlook*)指出，信息通信技术是全球创新的主要动力，世界各国政府都看到了数字变革刺激经济的巨大潜力，纷纷制定国家数字战略。数字变革正在改变科学界、政府、城市以及卫生和农业等领域，贸易环境得到重塑，尤其是服务贸易改变最大。

与此同时，UNCTAD 和 OECD 在 2017 年的两个报告中均阐述了数字经济发展存在的障碍和问题。如 UNCTAD 指出，数字经济使得财富更加集中，不平等现象进一步加剧。至 2016 年世界还有一半以上的人口依然不能上网，而且网络接入和使用的增长速度正在放缓，最不发达的国家中只有六分之一的人使用互联网，这些国家难以实现到 2030 年普及互联网接入的可持续发展目标。另外，数字安全和隐私问题、人工智能的政策和道德问题、区块链的技术难题等都将挑战信息通信技术的运用和数字经济的发展。

二、数字经济要素流动与电子商务

1. 全球电子商务发展迅猛

尽管没有全球电子商务规模的官方统计数据，UNCTAD 还是估计出 2015 年全球电子商务规模达到 25.3 万亿，其中 B2B 为 22.4 万亿美元，B2C 为 2.9 万

---

① China's Digital Economy A Leading Global Force，Mckinsey & Company，August 2017.

亿美元(见表3-1)。全球电子商务B2B是根据中国、日本、美国和欧盟公布的官方数据计算的,总计占全球GDP的67%左右。

表3-1　2015年全球排名前十的电子商务国家

	经济体	总计		B2B		B2C
		十亿美元	GDP占比/%	十亿美元	电子商务占比/%	十亿美元
1	美国	7 055	39	6 443	91	612
2	日本	2 495	60	2 382	96	114
3	中国	1 991	18	1 374	69	617
4	韩国	1 161	84	1 113	96	48
5	德国(2014)	1 037	27	944	91	93
6	英国	845	30	645	76	200
7	法国(2014)	661	23	588	89	73
8	加拿大(2014)	470	26	422	90	48
9	西班牙	242	20	217	90	25
10	澳大利亚	216	16	188	87	28
	前十位总计	16 174	34	14 317	89	1 857
	全世界总计	25 293	—	22 389	—	2 904

资料来源:联合国贸易与发展委员会。数据来源于美国人口统计局、日本经济贸易工业部、中国国家统计局、韩国国家统计局、欧盟统计局(德国数据)、英国统计局、法国国家统计与经济研究所、加拿大统计局、澳大利亚统计局及西班牙国家统计局。

　　根据全球电子商务基金会发布的《2017全球电商报告》(*2017 Global Ecommerce Report*),2017年全球B2C电子商务达到1.84兆美元,其中亚太地区的B2C电商市场利润最高,而中国将会继续稳坐最大电商市场的宝座。eMarketer针对零售电子商务未来趋势做出的《2017全球电子商务平台》(*Global Ecommerce Platform 2017*)研究报告显示,亚马逊仍稳坐电商平台龙头宝座,阿里巴巴则被视为亚马逊最大的竞争对手。报告还预测,未来全球零售电商市场将会继续加速扩张与整合,亚马逊、阿里巴巴等跨境电商将继续以融资合并的方式扩张事业版图,稳居电子商务第一梯队。报告数据显示,目前亚马逊仍是全球最大的零售商,在2015年度财报中,电商销售总额高达970亿美元,与第二名京东的260亿美元相比,几乎是3倍之多。紧随其后的苹果电商零售的比例，足足比亚马逊和京东少了一大半。

2. 数字化平台助益电子商务

如前所述，平台这种经济体早已存在，传统经济中的购物中心、加油站、中介公司扮演的就是一个中介平台角色。当前平台经济是一种依靠生产要素流动增值的商业模式。在平台提供的地理空间和虚拟空间，交易双方之间、交易双方与其他服务者之间的信息、资金、技术等生产要素充分流动，市场主体和生产要素之间形成绵密的网络，交易机会增加，交易成本降低，平台价值、客户价值和服务价值相互推动增加。

在数字经济背景下，越来越多的商业组织向平台化方向发展。数字化平台亦成为互联网时代消费、就业、创业、创新的重要基础。阿里巴巴、亚马逊、eBay等电子商务平台将全世界各个角落的企业和消费者紧密联结，创造了交易机会，释放了货物贸易的存量，推动了电子商务迅猛发展。2016 年以来，为顺应当前数字经济飞速发展的时代潮流，阿里巴巴提出了世界电子贸易平台（electronic world trade platform，eWTP）倡议，以促进全球中小微企业发展，构建互联网时代的全球化贸易新规则[①]。

3. 数字时代的外贸代理服务——外贸综合服务

在前述 B2C 电子商务领域中，平台为产业链的上下游、生产者与消费者的联通提供包括商品展示、交易协商、广告、物流、支付、融资等服务，属于服务贸易范畴。而我国 B2B 电子商务的外贸综合服务也成为世界数字化经济和平台经济模式的典范。外贸综合服务，本质是外贸代理服务，是外贸业务模式的创新。我国在《对外贸易发展"十三五"规划》中明确将外贸综合服务、跨境电商、市场采购作为国家重点培育的三大外贸发展新业态。根据相关文件的规定，外贸综合服务企业应具备较强的进出口专业服务、互联网技术应用和大数据分析处理能力，建立较为完善的内部风险防控体系[②]，接受国内外客户委托，依法签订综合服务合同（协议），依托综合服务信息平台，代为办理包括报关报检、物流、退税、结算、信保等在内的综合服务业务。外贸综合服务企业提供服务所依托的综合服务信息平台，是以信息通信技术为支撑，实现服务的规模化、标准化、集约化和

---

① 阿里研究院，《世界电子贸易平台（eWTP）倡议 2017 年度报告》。
② 商务部等五部门，《关于促进外贸综合服务企业健康发展有关工作的通知》（商贸函［2007］759 号）。

专业化,提高平台上企业参与国际贸易的机会和竞争力,推动外贸增长。

三、数字经济的治理理念与法律责任

1. 新型数字经济治理理念

许多学者都认为信息时代的到来,意味着海量数据得以收集和评估,标志着人们可以进行迅速、准确的决策,将会推动思维方式的转变。如麻省理工学院的前传媒实验室学者、投资人尼克·格罗斯曼(Nick Grossman)认为平台规制的1.0时代是法定规则、资格认证的守门阶段,他认为平台规则2.0时代已经到来,此时监管理念应建立在数据驱动下的透明、问责的开放创新时代基础上[1]。根据格罗斯曼的观点,传统意义上的消费者在选择服务前是很难获得出租车司机和酒店的服务质量和安全性的信息,这就能够解释为何政府需要筛选、认证执业的出租车司机,为何要强制出租车司机购买保险,以及为何规定酒店运营的安全和清洁标准。但是在大数据时代,将规则建立在数据驱动的可追责的基础上将更具有现实意义。例如,优步和爱彼迎被赋予运营的自由,是以开放其运营数据作为交换条件的。数字化的环境下,关于"谁提供服务""何时提供了服务""提供了何种服务"以及"提供服务的评价"等数据信息被清晰地记录和展示,消费者和管理者能够准确地追究服务提供者或者服务提供平台的责任。

根据阿里研究院发布的《数字经济系列报告之一——数字经济 V2.0:告别公司,拥抱平台》(2017 年 1 月),当前中国处于数字经济 2.0 时代,这个时代是一个去中心化、多元参与的生态系统,传统的集中单向、侧重控制的封闭式管理需要让位于多元参与、侧重协调的生态式治理。以阿里的平台业态为例,平台生态的维护应该具有协同治理理念,并应合理界定政府、平台和第三方的责任。因此,数字经济的治理方式需要考虑数字经济的特征,例如、开放性、服务性、数据性、协同性,根据社会管理分权的理论,赋予拥有一定数据资源、准入和惩罚权利的平台和数据的拥有者管理职责。

2. 数字平台的法律地位

数字平台是新生事物,数字平台参与的许多经济活动会处于法律的真空地

---

① Parker G G, Van Alstyne M W, Choudary S P. Platform Revolution: how networked markets are transforming the economy and how to make them work for you [M]. New York: W. W. Norton & Company, 2016.

带。作为不实质参与交易的一方，平台与平台用户之间是服务合同关系，遵循等价有偿、平等自愿、公平正义等民商事基本法律原则。但作为数字经济的强势主体，世界各国都未放弃以法律法规及行政手段对平台的权利进行约束和限制。可见，数字平台所处的法律关系比较复杂，法律地位较难界定。

　　我们认为，数字平台的法律地位和责任可以借鉴各国关于平台法律地位的立法惯例，其基本依据：①数字平台是交易机会的创造者和服务者，激活了传统的生产要素；②数字平台还是规则的制定者，制定平台准入规则，甚至提供纠纷解决服务；③数字平台应承担协同治理的义务，与国家主管机构一起对数字经济秩序和生态进行管理。

第四章 流量经济特征之二：平台化

第三章讨论数字化特征时,已经涉及平台经济的概念。平台经济的发展和治理是当前社会各界都非常关注的一个热点问题,更为重要的是,平台经济也是流量经济的基本特征之一。近年来,电商、租房、打车等各类互联网平台大量涌现,给生产、生活的方方面面带来了巨变,在一些领域甚至产生了颠覆性影响,推动了生产和消费方式的重大变革。美国哈佛大学托马斯·艾丝曼(Tomas Asman)教授的研究表明,全球市值最高的 100 家互联网公司中,有 60 家其主要收入来自平台商业模式;而排在前 15 位的公司(其中 4 家为中国公司,其余 11 家为美国公司),无一例外都是平台模式。相关报告也显示,2016 年中国电子商务交易额超过 20 万亿元,网民 7.1 亿,互联网普及率达到 51.7%,平台经济已占据了 GDP 的 10.5%。预计到 2030 年中国互联网平台经济规模将突破 100 万亿元[①]。

| 第一节 | 虚拟平台是经济发展的新动能

就流量经济的内涵而言,经济的数字化是其重要内涵,而经济的平台化则是其实现高速增长的一种重要模式。平台的功能如此之强大,以至于各种经济要素都以抢占平台作为自己的首要战略。由此形成了流量经济的重要组成部分——平台经济。

---

① 德勤中国,阿里研究院. 平台经济协同治理三大议题[EB/OL]. http://i. aliresearch. com/img/ 20171010/20171010225005. pdf.

一、平台经济的概念

对平台经济的研究起步较晚。2004 年由法国产业经济研究所和政策研究中心联合主办的,在法国图卢兹召开的双边市场经济学会议标志着平台经济理论的形成。国外以 Rochet & Tirole(2003)、Caillaud & Jullien(2003)、Eisenmann、Parker & Van Alstyne(2009、2011)等人为代表,他们的研究通常是在"双边市场"的内涵下进行,认为双边群体通过使用平台使彼此受益,从而形成了平台经济。国内较早且系统介绍平台经济的文献主要有徐晋、张祥建(2006)、程贵孙等(2006)。李雪静(2014)运用博弈论、信息经济学和产业组织理论,研究了与平台竞争相关的定价问题、多属问题和动态性问题;陈威如、余卓轩(2013)揭示了未来商业模式的竞争,主要是平台的竞争,企业应通过构建"平台生态圈"制胜。

目前,国内外关于平台经济还没有一个统一标准的概念,缺乏对平台经济的清晰定义和明确定位。谷虹(2012)在其研究中对"平台"一词做过较为详尽的归纳。理工类学科从技术的角度来界定和研究"平台",中心词定位于"系统"和"服务"。如高科技平台是一种由多个相互依赖的部件组成的不断发展的系统,构成平台的每一个部件都可能被独自创新[①];人们通常将支撑组件生存的容器、组件间的协作规则以及一系列由可复用组件技术实现的服务合称为"平台"[②]。在管理学领域,对"平台"的研究主要是从企业竞争和企业关系的角度,中心定位词是"商业能力"。商业化平台实质上是指一系列商业能力,这些能力可以建立、连接、扩展其他的能力,通过这种方式来满足客户的需求以及与各种需求关系进行匹配。商业平台包含三个独特要素:管理规则和管理角色、蓝图和界面的标准、整合能力[③]。

随着平台经济影响力的扩大,平台概念在经济领域的应用范围越来越广泛,出现了广义概念和狭义概念。广义上,徐晋(2007、2016)指出,平台实质上是一个交易空间或场所,可以存在于现实世界中,也可以存在于虚拟网络空间,该空

[①] 安娜贝拉·加威尔,迈克尔·库苏麦诺. 平台领导:英特尔、微软思科如何推行行业创新[M]. 袁申国,刘兰风,译. 广州:广东经济出版社,2007.

[②] 庄恩贵. 基于平台思想的多单元系统构筑法[J]. 软件世界,2005(7):80-81.

[③] 琳达·S. 桑福德,戴夫·泰勒. 开放性成长——商业大趋势:从价值链到价值网络[M]. 刘曦,译. 北京:东方出版社,2008.

间引导或促成双方或多方客户之间的交易,并且通过收取恰当的费用而努力吸引交易各方使用该空间或场所,最终追求收益最大化。狭义上,叶秀敏(2016)认为,"平台"是以互联网技术为基础形成的虚拟空间,这个空间能够同时满足多方主体的需求,多方主体分工合作,资源互补,从而实现增值和利益最大化,并进一步定义了"平台经济",认为这种经济是以互联网等现代信息技术为基础,基于平台向多边主体提供差异化服务,从而整合多主体资源和关系并创造价值,使多主体最大化的一种新型经济形态。为与流量经济概念相对应,本章所讨论的平台经济用的是狭义概念,即以提供信息虚拟空间为表现形式的平台经济。

二、平台经济的特征

1. 双边市场性

平台具有典型的双边市场特征。Rochet & Tirole 最早给出了双边市场的定义:给定每一端市场的定价总和,如果交易平台上实现的交易量与价格结构或两端用户的相对价格有关,这样的市场就是双边市场;反之,如果交易平台上实现的交易额只与总价格有关,而与价格结构无关,这种市场就是单边市场[①]。

在单边市场中,企业的交易量取决于产品的价格总水平,而与价格总水平在不同消费者之间的分配(即价格结构)无关。航空产业就是一个典型的单边市场。航空公司根据需求弹性对消费者制定不同的票价,但不同消费者的需求是互不影响的。如学生票价与商务者票价是无关的,学生票价并不能影响商务者对航空的需求,而商务者飞机票价也不会影响学生的需求。因此航空公司并不是一个吸引双边用户进行交易的平台,它的任务就是向消费者制定最优的价格水平以最大化航空公司的利润。在双边市场中,平台企业对参与交易的双边用户所制定的价格总水平固然重要,但更重要的是其价格总水平在参与交易的双边用户间进行合理的分配。平台企业最重要的任务就是使双边用户同时产生对平台企业产品或服务的需求。双边市场区别于单边市场最大的特征就是不同类型的参与主体对平台企业的产品或服务需求的相互依赖性[②]。

科斯定理的现实不适用性是双边市场企业存在的必要条件(Rochet &

---

① Rochet J C, Tirole J. Platform competition in two-sided markets [J]. Journal of European Economic Association, 2003,1(4): 990-1029.

② 程贵孙,等. 双边市场视角下的平台企业行为研究[J]. 经济理论与经济管理,2006(9): 55.

Tirole，2003）。科斯定理表明，如果产权能够被清晰地确定并且可以交易，在没有交易成本和不存在信息不对称的情况下，利益相关者会通过协商的方式取得帕累托最优结果，从而消除外部性。但在现实生活中，科斯定理的信息对称、交易成本、外部性等前提假设难以满足。平台可以整合具有互补需求的双边用户，平台企业的双边用户履行各自的责任，为平台的正常运转做出贡献。平台企业是其中的运营核心，通过共享的方式为利益相关方创造价值，并在共赢的基础上提升自身价值，除降低信息不对称、交易成本外，还能够提高交易可能性，内化网络外部性。

2. 网络外部性

平台具有网络外部性的特点。平台的网络外部性是指平台一边用户的数量显著影响该平台对于另一边用户的价值。用户使用平台的效用取决于另一边用户的规模及交易量。平台一边用户的规模越大，对另一边用户来说越具有吸引力，另一边的注册用户会增加，平台规模也就随之扩大，品牌效应越来越明显，平台运营会进入一个良性循环。这种平台用户之间相互影响的现象就是平台经济网络外部性属性的具体表现。

比如淘宝网的消费者越多，淘宝网这一网络购物平台对于其驻店商户的价值就越大；而注册淘宝店铺商户越多，淘宝网的商品就越丰富，商户之间的竞争使得商品更具性价比，消费者有了更多的购买选择，交易量便随之增大；反过来消费者的踊跃参与也能吸引更多商户选择在淘宝网平台上开设店铺。又如搜索引擎平台[1]，它的一边联系的是搜索用户，另一边联系的是广告商。当使用搜索引擎的用户数量增多，也就是说平台一边的数量越多的时候，在平台的另外一边，搜索引擎对于广告商的价值也就越大。平台上的两种用户互相依存，互相影响，互相促进，形成独特的网络外部性。一方所提供的产品或服务的收益水平取决于另一方参与者的数量，双方用户通过平台相互作用而获得价值。

平台的繁荣取决于两种类型用户的和谐发展。一方用户的参与主体越多，越能吸引另一方参与者的加盟，平台的用户规模就越大，其品牌效应也就越明显，平台自身也将从中获得巨大回报。因此，用户在选择平台时，不仅会看平台的发展情况，还会重点考虑平台另一方用户的情况。平台要同时平衡两类用户的需求，根据两边用户的数量和需求提供差异化服务和价格策略。

---

① Koren Wong-Ervin. 多边平台的经济学分析及反垄断启示[J]. 竞争政策研究，2016(2)：31.

3. 开放性属性

随着平台经济的研究和实践不断深入,平台不再局限于双边市场,而是通过整合第三方服务主体的资源,致力于建立一个共赢、高效的商业生态系统。第三方服务主体参与平台的商业生态系统,能够提供更加丰富、快捷、多元的服务,所以势必会增强平台的服务能力,为平台吸引更多的用户,提高平台的竞争力。

平台的开放性包括多种类型,有的开放服务体系,如京东为商家开放服务体系,平台上不仅销售京东自营商品,还接纳了更多服务商参与商品销售,丰富了平台产品线;有的开放接口,如支付宝把支付宝钱包的账户、二维码、服务窗等多个技术接口开放给商户,共享支付宝钱包的技术、数据和用户资源,以便为用户提供更丰富的服务;有的开放平台源代码,如谷歌开放手机 Android 操作系统,方便手机接入更多的应用软件,让用户享受更多的服务。

在开放性平台经济背景下,平台企业的竞争力已经不仅取决于企业原有的规模和品牌,更在于其开放平台、整合资源、快速满足用户需求的能力。例如,淘宝是典型的开放式平台,不但吸收了千万家网商资源,还整合了快递物流企业、网店设计、咨询服务、模特等资源,构成一个协调互动的商业生态系统。苹果、谷歌、脸书等国际巨头也构建了合作共赢的开放平台,谷歌和脸书每天有 50 亿次 API 应用请求,再如推特每天有 30 亿次,占其全部流量的 75%。苹果应用商店三七分成的合作模式吸引了大量开发者为其开发新应用,给开发者带来收入的同时,丰富了平台的应用,吸引了更多的用户。

京东是实施平台开放战略的受益者。京东以自营起家,以网络销售家用电器为主。由于产品大类单调,自营业务很难形成规模,也不大可能爆发式快速成长。2010 年,京东推出了 POP 开放平台,开始为中小企业提供一站式电子商务解决方案,2013 年正式提出开放平台战略。很快,京东平台广泛聚集了一批各领域的网商和服务商,甚至一些国内外传统知名品牌企业也在京东开设旗舰店。在 2014 年第四季度财报及全年业绩报告中,京东第三方平台业务数据亮眼,呈井喷式增长。财报显示,2014 年第四季度,京东的平台交易额(GMV)同比增长 220%,达到人民币 374 亿元;2014 年全年,第三方业务的 GMV 首次超过 1 000 亿元,占比达到 39%。2018 年 1 月,京东与北大荒集团正式签署战略协议,在电子商务、云计算和大数据以及物流、金融、旅游等领域开展深入合作,以京东核心技术平台作为北大荒集团发展战略性转型的重要支撑,共同打造中国"互联网＋农业"经济示范区,推进东北产业升级,增加就业机会,注入技术创新动力,升级零售服务。

4. 共享共赢性

"平台为交易各方提供便捷的交易途径,降低获取信息、达成交易的成本和风险,为平台使用者创造价值,使各方获得共赢"[①]。平台吸收大量分散资源,经过有序整合,将它们提供给有需求的用户,让资源更合理地流动,提高资源的使用价值和使用效率,节约整个社会的成本。

在社会生活领域,正如杰里米·里夫金(Jeremy Rifkin)在《零成本社会:一个物联网、合作共赢的新经济时代》一书中提到,人们转变为产消者,在消费的同时也制作和分享自己的产品[②]。滴滴公司是用车分享平台,通过大数据的深入挖掘与应用,整合各类城市交通资源,通过共享经济的模式以及智能算法智能匹配出行的供给和需求。小猪短租网整合闲置民居,为公出或者旅游者提供房屋短租平台,房主有了收入,房客既可以入住物美价廉的房屋,又可以享受家的感觉。

在生产领域,互联网平台架起了价值链的专业化分工和协作的桥梁。一家企业不可能拥有全部生产资料和资源,向所有用户提供各种高质量产品和服务。而且企业的运作流程越来越复杂,包括用户需求分析、方案制订、技术研发、原材料和设备的采购、生产及质量监控、销售、仓储配送、售后服务等,企业很难圆满完成所有环节。主体之间进行专业化分工、高效沟通、快速反应将是未来的发展方向,这种分工合作将增强单个企业的抗风险能力,提高生产效率,增强竞争力,创造价值。

未来,借助平台及其产生的大数据,以用户需求为导向,进行专业化分工和社会化协作必然成为发展趋势。平台广泛聚集了各种专业化资源,任何一个主体都可以在平台上寻找对口资源,可以提供服务,也可以提出需求。主体之间互相合作、优势互补、利益共享,实现整个价值链资源的有效整合和联动,从而做到敏捷制造,形成完成特定目标的动态虚拟型组织[③]。

例如,北京数码大方公司承建的工业云服务平台是获北京市经信委批准的"工业云"创新服务试点。该平台采用"1＋N＋N"模式(1 个云平台、N 个需求

---

① 安宇宏. 平台经济[J]. 宏观经济管理,2014(7):84.
② 杰里米·里夫金. 零成本社会:一个物联网、合作共赢的新经济时代[M]. 赛迪研究院专家组,译. 北京:中信出版社,2014.
③ 叶秀敏. 平台经济的特点分析. 河北师范大学学报(哲学社会科学版)[J]. 2016(2):114-120.

方、N个供应方),深度整合各种创新型设计和生产资源。通过该平台,个人和中小企业可以通过"云端"获取各种专业软件、服务等生产工具和生产资料。即使没有研发团队和大笔研发资金,通过云服务平台也能实现自己的创新技术和创意想法,从而降低企业的创新成本和门槛。工业云平台使社会资源实现共享化,彻底颠覆了传统企业的创新模式,激发了企业的创新潜能,提升了企业的核心竞争力。目前,北京市工业云服务平台已有可供注册企业自由获取的软件服务20多种,零部件图库2 000多种,并有9万名工程师、1万家企业在平台上共享自己的能力和资源,发布自己的需求[1]。随着云平台的普及推广,更多中小企业将从中受益。

三、平台经济是推动经济转型发展的重要引擎

平台经济是"互联网+"的一个重要模式,从微观角度看,平台具有交流或交易的媒介功能、信息服务功能、产业组织功能和利益协调功能,这些功能都会加速要素的流动。从宏观角度看,有学者认为,平台经济的发展具有推动产业持续创新、引领新兴经济增长、加快制造业服务化转型和变革工作生活方式等作用,是一种重要的产业形式[2]。

1. 推动产业持续创新

平台通过对产业资源、市场资源的整合,可为企业提供广阔的发展空间,同时驱动企业进行持续创新,以获得和巩固竞争优势。例如,电子商务平台上产品相似的多家企业为赢得更多用户,就必须加强技术、产品、服务与品牌宣传推广等方面的创新。同时,平台企业自身为了实现高附加值和高成长性,也要持续进行技术创新和商业模式创新,而这些创新将会带动整个产业的发展。苹果应用商店模式的创新发展引来众多企业效仿,从而带动了硬件制造—软件开发—信息服务整条产业链的创新发展。

2. 引领新兴经济增长

平台经济属于服务业范畴。实际上,各类服务业的价值链或者价值网络里

---

① 北京市获批首批"工业云"服务平台创新服务试点[EB/OL]. http://www. miit. gov. cn/n1146290/n1146402/n1146450/c3261733/content. html.
② 安晖,吕海霞. 以平台经济引领经济转型发展[N]. 科技日报,2013 - 11 - 25.

都存在着搭建平台的机会。平台一旦建立,就能够吸引各种资源加入,发挥平台的集聚效应,推动整个产业的资源向平台倾斜,创造出巨大价值。平台经济作为创造和聚集价值的桥梁,正日益成为服务经济中最有活力的一部分。谷歌的成功在于其打造了信息汇聚与分享的平台,苹果的成功在于其打造了内容汇聚与交易的平台,而脸书的成功在于其打造了人们汇聚与联络的平台,这些都充分体现了平台经济的巨大潜在价值。

3. 加快制造业服务化转型

在竞争日益激烈的当下,制造业企业更需要利用有效的平台打通制造、流通和销售之间的瓶颈,实现产品制造链和商品流通链的有效衔接。例如,面对行业利润持续走低的局面,家电企业纷纷转向电子商务平台,借助其庞大的用户资源和快捷的销售渠道,创新营销模式,降低运营成本,创造新的盈利点,获取更高利润。可见,平台经济将成为加快制造业服务化转型的重要推动力。

4. 变革消费方式

平台经济中所蕴含的新的交流、交易模式,正成为人们日常生活模式和社交结构变革的重要推动力。例如,新浪微博等社交网络平台已成为人际交往的重要渠道,淘宝网等电子商务平台已成为人们日常消费的优先选择,而支付宝等第三方支付平台以及网络银行的普及为人们带来了更多便捷。联合国贸易和发展会议的数据显示,2015 年全球电商市场规模达 22.1 万亿美元,其中 B2B 电商规模为 19.9 万亿美元,B2C 电商为 2.2 万亿美元。中国是全球最大的 B2C 电商市场,B2C 销售额和网购消费者数量持续攀升。2016 年,中国电子商务零售额达到 5.2 万亿元人民币,占全国社会零售总额的 15.5%,网购交易额同比增速(26.2%)是同期中国社会消费品零售总额增速(10.4%)的 2.5 倍。特别是随着互联网由以信息为中心变成以人为中心,社交网络平台、人际关系平台等将现实关系搬到互联网上的新兴平台,加速了人与人之间的交流和信息流动。这种变革直接带来消费方式的改变,使信息消费得到迅猛发展,也使基于信息交换的商务活动、交易活动等成为未来经济活动的主要组成。

总体来看,作为一种重要的产业形式和经济模式,平台经济正逐渐成为服务经济的"皇冠",成为流量经济的助推器,成为引领经济增长和推动社会发展的新引擎。

| 第二节 | 平台是流量经济诸要素的连接器与重组装置

平台特征在流量经济中的体现集中表现在对信息流、货物流、资金流、人才流和技术流五大流的集聚辐射、整合重构和引领带动上。

（1）集聚辐射功能。平台通过大量集聚交易信息和交易资源，带动周边产业发展，形成辐射效应，产生更多的信息流、货物流和资金流，从而增强了要素的流动速率。平台通过吸引上下游企业的参与，并结合信贷、融资、咨询、孵化等各类专业服务企业入驻，从而加快了平台经济集聚区建设和成果转化，延伸了产业链和价值链，提高了平台参与者的经济创造力，使平台运营企业有可能实现财富迅速积聚和跳跃式发展。因此，平台经济一旦在某一地区、某一行业发展起来，它将保持较高的增长速度，并产生不断增长的资源集聚效应。

（2）整合重构功能。平台具有整合主体之间的关系、重构价值链的特点。平台加强了各类主体之间的沟通，让各类主体直接对接、沟通信息，寻找最佳合作路径和合作伙伴，重构关系和价值链。在平台的作用下，传统的价值关系被更高效的新型价值关系所取代。这种价值链重构取消了冗长的中间环节，让信息流、货物流运转得更加顺畅，让资源配置得更加合理，提高了商业运作效率，降低了成本。

（3）引领带动功能。平台汇聚了大量的经济主体与信息，辐射了较长的产业链，从而带动了相关产业链的共同发展。平台整合了信息资源，提升了信息利用效率，提升了资金流和货物流的运转效率，并且对企业的运作方向给出了市场化的指引。因而，平台对企业、行业和地方经济发展都有较强的带动作用。

一、平台加速物流运力的重组

物流是指为了满足客户的需求，以最低的成本，通过运输、保管、配送等方式，实现原材料、半成品、成品或相关信息进行由商品的产地到商品的消费地的计划、实施和管理的全过程。物流是一个控制原材料、制成品、产成品和信息的系统，从供应开始经各种中间环节的转让及拥有而到达最终消费者手中的实物运动，以此实现组织的明确目标。现代物流是经济全球化的产物，也是推动经济全球化的重要服务业。世界现代物流业呈稳步增长态势，欧洲、美国、日本成为当前全球范围内的重要物流基地。我国物流行业起步较晚，随着国民经济的飞速发展，物流业的市场需求持续扩大。在国家继续加强和改善宏观调控政策的影响下，我国物流行业保持较快增长速度，物流体系不断完善，行业运行日益规范[①]。2017 年前三季度，社会物流总额达 184.8 万亿元，同比增长 6.9%。社会物流总费用为 8.6 万亿元，同比增长 10.4%。物流业总收入为 6.3 万亿元，同比增长 13.3%[②]。

平台经济时代，电子商务物流异军突起。2016 年，我国网络购物占社会消费品零售总额的 12.6%，网络购物与电子商务日趋繁荣，带动电商物流和快递业务高速增长。2017 年前三季度电商物流指数中，总业务量指数平均为 138.5 点，同比增长 40%。同期，快递业务量完成 273.9 亿件，同比增长 29.8%，快递业进入日均亿件时代。"双十一"期间，主要电商企业全天共产生快递订单 8.5 亿件，同比增长 29.4%；各邮政、快递企业当天共处理 3.31 亿件，同比增长 31.5%[③]。"互联网＋物流"的电商物流以网络技术为基础，从而带来了物流业的革命性变化。

1. "指挥系统"转型升级

手持终端设备的开发和平台 App 应用的不断成熟，使物流企业内部运作信息同步，分拣中转、装卸运输、揽收派送等环节更加协同有效。大数据应用使物流企业之间、电商与物流行业之间形成联动机制。例如，菜鸟网络的天网预警雷达和物流路径优化是典型应用，菜鸟是电子商务物流开放数据平台，在电商销售旺季，一方面，菜鸟通过销售数据预测订单产生规模、地点、物流路径，指导物流企业提前配置资源，缓解物流压力；另一方面，菜鸟根据物流交易数据指导电商调整营销策略，从货源端减少物流系统的压力。目前菜鸟天网预警雷达的预测准确率达 95% 以上，使物流公司可以实时掌握整张物流网络每个环节的"未来包裹量预测"和"繁忙度实况预警"。

2. 发展动能加速转换

人工智能加快行业赋能，无人仓、无人机、无人驾驶、物流机器人等一批国际

---

① 濮小金. 现代物流[M].北京：机械工业出版社,2005.
② 2017 年中国物流行业现状及 2018 年市场发展预测[EB/OL]. http://www.askci.com/news/chanye/20171213/094416113869_2.shtml.
③ 同上.

领先技术得到试验应用,我国有望实现弯道超车。目前,京东实现了全球首创的全流程无人仓及无人分拣,全部环节均由机器人完成。物流互联网逐步形成,货运车辆、集装箱、托盘等大量物流设施接入互联网。目前,我国已有超过400万辆重载货车安装北斗定位装置。物流大数据推动产业智能变革,云计算、区块链正在从理念变为现实。平台经济、数字经济、共享经济深化分工合作,互联网+高效运输、互联网+智能仓储、互联网+便捷配送等创新模式引领发展。交通运输部开展无车承运人试点,推动行业集约化、规范化发展。随着我国产业迈向全球价值链中高端,现代供应链正在成为新的增长点和发展新动能。新一轮科技革命推动互联网与物流业深度融合,智慧物流迎来发展机遇期。要充分利用现代信息技术和智能装备,推动物流数字化、在线化、协同化、个性化和智能化。预计未来5~10年,物联网、云计算、大数据等新一代信息技术将进入成熟期,全覆盖、广连接的物流互联网将加快形成,物流数字化程度将显著提升,众包、众筹、共享等新的分工协作方式将得到广泛应用,服务经济、体验经济将更加深化,人工智能技术将快速迭代,物流机器人使用密度将达到每万人5台左右,物流赋能改造传统物流基因,"智能革命"改变物流市场格局。

3. 开放式物流平台逐渐兴起

在上海、广东、浙江等一些较发达地区,出现了一批对社会物流资源和信息进行整合共享的开放式信息服务平台。这些服务平台虽然有的不直接从事第三方物流业务,但通过信息发布、撮合交易、信用担保、融资支持等服务,吸引和集聚海量客户资源,大幅度降低了供需双方的交易成本,同时带动了第三方物流组织化和规范化程度的提高[1]。例如,广东省南方现代物流公共信息平台,集聚6个政府部门的27类近4 500万条电子政务信息,整合全省4万余家生产厂商的300万条产品数据编码库,覆盖全省200万家组织机构代码库,为社会提供物品及机构统一解析、全程实时供应链监控管理、电子政务管理、物流与信息化行业指数发布、物流信息国际互联互通等基础服务。上海陆交中心56135平台吸引了超过12万家会员企业,其中80%以上是上海以外的企业,服务范围远到新疆。广东林安物流的"基地+网络"、"商贸+物流"的发展模式,为专业市场商户提供便捷网络信息服务,有效地促进了物流企业(配送基地)与专业市场对接,合理调配物流资源,实现快捷、高效的物流服务,被称为"林安模式"。在诚信体系

---

① 王选庆.商贸物流的创新与平台经济[J].中国物流与采购,2015(4):29.

建设方面实施的"首赔制"和"黑名单制"为市场化的信用体系探索出很好的路子。

二、平台使信息流更加高效快捷

信息流是流量经济的神经系统,其功能主要表现在三个方面。

(1)连接功能。要素流通过程是一个综合整体的运动,是一个有机体系。要素流通体系之所以能够使不同要素的流动顺畅且有条不紊,靠的是信息的连接。在要素流通体系中,不同主体之间的关系从本质上讲是交换关系。买卖双方是通过信息的交流了解对方的意愿而连接在一起的。没有信息交流,买和卖永远不会结合起来。买卖交易的实现,流通过程的顺利进行,靠的是信息流把一个个孤立的环节连接成为连续不断的有序活动。流通信息产生于流通过程,是流通活动的客观反映。每一个主体都是依据它所接收到的信息从事活动,所进行的活动又表现为一定的信息传递出去,被其他主体接收,成为其他主体活动的依据。如此循环往复,形成了要素流通体系的有机联系和运动。

信息流不仅具有连接流通体系的功能,而且具有沟通流通体系与外部系统及环境的功能。流通体系不是孤立的系统,它处在社会经济的大系统之中,是大系统的组成部分。其他系统构成流通体系的外部系统及外部环境,影响着流通体系的运动。流通体系反过来也影响其他系统的运动。不同系统之间的相互影响和联系同样是靠信息来连接的。

(2)调控功能。信息流的调控功能产生于连接功能。流通信息是能够被人类理解、接收和利用的信息,是经过一定程度处理的信息。因此,信息在连接要素的时候,所反映的客观内容就是要素流通当事人行为的状态和结果。这样,在当事人之间就产生了一个信息网络,每一个当事人都获得其他当事人的信息,这些信息会影响他的行动和后果,而他的信息同时也影响相互联系的其他当事人行为,信息的变化会使当事人行为发生变化,这就是信息流的调控功能。

(3)决策功能。信息的重要功能是使决策当事人了解动态变化的状况,以减少不可避免的不确定性,从而为他的行为做出恰当的选择,并控制行为的后果。决策过程实际上就是信息的收集、传递、分析、处理、判断的过程。从决策的角度来看,有两类信息是必需的。一类是决策当事人面临的可选择行动系列信息;另一类是影响这些行动后果的信息。显然,这些信息需要经过收集才能得到,而信息的质量对决策来讲至关重要。当决策者对收集到的信息进行处理,作出判断,确认了不同行动可能产生的后果时,决策实际上已经做出来了。信息技术的广泛应用通过信息流的运转,大大降低了生产中的物耗和能耗,为决策者快速准确地提供市场和需求信息,减少交易的不确定性,纠正市场的盲目性,减少政府决策的时滞和失误创造了条件。

在流量经济诸要素中,信息是与其他各要素关系最密切的要素,各要素的流动均依赖于信息的充分沟通和交流。而且,信息流本身就形成了一个新的产业,即信息产业。信息产业的出现,不仅给传统的通信与信息流动方式带来了革命性的变革,而且推动了资本、商品、技术、人员等要素的加速流动。

"没有平台,信息流、信息技术带来的,通过更有效的衔接而实现更高的效率,更低的成本,就没有了依托的东西"①。信息流平台是货物流平台、资金流平台、人才流平台和技术流平台的基础。没有信息流平台作技术支撑,其他平台都是不可能有效运转的静态网。

信息流平台的信息传递具有三个特点。

(1)信息传递及时。平台信息流即时传递的供应链信息主要内容包括需求信息和供应信息。在互联网平台模式下,原来的信息链式传递转变成信息网式传递。节点企业在平台上共享信息,同时可以在第一时间了解客户需求及对产品与服务的反馈,共同为产品与服务改进做出各自的贡献。不仅供应链上的企业,而且客户也可以获取其他客户的消费信息,为自己消费决策提供依据。如消费者在天猫购买商品时,通过查看成交记录及评价来选择商品。

(2)信息传递精准。互联网为社会提供了海量数据,通过分析、整理、识别形成信息资源,信息资源与传统行业融合,能更加精准地定位目标用户,帮助企业实现有效广告投放及对点营销,实现个性化用户服务定制。2015 年 5 月,中国平安公司宣布,其首款互联网健康管理产品"平安好医生"正式上线,借助智能可穿戴设备,结合线上健康咨询与线下医疗服务,形成线上及线下(O2O)闭合健康管理产业链。平安这一业务的开展,为其停滞不前的商业健康保险吸引了新客源。

(3)企业品牌快速传播。企业如何建立并经营自身品牌直接影响着经营业绩。以往,企业建立品牌主要是通过品牌标志、核心广告语、品牌形象代言人在报纸、杂志、广播和电视上进行宣传实现的。随着网络技术的发展,传统媒体模式正在转变成新媒体模式,最具特色的自媒体时代已经到来,大大拓展了企业建

---

① 杨学山. 信息流引领发展转型[EB/OL]. http://www.sohu.com/a/143163833_399582.

立品牌的渠道，可以通过博客、微博、微信、百度贴吧、论坛/BBS、视频网站等渠道来建立和宣传品牌。新媒体模式除了可以发布信息以外，它的个性化聚合功能还能获取精准信息，从而构成一条双向即时的信息通道。这种通道的存在有利于培养更加广大的信息受众，从而支撑起更加旺盛的意思表达和传播诉求。

三、平台提升了资金流管理水平

资金流指金融资产流动形成的金融流量以及货币资金在不同区域内的流进流出。平台经济尤其是互联网金融平台的发展对资金的投资方向、周转速度、使用效益等产生重要影响。

（1）对投资方向的影响。工业时代社会资金的投资方向以传统产业为主，而网络时代社会资金的投资重点将转移到信息产业及高科技产业上来。美国的道琼斯指数和纳斯达克指数分别代表了传统产业和信息及高科技产业的投资及发展状况，其中后者发展迅速。随着平台经济的快速发展和信息导向，越来越多的资金将被引导至新型经济体的产业方向上来。

（2）对融资手段的影响。将单一的融资渠道转化为平台后，提升了直接融资的比例。目前我国间接融资和直接的比例是 6∶4，融资仍主要依靠银行贷款，手段较为单一，而美国的这一比例是 3∶7。互联网金融拓宽了融资渠道，使客户能够自主地选择金融服务的渠道，互联网金融新型业态的发展也使融资从传统的单一渠道转变为互联网式的平台渠道，融资的选择面会更加广泛。

（3）对社会资金周转速度的影响。工业化时代，企业、银行、税务、消费者等在经济活动中都是一一对应的关系，信息传递速度和办理交易及结算手续的速度比较慢，从而影响社会资金周转速度。平台经济时代，互联网金融把银行业务从线下搬到了线上，实现了网络金融，互联网平台拓展了金融服务平台与空间。在传统金融服务时期，提到货币，你首先会想到银行；而在互联网时期，提到货币，还会想到移动终端支付。传统银行包揽了信贷、票据、转账、信托、国际结算、代理等几乎所有金融业务，办理这些金融业务需要客户到银行各网点办理，企业也好，个人也好，都只能直接与银行各实体网点打交道，银行在传统资金流动中扮演着举足轻重的作用。而在互联网时代，有众多的金融服务平台，第三方支付、P2P 小额信贷、众筹融资、新型电子货币等层出不穷。其运行方式也发生了重要变化，如移动支付、云计算等，使资金的配置更加合理。在互联网金融模式下，支付更加便捷，市场信息不对称程度比较低，资金供需双方直接交易，不需要经过银行。从传统企业角度来分析,产品物流仅仅在企业内部流动,即在企业内部的生产线、仓库保管、销售部门、财务会计部门等内部流动。互联网时代,企业从线下搬到了线上,催生了互联网营销、互联网广告、互联网金融支付平台等。互联网金融也改变着企业内部管理流程,库存部门不再只是存放,而是一个忙碌的大工作间,一切要素都开始流动起来。这就是典型的流量经济状态,资源在流动中不断地进行更高效率的配置。

(4)对资金使用效益的影响。主要表现在以下几个方面:一是信息产业及电子贸易的高成长性必然会给投资者带来丰厚的获利回报;二是社会资金周转速度的加快必将提高资金的使用效率,企业一定量的资金会产生更多的获利;三是资金在全世界范围内的流通可以使全球经济资源得到合理的配置和利用。

四、平台缩短了技术转化的时间

经济增长理论的研究表明,技术创新对经济的长期可持续发展起着关键性作用。改革开放以来,我国依靠外商投资的技术溢出,吸收和引进了大量外国的先进技术,但是这种模式存在着很大的风险和隐患。一方面,随着我国发展进入创新导向阶段,我们距离技术前沿越来越近,可模仿空间逐步缩小。另一方面,在向价值链两端迈进的过程中,我们会受到来自发达国家更加严格的技术转让限制,2018年发生的"中兴事件"就是典型案例之一。某些国家会以国家安全为由,终止或者干涉本土公司与中国企业的技术合作。为此习近平总书记在全国科技创新大会上强调,"科技是国之利器,国家赖之以强,企业赖之以赢,人民生活赖之以好。中国要强,中国人民生活要好,必须有强大科技"。"必须坚持走中国特色自主创新道路,加快各领域科技创新,掌握全球科技竞争先机"。

现阶段,我国科技自主创新存在的主要问题是技术要素对经济增长的贡献率低。从研发费用的投入来看,其比重逐年增加,在2006年就超过了0.5%,到了2013年已达到成熟发达国家2‰的水平。但是,同期我国技术进步对经济增长的贡献率却依然不足,到2013年其贡献率依然不足30%,远远低于成熟发达国家的60%~70%[1]。可见,技术要素对经济增长的贡献不足的根源并不是投入的不足,而是科技创新的成果转化率较低。科技创新成果只有尽快地转化为生产力,使技术能在生产中应用,在市场上流通,这样才能实现科技创新的重要价值。

---

① 魏婧恬."互联网+"与技术创新[N].中国经济时报,2016-06-07.

科技成果成功转化，在于技术与市场需求的对接。现在的技术供求信息沟通不畅主要表现在：一是企业技术需求多，但只能以"盲人摸象"的方式去寻求合适的技术供给及专家团队；二是引入的高校院所科技成果产出及专家虽然很多，但并不了解企业具体的技术需求，无法及时有效地帮助企业解决技术难题；三是技术转移中介机构缺乏服务对象信息，很难找到需要技术转移服务的供需双方；四是企业融资需求多，但无法找到合适的投资机构及专业化服务机构等。如果企业及研发部门能够获得大量需求数据，实现高端先进适用的科技成果与企业技术需求的有效匹配，打通了科技成果转化的"最后一公里"，是加快技术转化的关键[1]。

科技成果转化服务平台是实现科技成果向现实生产力转化的主要载体。运用大数据资源，对科技基础条件进行战略重组和系统优化，以促进科技资源流动，推动科技成果在企业实现产业化、商品化开发。企业技术创新需要经历小试、中试、工程化或工业化三个阶段。无论在哪个阶段，大量信息资源的掌握，都是技术创新过程得以实现的前提条件。而"服务平台"意味着信息（数据）获取的全球开放性、平等性和透明性。随着信息技术的不断突破，信息要素在各行业、企业间的流动性增强，企业处理信息的能力呈爆发式增长。经济领域海量数据的积累与交换、分析与运用，使得企业将进入前所未有的知识和创新时代。信息（数据）为技术创新提供了重要的生产原料，极大地推动了技术创新和生产效率的提高。以汽车行业为例，国际上汽车制造业集团如通用、大众等为了保证研发的科学性以及缩短研发过程，已经逐渐建立起行业信息共享系统。国内企业也逐步建立起自己的信息库，利用 EDM、PDM 等管理信息系统加强研发阶段的信息管理。

我国从 21 世纪初开始着手设计和建立科技服务平台，2002 年科技部提出"科技大平台"设想，2004 年国务院办公厅转发科技部、发改委、财政部、教育部《2004—2010 年国家科技基础条件平台建设纲要》[2]，提出了重点建设成果转化公共服务平台的发展战略。

为进一步推进科技进步与创新，国务院出台《国家中长期科学和技术发展规划纲要（2006—2020 年）》[3]，明确提出加强科技基础条件平台建设，建立科技基

① 墨宏山. 强化政府介入推动成果转化[J]. 科技导报,2015(17)：12.

② http://www.most.gov.cn/tjcw/tczcwj/200708/t20070813_52389.htm.

③ http://www.cea.gov.cn/manage/html/8a8587881632fa5c0116674a018300cf/_content/10_01/28/1264667427255.html.

础平台共享机制。2011年7月科技部印发《国家"十二五"科学和技术发展规划》[①],提出要加强科技创新基地和平台建设,推进科技平台建设和开放共享。2012年9月国务院印发《关于深化科技体制改革　加快国家创新体系建设的意见》[②],提出加快建设社会管理领域的科技支撑体系,充分运用信息技术等先进手段建设网络化、广覆盖的公共服务平台。经过十几年的建设,服务平台取得了快速发展。

案例1:湖北技术转移与成果转化服务平台"科惠网"

科惠网于2015年1月1日建成并上线试运行。将平台经济思维引入科技成果转化,打造"平台+成果转化"的特色模式,实现了集展示、咨询、对接、交易、服务、科技金融、创新创业、技术合同登记于一体的一站式线上技术转移服务。截至2017年底,访问量已超过850万人次,采集入库各类资源1 500余万条,其中国内外专利1 000余万条,省内可转化交易的成果70 000余条,企业技术需求近4 000条,采集入库的各类专家达20 000余人,入驻高校、院所、科技型企业及技术转移中介机构5 926家,国家及省级工程技术研究中心、重点实验室等创新平台642个,国家及省级孵化器53家,各类科技政策2 418条,充分实现了各类要素的集聚共享。

科惠网上线试运行以来,共在全省组织各类成果推介、供需对接活动30余场,累计推介科技成果5 000余项,成功对接1 000余项,成功帮助企业获得融资3 000余万元。促使全省技术合同登记数从2013年的14 909项跃升为2016年的24 248项,技术成交额从2013年的418.74亿元跃升至2016年的927.73亿元,全国排名第二。通过引入竞争机制,促使20余家高校、院所、企业的专家团队主动参与48家企业的技术需求应标,在线提交了99项技术解决方案、18个科技计划项目建议书[③]。

---

① http://www.most.gov.cn/tztg/201107/t20110712_88217.htm.
② http://www.gov.cn/jrzg/2012-09/23/content_2231413.htm.
③ 程红星,等.互联网+成果转化推动科技供给侧改革——以湖北技术转移与成果转化公共服务平台"科惠网"为例[J].科技创新与应用,2017(20):26.

案例 2：云南省技术转移与成果转化服务平台"科稻网"

科稻网是"线上智能匹配，线下服务交易"的全链条科技成果转化平台，共有四项主要功能：共享、交流、服务与交易。共享功能是发布来自政府方面的科技资源信息及科稻网用户关于科技成果、专利技术、科技人才等的需求。交流功能是通过举办线上线下科技成果招商、科技大集和专业论坛等活动，开展成果转化推介、咨询、培训等，促进科技成果转化各方交流与合作。服务功能是市场化的创新创业服务机构在线提供初步诊断解决导向及线下具体服务解决方案，实现科技与产业有效对接。交易功能则是在法律框架下作为第三方给供需双方提供公证、居间及交易服务。现已吸纳省内外技术成果 3 万余项，收集技术需求 1 055 项，收集集团已合作企业客户 11 890 余家，入驻国内外各领域专家 2 340 余位。科稻网线下依托昆明滇创铭泰孵化园，以高新技术成果展示大厅为载体，为科技成果供需双方进行线下精准服务。经过六年多的发展，先后为云南省 800 多家大中小企业提供了技术咨询和指导服务，为企业提供 1 700 余项科技咨询服务，2 600 余项知识产权运营服务，促成企业与各大高等院校技术转移 55 项[①]。

科技服务平台建设在国家的大力支持下取得了快速发展，但从平台建成后的实际运行来看，仍存在平台服务模式不清、服务内容单一、服务效率低等问题[②]。李克强同志提出："到 2020 年，全社会研发经费投入强度达到 2.5%，科技进步对经济增长的贡献率达到 60%。"[③]在"大众创业、万众创新"的时代背景下，科技创新的力量从过去的科技人员为主向社会大众转变，依托大数据优化资源配置，着力促进科技成果转化，实现技术创新成果在生产中的应用和市场上的流通，发挥好服务平台的作用尤为重要。

---

① 昆明科鼎企业管理有限公司.加强科技创新服务 建设全链条"互联网+"科技成果转化平台[J].民营科技,2017(12)：4.

② 张勇,骆付婷.基于价值网的科技成果转化服务平台运行机制研究[J].科技进步与对策,2016,33(5)：16 - 21.

③ 李克强. 2016 年政府工作报告[EB/OL]. http://www. gov. cn/guowuyuan/2016-03/05/content_5049372. htm.

一是要完善科技服务平台功能。从用户体验及实际需求出发,优化和完善各类资源的展示、检索、对接、交易等功能,提升资源的查准率。建立健全信息保密制度以降低对中小企业、小微创新企业的门槛,分模块建立平台的供需对接机制,完善平台的信息保密体系。二是要提升科技平台资源质量和数量。一方面要建立高校院所有效科技成果的采集机制,提升科技成果的数量和质量;另一方面要探索企业技术需求的采集机制,利用平台的对接率吸引企业用户实时发布企业技术需求。同时还要加强科技资源的审核控制,从科技资源的真实性、审核的及时性、描述的准确性等方面进行严格把关,提升科技资源的有效性。三是要加大科技平台的宣传推广力度。从搜索引擎推广、线上线下活动、签约专业服务机构等各方面进行平台的宣传推广,提升平台的知名度和影响力。

五、平台演绎人才流动新趋势

1. 平台成为招聘求职主渠道

平台招聘自 2008 年开始,逐步取代现场招聘成为人才市场招聘求职的主渠道,网络招聘的兴起对传统人才招聘体系产生了强烈的冲击。在国外,一些大型跨国集团、猎头公司、人力资源中介机构等均已形成了一些较为成熟的网络招聘系统及相关机制,以 IT 业最为典型。在国内,人力资源网上招聘信息系统也有了很大发展,前程无忧、智联招聘、中华英才网等专业人力资源招聘网站已形成成熟的运营模式。

网上招聘较之传统现场招聘方式具有招聘范围广、信息量大、可挑选余地多、招聘效果好、费用较为低廉等优势,获得了越来越多的公司的认可和青睐[①]。艾瑞咨询发布的《2017 年中国网络招聘行业半年度报告》显示,中国网络招聘市场稳定增长。2017 年上半年中国网络招聘市场规模为 27.1 亿元,同比增长率为 18.9%,行业规模增长主要来源于企业业务拓展和单雇主价值增长两方面。应聘者和招聘单位可以在网络上,突破时间和空间的限制实现工作求职和单位

---

① 艾瑞咨询. 2017 年中国网络招聘行业半年度报告[EB/OL]. http://report. iresearch. cn/report/201711/3082. shtml.

的人才招聘目标。网上招聘求职越来越成为单位和公众招聘求职的一项重要手段，其招聘求职规模和招聘求职成功率已直逼传统招聘会，有的甚至超过了传统招聘会。

2. 平台催生就业新岗位

波士顿咨询发布的报告《互联网时代的就业重构：互联网对中国社会就业影响的三大趋势》显示，2014 年互联网行业在中国直接创造了约 170 万个就业机会。报告指出，随着行业的进一步发展，就业规模将继续扩大，预计 2020 年有望直接为约 350 万人带来就业机会，这是因为互联网平台能够一次性为广大求职者提供越来越多的就业机会，包括大量技术、设计、运营、管理、服务的岗位。此外，借助淘宝平台，众多个人通过自开网店实现了就业。据中国就业促进会 2014 年 2 月发布的报告，淘宝在报告调查期间共有 339.71 万家活跃网店，若按平均每个网店雇佣员工数 2.55 人计算，淘宝平台创造了 866.22 万个就业机会。在此基础上，被调查网店中有 30.7% 的网店在未来一年有扩招计划，平均每个网店计划招工 3 人。以此推算，淘宝平台在未来一年还将再增加 313 万个新的就业机会。此外，围绕着这 300 多万家活跃网店，从网店经营到物流配送，乃至为平台运营提供网络基础设施，淘宝平台衍生出一个完整的生态圈，这当中包括根据淘宝网店发展需求不断细分的新行业，如淘女郎、网店代运营、网店装修等，也有从淘宝平台的发展中获得新发展机遇的传统行业，快递行业便是其中一个代表行业[①]。

3. 平台点燃了大众创业热情

随着互联网技术的发展，网络创业的门槛大大降低。在基础设施上，公共云服务的出现提供了极具延展性和灵活性的基础设施支持。对于初创团队来讲，云计算即付即用模式避免了一次性的大投入，在很大程度上节省了创业成本。此外，伴随用户量的激增，企业可以很方便地扩展计算和存储资源，降低了过度投资的风险与系统管理的麻烦。在市场推广方面，移动社交媒体的出现为初创企业提供了一个低成本的推广方式，各种互联网平台的出现为初创企业聚集了流量，节省了创业早期在销售渠道建设上的投入，而 P2P、众筹等互联网金融业

---

① 互联网行业给中国就业带来哪些影响[EB/OL]. http://www.xinhuanet.com/tech/2015-08/13/c_128123441.htm.

态的出现为小微企业提供了低门槛的融资渠道。根据第三方社会调查机构麦克思发布的《2018 中国大学生就业报告》统计,2017 年的应届大学毕业生中约有 2.9% 的人选择自主创业。在创业领域方面,移动互联网成为 90 后创业的首选,其中社交、购物、视频为主要创业方向。2016 年,淘宝新开店铺就有1 020 万家,有成交的超过 300 万家,其中约 35% 的卖家是 24 岁以下年轻人,30 岁以下创业者占到 60% 以上。波士顿咨询公司发布的报告《互联网时代的就业重构:互联网对中国社会就业影响的三大趋势》认为,较低的创业门槛极大地激发了大众的网络创业热情,越来越多的人选择创业而非择业作为他们的首选就业方式,刚刚迈入社会的 90 后群体正成为不可忽视的创业力量,迅速崛起①。

| 第三节 | 以平台企业为核心打造流量经济产业生态圈

上节讨论了流量经济中的信息流、货物流、资金流、人才流和技术流五大要素流在平台经济形成过程中所发生的改变。平台经济加速了各种流量的流速,同时也改变着各要素的流动方向与规律,而这种流量规律的变化同时也使平台经济的规模与作用变得日益强大。两者相辅相成的关系十分明显。可以说,平台经济的形成,是流量经济形成的重要特征之一。因此,以平台企业为核心打造流量经济产业生态圈就成为提升流量经济效率的核心战略。

一、平台经济与流量经济相辅相成

1. 流量是平台企业运营发展的重要基础

网络外部性是平台经济的内在特征,这就决定了"流量"是平台经济赖以生存和发展的基础。网络外部性具有自我强化的正反馈和自生长机制,一旦超过某个临界点,平台的用户数、交易额将如滚雪球般持续增长,表现出"赢者通吃""强者恒强"的市场格局②。同样的,网络效应也具有负反馈机

① 互联网就业呈现"平台型就业"和"创业型就业"两种方式[EB/OL]. http://www.zgks.org.cn/news/show-136.html.
② 陈威如,余卓轩.平台战略:正在席卷全球的商业模式革命[M].北京:中信出版社,2013.

制，如果平台用户数量减少，低于某个临界点，平台的用户数、交易额将越来越少，最终将导致平台的失败。因此，平台间的竞争，其根本着眼点在于流量的竞争。

平台成立初期对双方用户的价格补贴、平台成熟期仍保持对一方用户的价格补贴、平台的各种纵向限制行为、平台采取的提高用户体验的各种方法，最终均是争取用户流量、增强用户黏性从而形成或维持正反馈的手段。支付宝红包、微信支付奖励金等，目的都是为了吸引客户流量进而赢得市场。以滴滴出行为例。滴滴在品牌建立初期，不仅平台接入免费，而且通过补贴等优惠方式快速吸引用户流量，培养用户习惯，以期缩减培育市场所花的时间。2012—2015 年，滴滴在返现补贴方面投入 80 亿元人民币，迅速改变了现代人的出行方式。2017年滴滴平台为全国 400 多个城市的 4.5 亿用户，提供了超过 74.3 亿次的移动出行服务，日订单量超过 2 000 万。这相当于过去一年中，全国平均每人使用滴滴打过 5 次车[①]。滴滴也因此成为市场份额高达 90% 以上、估值超 500 亿美元的行业巨头。

滴滴的用户群体是打车需求最旺盛的都市白领，他们的社会活动也较为活跃。他们喜欢逛街、娱乐、消费，有各种各样的爱好需求。这部分群体不仅是智能手机深度用户群体，更是对价格颇为敏感，通过补贴返现、抵价券等模式可以刺激他们的打车频率。一旦有了用户和用户活跃度，打车 App 就不仅仅是个打车软件，更是一个流量入口，从中可以探索出更多的商业模式和盈利模式。比如目前滴滴做的商家定位导流、广告指引推广等。2018 年初，美团进军打车市场，而滴滴送起了外卖，这种看似不相干的"跨界"，背后的支撑是高数量的用户数据。"美团在生活服务 O2O 领域拥有 6 亿用户、2.2 亿活跃用户"[②]，这一数据在开展打车业务上具有显著的入口优势。可以说，流量是平台企业生存和发展的基础，更是进一步打造平台生态圈的关键因素。

2. 流量是打造平台生态圈的关键因素

在大数据时代下，互联网企业构建以柔性、动态的价值创造系统为特征的平台生态圈已成为一种趋势。平台生态圈的概念来源于自然生态圈的概念。在自

---

① 程维谈共享经济领域创业[EB/OL]. 经济日报—中国经济网. http://www.ce.cn/xwzx/gnsz/gdxw/201801/08/t20180108_27622746.shtml.

② Quest Mobile. 2015 年终 App 价值榜[EB/OL]. http://www.ccidnet.com/2016/0112/10081400.shtml.

然生态圈中,每一种生物的成长都离不开其他生物,各种生物网络式的相互依存,即本身的生存成长需要其他生物的价值贡献,而其他生物的生存成长也需要各自的价值贡献,最终是多方共赢的结果。所谓平台企业的平台生态圈是通过构建一个多边群体合作共赢机制使得平台生态圈在核心业务的驱动下,各个衍生覆盖业务模块经过有机的协同而形成的系统①。

核心业务是平台企业具有高位优势的资源。平台企业的核心业务是整个价值创造系统的驱动点,对整个行业具有标杆效应。而平台企业的发展主要取决于自身创新机制的推动,这些创新机制的推动又需要核心业务的网络效应和规模经济的支持。平台企业的自身特性决定了只有在用户之间产生网络效应才能凸显其核心业务的价值所在。例如,在腾讯推出微信之前,小米公司已经推出类似的即时通信米聊,但由于当时用户的数量规模较小,未达到引爆点,无法激发平台中相关群体间的网络效应,在后来的发展中始终没有赶上微信的脚步。得益于 QQ 强大的用户流量产生的网络派生效应,以及一系列免费策略的推动,现在微信及 WeChat 的合并月活跃账户达 9.886 亿②。

平台生态圈的打造,阿里巴巴可以成为一个典型案例。阿里巴巴创立于1999 年,2014 年 9 月在纽交所上市。公司以电商平台上超过 1 000 万家入驻商家和 4 亿多活跃用户所带来的巨大流量为基础,建立广告、云计算、娱乐、支付等多重服务的商业模式,形成丰富的平台发展生态圈。阿里巴巴生态圈主要由四个主要板块构成,第一板块是阿里巴巴电子商务,包括 B2B、淘宝、天猫;第二板块是阿里金融;第三板块是数据业务;第四板块是物流体系,这四个板块每一个板块都是一类平台③。阿里巴巴 2016 财年(2015 年 4 月 1 日至 2016 年 3 月31 日)营收 1 011 亿元人民币,同比增长 33%④。通过财报可以看到,阿里巴巴的业务已经不限于电商,还包括了云计算、移动互联网业务等,以及更多面向未来商业领域的投资。云计算、互联网基础服务业务在财年第四季度继续保持快速增长,季度收入达到 10.66 亿元人民币,同比增长 175%,增速超过上一季度的 126%,云计算付费用户数已超过 50 万。继亚马逊 AWS 和微软 Azure 之后,阿里云已成为全球第三大云计算服务商。

① 王千. 互联网企业平台生态圈及其金融生态圈研究[J]. 国际金融研究. 2014,331(11): 76-86.
② 数据来源于腾讯 2017 年度财报,http://tech. qq. com/a/20180321/030319. htm.
③ 马云. 阿里巴巴不是电子商务公司[EB/OL]. http://money. 163. com/13/0929/08/99U4LSQU00253G87. html.
④ http://edu. sina. com. cn/bschool/2016-05-08/doc-ifxryhhh1685298. shtml.

3. 平台企业是流量经济发展的核心载体

互联网平台的开放性和共享性，为各类流量提供了输入输出接口，有效促进了各类生产力要素的聚合、交换和配置。在流量经济发展过程中，平台是一台"搅拌器"，各种类、各层次的要素集聚其中，经过"搅拌"，完成更高效率的重新组合；平台又是一台"放大器"，重新组合之后的要素通过运作，其所能发挥的经济能量得到倍增。通过平台加强流量聚合，实现流量经济创新和集群式发展。

如前所述，电商巨头阿里巴巴依靠巨大的用户流量构建了平台生态圈，同时，通过四大板块的战略布局形成信息流、货物流、资金流、技术流、人才流互联互通的新格局。平台的"马太效应"实现了流量的自我加强和效率的提升，各个平台间的良性互动促进了平台生态圈健康发展。在城市规划和发展建设中，平台作为流量经济发展的核心载体也日益得到重视。2017 年 11 月，成都举行新经济发展大会，将流量经济作为重点发展的新经济形态之一。明确提出将平台企业作为发展流量经济的重要抓手，以平台聚合流量，实现流量经济创新、集群发展，抢占流量经济发展话语权。包括 1919、积微物联、天地网等在内的 50 家企业被评为"成都市首批示范平台企业"，以平台企业为圆心，吸引人才、技术、资金、信息、物流等要素聚集，构建产业自行调节、资源充分交互、企业核心竞争力持续成长的流量经济产业生态圈的计划正在加速推进。

二、以流量经济思维推进平台经济协同治理

平台企业免费、开放、共享的经营方式消除了交易壁垒，解放了新的供给和需求。这直接造成了平台经济的运行模式是更多的协同、更多方的参与以及更加开放的经济体系。但是，互联网平台作为一个新生事物，必然导致既有规则体系的不适应，也带来了信用风险、法律风险、技术风险，等等。只有对平台经济实行有效、规范管理，才能促进平台企业的健康和可持续发展，实现构建流量经济产业生态圈的目标。

平台经济的管理规制问题吸引了产业组织学、战略管理、市场营销和管理信息系统等领域学者的广泛关注[①]。对某一事物进行管理，一般来讲有两种思路：一是政府主导的管制，二是相关主体自发组织、自发参与的治理。考察这两种思

---

① 郑称德，等. 平台治理的国外研究综述［J］. 南京邮电大学学报(社会科学版)，2016，18(3)：26－41.

路可以发现,传统管制思路在规范平台秩序的过程中会受到很多限制。一方面,由于互联网平台是最近兴起的新事物,针对它的法律规范还很不健全,并且由于形势变化迅速,相关立法总会存在滞后性的问题,这使得管制经常面临无法可依的窘境。另一方面,由于平台问题的新颖和易变性,相关的管制措施往往不能切中要害,经常会出现管得过死,或者管得过时。治理则具有很多的优势。由于治理一般是相关主体自发组织、自发进行的,因此其对于本地知识的掌握和运用会比较充分,对相关问题的反应也会比较及时,在处理很多问题时会显得更有效率。"管制"和"治理"的上述特征决定了在对平台的管理中,管制更应该被用来处理那些具有更高风险,同时政府又拥有较多相关信息的问题,更多的问题则应留给"治理"①。中国信息通信研究院、腾讯共同发布的《互联网平台治理研究报告》(2017)提出,建立一套由"规则共识、协同执行、监督救济、评估问责"四个环节构成的完整链条的治理机制。阿里研究院、德勤联合发布《平台经济协同治理的三大议题》(2018)指出了平台经济协同治理的三大挑战:权益保护、合理税收和公平竞争。建立平台经济协同治理体系,引入更多的参与者,各有分工、各司其职,从过去管理的角度,到治理,再到协同治理的转变,已形成基本共识。

1. 平台企业负有"守门人"的责任

1) 平台责任的理论基础

关于平台责任,国外学术界和实务界最早提出"单纯通道"理论,认为网络平台的性质与传统邮政公司和电话公司并无区别,只是单纯传送信息的技术通道而不参与具体内容的生产。因此,以美国《1998 年数字千年版权法》为代表的互联网立法确立了"避风港"原则,豁免网络平台的侵权责任。然而,网络平台凭借技术优势和平台规则正在塑造互联网秩序,不再停留于"单纯通道"的消极角色,具备了影响网络行为的动机与能力。为强调网络平台对内容形成的参与,德国学界称之为"内容框架提供者",要求其承担主动注意义务。还有学者将普通法系的"公共承运人"理论引入网络平台规制,针对网络平台的垄断权力和公共属性,要求其严守中立性原则。考虑到网络平台的公共性和中立性,我国采用的是"以网管网"的规制策略,这种通过法定义务强化平台责任的思路源于传统新闻媒体"守门人"(the gatekeeper)理论。新闻媒体在获得大量信息后进行筛选,剔

---

① 陈永伟. 如何治理平台? 平台时代寻找奥斯特罗姆[EB/OL]. http://opinion.caixin.com/2017-08-22/101133612.html.

除虚假无效信息,提高新闻的真实度和可信度,发挥新闻传播的"守门人"作用。该理论认为对第三方责任的设定应考虑三个因素:具备技术和成本优势,缺乏足够的动力去控制违法行为,影响其他主体尤其是未违法的利害关系人。由"单纯通道"向"内容框架提供者""公共承运人"以及"守门人"的转变,凸显了公共平台理论对网络平台承担治理责任的理论支撑作用。[①]

2) 平台责任的现实需求

互联网时代,随着用户流量不断聚集,黏性增加,大型互联网平台政策切实影响相当数量主体之间的价值分配。一定程度上,平台具有了社会公共基础设施的性质。以微信为例,截至 2017 年 6 月,微信月活跃账户数为 9.38 亿,而同期中国网民规模也不过 7.31 亿,手机网民规模 6.95 亿。[②] 在以立法为代表的传统社会,治理手段天然落后于互联网创新,平台的任何规则调整都有可能改变微信使用者之间以及使用者与专业服务提供者之间的互动行为,影响到不同群体的利益关系。大型互联网平台企业已经具备准公共政策制定者的要素,客观的外部环境要求其在传统治理手段缺位的情况下维护公共利益。在平台生态圈中,"平台企业是价值的整合者、多边群体的连接者,更是生态圈的主导者。"按照"权力与责任相一致"的原则,平台企业对于利用平台提供服务的活动显然要承担相应的治理责任。

3) 平台责任的实现路径

加强企业自我规制。阿里巴巴于 2015 年组建平台治理部,对淘宝、天猫自身的规则进行变更和新增,特别是在市场发生变化时,以及国家针对电子商务出台电商商品类目的一些规定和规范时,淘宝、天猫官方就会对自身商品类目以及招商等一系列规则进行调整。微信平台治理规则由协议和公告两部分组成:协议规定微信平台中行为的一般规则,构成规则体系的基础和渊源;公告随治理活动发布,主要针对微信平台中的具体行为,是对协议的解释和补充,构成规则体系中的实施细则。目前与微信平台治理相关的服务协议已多达十余项,范围覆盖平台相关所有业务。同时,治理公告的数量也在逐年增加,据统计,2015 年,微信公众平台共发布治理公告 4 篇。至 2016 年,公告的数量增加到了 11 篇。涉及的治理领域包括赌博、色情、侵犯知识产权、诈骗、传销等。[③]

① 解志勇,修青华.互联网治理视域中的平台责任研究[J].国家行政学院学报.2017(5):102-106.
② 中国信息通信研究院.腾讯.互联网平台治理研究报告[R].2017.
③ 同上。

建立数据安全保护体系。平台企业在运营过程中,生态圈内的经济体、消费者、合作伙伴和服务商的海量经济行为会产生庞大的数据。脸书上超过 5 000 万用户信息数据泄露事件,在世界范围内引发了轩然大波。优步客户个人信息泄露,Equifax 1.43 亿美国用户信息泄露等重大信息外泄事件层出不穷。平台企业应肩负起数据安全保护的主体责任,加强数据收集、存储、处理、转移、删除等环节的安全防护能力。形成数据流动管理机制,明确数据留存、数据泄露通报要求。

4) 配合监管部门联合治理

积极配合政府监管,维护平台生态健康,是企业不可推卸的责任。在平台生态圈中,"所有经济行为都被数字化,用好这种数字化的经济行为,带来的机会能够让我们的平台治理工作真正被大数据驱动。"①阿里巴巴平台治理团队利用大数据追踪,挖掘 ID 背后的人的行为,从线上行为联系到线下产业行为。《2016 年阿里巴巴平台治理年报》显示,2016 年阿里巴巴协助警方抓获犯罪嫌疑人 880 名;捣毁涉假窝点 1 419 个;破获案件涉案总金额超 30 亿元,相当于 2015 年的两倍。

2. 政府监管部门负有"守夜人"的责任

守夜人(the night watchman)理论源于亚当·斯密,强调政府职能转变,管住该管的,放开该放的。为社会和市场"守夜",提供法治、秩序、保护等。在平台经济协同治理体系中,政府监管机构担负着"守夜人"的责任,以开放的视野、创新的思维,为新生事物保驾护航,建立适应互联网时代社会治理的新形势、新思维、新方法和新秩序。

1) 完善平台企业扶持政策

平台型企业是平台经济的主体,决定着平台经济的发展活力与发展前景。需要加大政策扶持力度,设计有针对性的平台型企业扶持政策,探索平台型企业的最佳发展路线。一是结合重点行业领域专业平台发展,积极培育一批有市场竞争力的平台企业。鼓励有条件的企业向平台化转型,围绕重点领域培育发展一批信誉好、实力强的平台企业,择优确定重点企业予以扶持。二是针对平台经济特点和平台型企业发展规律,设计有效的平台型企业扶持政策,比如设立专项基金、拓宽融资渠道等。三是建立和完善创新资金投入与退出机制,通过科学、

---

① 张勇. 数据驱动的透明是平台治理的基础[EB/OL]. http://tech. sina. com. cn/i/2017-04-13/doc-ifyeimqy1172715. shtml.

完善的资金投入与退出机制,为平台经济发展创造宽松的环境。

2) 不断优化配套发展环境

平台经济是在现代信息技术迅速发展、互联网应用日益普及的背景下发展起来的。其发展需要强有力的信息技术服务支持,还需要第三方支付、信用、物流、检测、认证等配套服务体系的支持。为此,需要优化配套环境,以保障平台经济持续快速发展。一是加强信息基础设施建设,提高光纤宽带的覆盖率,积极推进无线城市建设,加大农村网络建设力度,建成各地、各类信息网络互联互通的骨干传输网。二是加快软件和信息技术服务业尤其是云计算、物联网、大数据等新技术的发展及其在平台经济中的应用,提升数据分析处理、数据挖掘、结算等后台信息技术服务能力,为平台运营提供强有力的信息技术支持。三是培育和引进一批与平台经济发展相配套的第三方支付、物流、信用、检测、认证等服务机构,提升配套服务能力,形成便捷、高效的第三方服务体系。

3) 加强规范引导和管理监督

近年来,政府密集出台治理规则,加快完善法律和监管制度。仅 2016 年 6 月至 2017 年 5 月的一年间,各部门先后出台的管理规范就多达十余件,涉及搜索、出版、应用程序、信贷、直播、安全以及新闻服务等多个方面[①]。政府还积极利用平台手段(如微信公众号、政务微博等)参与净化平台生态环境。下一步,应针对平台经济生态环境的复杂性及从定价方式到垄断规制的特殊性,加快研究出台专门的管理和服务措施,加强规范引导和管理监督,引导平台型企业发展,保障平台经济健康稳定发展。

3. 用户和第三方机构成为重要参与者

平等、高效是平台得以发展的重要条件,合理保证平台中多方的主体地位和必要权利是平台经济良性发展的前提。用户和第三方机构成为规则治理、案例判定等的重要参与者,而且一定程度上用户对平台服务的评价成为驱动生态繁荣的直接力量,消费者的力量得到空前提高[②]。具体而言,其他主体应当做到以下几个方面:一是强化责任意识,实施有效自律。具有必要的责任意识和自律能力是成为主体的必要前提,其他主体应有意识、有能力在平台治理中承担与其

---

① 中国信息通信研究院、腾讯. 互联网平台治理研究报告[R]. 2017.

② 德勤中国、阿里研究院. 平台经济协同治理三大议题[EB/OL]. http://i. aliresearch. com/img/20171010/20171010225005. pdf.

地位相适应的责任。二是积极参与治理,维护自身权益,毕竟权利从来不会从天上掉下来,维护自身权利的最好方法就是切实参与到共识—协同—救济—评估的治理实践中。三是完善能力建设,强化主体地位,平台治理本身的发展也是平台分工创新和细化的一种体现,其他主体需找准自己在治理创新中的定位,并开发相应的能力。

互联网平台的蓬勃发展,深刻地改变了价值创造方式、创新方式、商业模式和组织模式,成为新兴产业创新发展与传统产业转型升级的推动力量,以及助力新旧动能转换的支撑平台。平台商业模式的精髓,在于打造一个完善的、成长潜能强大的"生态圈"①,而这个生态圈正是构建流量经济产业生态圈的基础和核心。作为一种新经济模式,平台发展面临着一系列治理挑战,如平台的准公共性质与运营企业的商业性质之间的矛盾,平台开放性与安全性、创新性与规范性之间的矛盾等。规范平台经济发展的根本途径,是要以流量经济的思维方式,建立政府、平台企业、用户和第三方机构多方参与的协同治理体系,实现线上线下充分融合,推动建立流量经济产业生态圈的健康发展,促进社会经济转型升级。

① 陈威如,余卓轩.平台战略:正在席卷全球的商业模式革命[M].北京:中信出版社,2013.

第五章　流量经济特征之三：共享化

共享化也是流量经济的重要特征之一。共享经济的产生使得过剩产能重新进入流通、分配和使用的经济动态循环过程，以往以"存量"为基础的传统行业正在受到以"流量"为特征的全新模式的冲击和挑战，流量共享模式完全改变了劳动力、资本、数据（信息）、地产、时间、固定资产等生产要素在生产活动中的参与方式，经典经济学理论中的生产函数面临颠覆和重构。以上现象便是流量经济的共享化特征所引致的技术经济范式转变，它往往包含生产组织方式的变化、产业结构的调整以及制度安排的变革。带有共享化特征的流量经济是机器工业文明时代技术经济范式向数字信息文明时代技术经济范式转变的催化剂和助推器，在对现实经济结构和组织方式产生重大影响的同时，对所有制、产权的原有概念和界定也产生了消解与重释。

第一节 ｜ 流量经济与共享经济的关联

学术界提出共享经济（sharing economy）的概念已将近 40 年。1978 年美国伊利诺伊大学社会学教授琼·L. 斯潘思（Joe L. Spaeth）和德克萨斯州立大学社会学教授马科斯·费尔逊（Marcus Felson）在 *Community Structure and Collaborative Consumption：A Routine Activity Approach* 一文中首次提出合作消费（collaborative consumption）的概念，实质就是共享经济，又称分享经济，或合作经济。哈佛大学历史学和商务管理教授南希·F. 科恩（Nancy F. Koehn）认为，共享经济是个体之间进行的直接交换商品与服务的系统，这个交换系统理论可以涵盖许多方面，包括闲置物品、闲置房间或闲置车位等物品或服务的共享①。

本节将讨论共享经济与流量经济之间的关联。

一、共享经济的内涵与发展

根据已有共享经济的概念,本书将共享经济的含义总结为:借助第三方平台,基于闲置资源使用权(资产或技能)的转移、精准匹配与联结而形成的开放性交换系统,其作用是实现生产要素的流动化和社会化,对碎片化的存量资产进行整合,提高全社会财富的整体利用效率,从而生产更多的产品和价值,促进社会经济的可持续发展。

共享本身意味着打破固定个人或企业对某种资源的垄断和占有,打破传统的、单向的、低效的交换和分配机制。共享经济模式的实现依赖于互联网时代资源和信息传播机制的根本性改变——互联网平台的信息扁平化和去中心化使得现实生活中闲散的资源、产品、要素以及富余的服务被快速整合并发布成为可能,而去中介化则使得物品和服务转移的交易成本被降至最低,从而实现"人尽其才、物尽其值、利用厚生、变废为宝"的共赢格局。互联网通过搭建网络世界的虚拟市场,将线下的实物和服务价值快速信息化,构建出崭新的商业运行闭环。

2010 年美国学者雷切尔·博茨曼(Rachel Botsman)根据被分享内容由点到面的网络化扩张模式,将共享经济分为以下三个阶段②。

第一阶段是通过互联网向用户提供信息,交流方式是单向的,用户不能参与其中。如 Linux 主要是通过互联网向用户提供信息,但信息流是单向的,用户不能参与其中进行评论和交流③。

第二阶段是生活共享或是内容共享。随着互联网技术的快速发展以及web2.0 时代的到来,各种网络论坛、社区开始出现,在这一阶段,交流是双向的,人们的信息开始共享。如脸书、微博、QQ 空间等。用户通过网络平台向陌生人分享信息、表达观点,但其分享形式局限于内容或信息分享,不涉及实物交易,一般也不存在金钱报酬。如人们可以通过微博、QQ 空间自由地表达观点、分享

---

① 刘根荣.共享经济:传统经济模式的颠覆者[J].经济学家,2017,5(5):97-104.
② 董成惠.共享经济:理论与现实[J].广东财经大学学报,2016,31(5):4-15.
③ 郭晚露.基于共享经济视角下的劳动力市场变革研究[J].当代经济,2017(23):114-115.

信息。

第三阶段是离线资源的共享。线上的分享协作渗透和延伸至线下，随着网络分享的发展，分享已不再局限于信息与观点的表达，开始涉及实物交易，即离线资源的共享，人类文化、经济、政治和消费模式由此改变。

二、流量经济是共享模式形成的驱动力

共享经济的发展壮大与流量经济密不可分，可以说，流量化是驱动共享经济的根本动力，具体体现在三个方面。

（1）共享经济的本质是在消灭传统的卖方。互联网将买方的需求和卖方的供给进行流量化处理，转换成数据，整合在虚拟的交易市场平台上。平台通过大数据化的比较、对照和筛选，将相对应的供需双方进行匹配。因此，将"供"和"需"数据流量化，将所有的交易转换成数据流，是共享模式得以实现的前提条件。产品和服务被数据化的程度越高、流动性越强，交易成功的概率越大，整体经济效率也就越高。未来需求将呈现出越来越个性化、多样化、碎片化和定制化，这些需求都适合用共享模式去实现和满足。

（2）共享经济的兴起和发展离不开供应链思维。供应链思维发展的基本方向是"去中心化"。换句话说，是信息结点的消解和扁平化，当人人都成为新的信息中心，便对社会经济的高度整合和高度协作提出了新的要求。这一趋势反映在企业组织上，便表现为企业之间形成更加紧密的合作网络，集成生产与企业集群将成为个体企业竞争力的主要来源。一方面降低供应链成本，另一方面提高产业链运转能级，而合作网络的形成必须以资源的流动和共享，以及企业的轻资产化为前提条件。

（3）数据流动是共享经济实现的基础条件。共享经济模式的运转离不开以大数据、云计算、AI 为基础的巨量数据计算。以 ofo 和摩拜共享单车为例，ofo 与天津飞鸽、上海凤凰进行合作，采用电子围栏技术，结合北斗定位，每日计算定位千万级单位的用户，而摩拜单车每日则具有 2 000 万单交易。所有共享单车都装配具有北斗定位功能的智能锁，所有共享单车的用户数据也将加入由互联网编制而成的诚信体系，这一体系和个人贷款、购物等日常行为紧密挂钩[①]。

---

① 郑璞. 基于供应链视角的共享经济发展趋势分析[J]. 经贸实践,2017(17)：47 - 49.

三、共享模式是流量经济发展的催化剂

共享经济模式使传统商品及服务行业具有了高流量、强黏性、频交易的特征,扩大了消费者的汇聚规模,增强了互动性,使传统行业有可能获得彻底的升级空间。

1. 共享经济能够激发高流量

在传统行业中,流量意味着能够接触到本行业商品信息的潜在顾客人数(或称触达率)。流量本身并非互联网时代信息经济的产物,传统行业也需要吸引流量。例如,大量个体商家集聚的家具城、批发市场等,其目的便是汇聚更大的客流量。只不过在互联网普及和兴起之前,绝大多数传统行业无法找到高效而便捷的途径来激活及最大化流量。

而流量经济时代的共享模式正是提供了提升流量的切入点——互联网的连通性、可达性和传递性极大地增强了传统行业产品和服务在互联网用户中的触达率,使得客户流量呈几何级数上升。而更重要的是,互联网产品在与用户交互的过程中往往竭力追求简易化和便捷化,因此,客户对于以数据形式传递的产品和服务的"体验感"大大提升,进而产生更大的积极性和动力促成供需匹配的成功。就如同网约车之于街边拦车、网络民宿之于传统酒店,即使目标客户群体相同,但是触达率不可同日而语,后者均为对前者进行颠覆的互联网产品。

随着传统行业引入互联网,网民成为主要消费者,越来越多的该行业的企业和商家、相关供应链企业、行业团体等将加入由大型互联网平台所构成的虚拟市场,规模效应逐渐显现,流量被彻底激发出来。

2. 共享经济能够汇聚强黏性

在成功汇聚高流量之后,互联网产品所需解决的另一个问题便是如何增强用户黏性,将随机触达的网民用户转变成具有一定忠诚度的可持续性顾客。共享商业模式对此提出了两种解决方案:一种是扩大产品和服务的传播半径,增加相关信息触及网络用户的范围,增加用户使用产品的次数;第二种是对传统行业进行根本性的彻底改造,将行业本身打造成互联网平台。

在第一种方案中,最明显的例子便是共享单车和网约车。共享单车大量增加投放单车数量,覆盖地铁口等人流量大的区域,便是通过增加触达面积来提高

用户的使用频次;滴滴出行等互联网出租车则通过提高产品服务的多样性而提高用户黏性,如优享车、专车、顺风车,等等。

在第二种方案中,平台不断整合吸纳行业内的各类参与者,将规模效应发挥到最大,使得该平台成为网络用户生活中绕不过去的必需品,并逐渐对该产品和服务产生路径依赖。久而久之,这一平台将成为和社交网络、搜索引擎等类似的网络生活必需品,传统行业摇身转变为真正的互联网产品。

3. 共享经济能够实现频交易

当"高流量"和"强黏性"都实现后,共享经济的各种模式所依赖的平台便已经形成。接下来,如果平台双方能够发生足够频繁的交易,那么平台便有了稳定的营收来源,平台将日益走向成熟。"高流量""强黏性"与"频交易"之间是相互影响、相互促进的关系——流量和黏性越高,平台的供需双方发生高频次交易的概率和可能性越大;买卖双方预期这个平台发生交易的频次越高,越愿意加入和入驻该平台,那么随之而来的便是更大的流量和更高的黏性。

在传统商业模式中,广告是促进交易次数的重要手段,但是广告对于用户和交易量海量的互联网平台来说远远不够。因此,更多的平台会采用商业模式创新的方式,如提供信用担保、网络金融等。

四、基于流量差异的共享经济类型划分

从近年对共享经济的研究文献来看,已有不少学者根据不同标准对共享现象进行分类,常见的划分标准包括市场结构、产品或服务类型、所有权是否转移等[①]。

Schor(2014)根据市场导向和市场结构两个维度对共享平台进行分类,认为这两个维度塑造了共享平台的商业模式、交易逻辑和对传统商业颠覆的潜力[②]。如表5-1所示,他将共享平台划分为营利和非营利的,而将供给者角色划分为P2P和B2P两种类型,两种维度将共享平台划分为成了(P2P,非营利)、(P2P,营利)、(B2P,非营利)、(B2P,营利)四种类型[③]。

---

① Teubner T, Flath C M. The economics of Multi-Hop ride sharing [J]. Business & Information Systems Engineering, 2015,57(5): 311-324.

② Dubois E, Schor J, Carfagna L. Connected consumption: a sharing economy taks hold [J]. Rotman Management, 2014.

③ 李建军,韩珣. 共享经济理论研究进展[J].金融科学,2017(2): 1-19.

表5-1　基于市场导向和市场结构的共享经济类型划分

		供给者类型	
		个人到个人(P2P)	企业到个人(B2P)
平台导向	非营利	食品互换(food swaps) 时间银行创客空间(time banks)	创客空间(makerspaces)
	营利	Relay Rides 平台爱彼迎公司	zipcar 公司

　　Botsman & Rogers(2015)对共享经济的分类基本从消费的角度展开,将共享经济划分为三种类型①。一是产品服务系统,在所有权不转移的情况下平台允许成员分享公司或个人拥有的多种产品。进一步又可分为“使用价值共享”“延长产品生命周期”两种模式,认为产品服务系统的核心是开发产品的售后增值服务,或通过二次利用来延长产品的生命周期,同时与用户保持长期的后续沟通关系。可见,他们所称的产品服务系统模式中包括了 Schor 所称的 P2P 和 B2P 两种供给者类型;二是再分配市场,以 P2P 匹配为主且允许所有权转移的市场,实质上就是我们一般理解的二手产品交易市场;三是协同生活方式,通过物物交换以及类似兴趣、货币、空间、时间等无形资产的分享来实现整个社会生活网络的重构,并由此产生群体协同效应②。

　　从更加广义的角度分析共享经济模式,本书认为共享经济带来的不仅仅是消费观念和消费模式的变迁,还应当包括生产要素流在生产领域的加速扩散。以这种认识或观念为出发点,并充分吸收既有研究中分类方法的优点,本书基于共享经济参与主体的差异,提出了一个涵盖生产和消费领域,且区分不同参与主体的共享经济类型划分框架(见表5-2)。

　　之所以将共享经济作为流量经济的基本特征之一,在于共享经济在本质上依然是供给与需求双方的匹配,因而可以看作是贸易流量的表现形式;而共享经济的特殊性则是,将待交易的对象范围限定在闲散或碎片化的产品和服务,是对存量的再利用。当交易双方均为企业主体的时候,依托互联网共享平台,企业的闲置要素和过剩产能能够有效转化为其他企业的需求,进而为生产活动中的结构性矛盾提供有效的解决途径。当供给一方为企业、需求一方为个人主体的时候,便改变了经典经济学中“个人为企业提供资本、劳动等生产要素,企业为个人

---

① Botsman R，Roges R. Beyond Zipear：collaborative consumption［J］. Harrard Business Review. 2015,88(10).

② 杨帅.共享经济类型、要素与影响：文献研究的视角[J].产业经济评论,2016(2)：35-45.

表5-2 基于流量要素及方向的共享经济类型划分

供给	需求	流量要素	典型案例	影响	主要问题
企业	企业	企业闲置生产能力	航天二院云制造、阿里淘工厂	优化社会生产资源配置，促进过剩产能化解，加快产业绿色可持续发展转型	依赖于高效匹配信息的第三方平台
企业	个人	企业资产（产品）出租给个人	设备/空间等租赁，如创客空间；产品租赁，如 DriveNow	提升企业设备与能力利用率，促进企业服务化转型	受消费观念和资产租用成本制约
个人	企业	个人技能、闲暇时间、资本	临时工经济，众包、众设众筹等，如猪八戒网、京东众筹	企业可节省管理成本、五险一金等支出，用工更灵活	不可能形成企业文化、团队精神
个人	个人	个人闲置固定资产、资金、技能	狭义共享经济，如爱彼迎、滴滴、人人贷、技能银行等	提高全社会私人资产利用率，建立起新的社会关系	税收、监管等机制的建立完善

提供消费品"这样单一的经济循环关系，企业所有的闲置要素同样可以为劳动者提供改善劳动生产率的可能性，如工作空间、试验设备、创业基金等。当供给一方为个人、需求一方为企业的时候，劳动者在固定劳动合同以外的富余时间、技术等便得到更多的需求渠道和空间，既能够改善劳动收入，又可以解决企业实际问题。当供求双方均为个人主体的时候，个人便同时拥有了消费者和生产者的双重角色。

第二节 │ 流量共享对传统经济学规律的颠覆

从建立体系的角度出发，理论研究往往需要先设置一些基本假设条件，经济学理论研究也不例外。但是，如果所设的外部条件发生了重大变化，导致这些理论假设条件不复存在，那么在此假设基础上的理论就需要修正。随着流量经济时代的到来，传统的经济学理论正面临着这种窘境。

一、流量共享对产权理论的影响

产权（property rights）是现代经济学尤其是企业组织理论的基础，用于确定资源或经济利益如何被使用和拥有，换言之，可将其理解为是所有权（财产所产生收益的权利)或是对资源及产品的控制权。在现代社会中,产权已经上升为法律范畴,在法律保护下形成了高度的排他性。但是,共享经济模式的出现,需要对产权概念进行重新认识和界定,因为在共享经济中,"使用权"比"所有权"更加突出和重要,产权的排他性特征边界被模糊化。

在传统经济学的产权定义中,产权是由一系列不可分割的权利构成的集合,包括使用权、收益权、转移权以及强制执行权。然而,在新型共享经济模式中,使用权和收益权这两类被从产权集合中分离出来。当代著名作家、记者艾琳·奇美尔曼(Eilene Zimmerman)认为在新的共享经济中,使用权的价值高于支配权;产权在商业利益追求的驱动下裂变为所有权(to own)与使用权(access to use),共享经济带来的产权裂变是最重要的经济特征之一。当使用权和所有权相互分离,基于共享平台的高效匹配,使用权可以带来新的收益,需求通过使用权得到满足,使用但不占有成为可能。这也是自法国大革命以后,第一次将支配权和使用权分开并盈利[1],因此,将共享经济看作是对以财产私人占有为基础的资本主义的革命也毫不为过。

二、流量共享对产业组织理论的影响

互联网的出现,使得人们之间的联系更为便捷而广泛,人与人的关系也发生了实质性的改变,人与人之间相互协作的方式和渠道也更加多元化。通过互联网,知识、技术、管理、经验、思想可以跨越地域和时间的界限无损耗地传递和交换,进而打破了生产活动和企业组织必须集聚在某一特定地点进行协作的传统范式,企业利用互联网在全球范围内将各种工序和任务进行外包成为可能。此外,互联网从 1.0 和 2.0 时代进阶到现在,不再是以某个中心节点为核心,单向地向周围扩散、发布和传播信息,更使得信息即时交换和交易成为可能,层层架构的经济活动组织形式得以不断"做减法",组织扁平化的趋势日益明显,组织的边界划定日益模糊,个体对组织的从属性也日渐减少。由此,跨越地域和时空的产业组织生态系统便逐渐形成。

依赖于互联网所形成的基本经济组织架构有一个十分鲜明的特征——共享性。组织可以聚集并利用众多分散于各个空间和地点的碎片化闲散资源,从而不投资于购置固定资产和实物资产,如优步、Airbnb 等;组织通过"众包"的形

---

① 宋逸群,王玉海.共享经济的缘起、界定与影响[J].教学与研究,2016,(9):4-9.

式,向国内外的个人和企业发布任务,因而可以实现前期的研发、开发成本零投入,而所有参与者均是基于自愿,因而有足够的积极性在规定期限内完成目标,组织因而免去许多为消除怠工现象而实施的考核、监督、奖惩等人事管理机制,可以集中力量于核心业务;组织可以通过"众筹"的方式进行融资,不仅比银行贷款等途径成本更低、更加快捷,而且也是同时在为自身的事业寻求志同道合、目标一致的潜在伙伴。

共享经济组织模式与传统经济组织模式的显著区别在于：交易成本较低、信息不对称度下降、合作紧密而频繁。但与此同时,它也有着自身的潜在风险。由于涉及主体众多且分散,因而实际结果与预期出现偏差的可能性较大;契约和合同无法完全约束参与组织的所有个体。

三、流量共享对价值理论的影响

共享平台的出现,使得价值创造的来源更加丰富。一是通过资源分割创造价值。当闲置物品的使用权被分离出产权,使用权便成为可以独立进行交易的一种商品,不再需要依附于所有权,由此带来的市场交易互动将翻倍不止。二是通过资源整合创造价值。很多个人无法凭借自己所拥有或掌握的资源进入市场进行交易,而这时进入共享平台便成为市场进入的可行通道。三是通过资源开放创造价值。现阶段,不少数据、资源和信息掌握在当下用不上它们的个人或企业手中,因而并不产生价值;而一旦面向全社会公众开放共享,便能够寻找到真正有需求的对象。如 MySQL 这一款开源数据库就为全世界中小企业、创业公司带来了发展动力,这一免费资源节省了开支促进了创新,也在共享中被无数研发人员使用并创新出各种强大的功能[①]。从某种程度上看,共享平台的开放性特征,将成为未来万众创新创业的强大驱动力。传统经济与共享经济的价值创造范式对比如表 5-3 所示。

更重要的是,共享经济模式的价值创造是可持续性的。平台经济的核心特征之一是网络外部性,共享经济也不例外。在共享经济中,资源和物品的碎片化特性越明显,平台所聚合的用户规模也越大,那么供给和需求实现匹配的概率越高,交易成功的频率越高,共享平台所创造的价值也越大。反过来,共享平台价值的膨胀将吸引更多的个人和企业源源不断地加入,增加潜在交易的可能性。

---

① 宋逸群,王玉海.共享经济的缘起、界定与影响[J].教学与研究,2016,(9)：4-9.

表5-3 传统经济与共享经济的价值创造范式对比

	传统经济	共享经济
	价值创造过程	
● 资源的投入 ● 投入—产生关键环节 ● 资源的产出	生产资源 生产相关活动 传统红利	闲置资源 信息中介匹配机制 连接红利
	价值创造载体	
分析单位	价值链	价值网络

共享带来的合作剩余随着合作的次数增加而增加,随着共享范围的扩大而增加,越来越多的合作剩余无疑激励着越来越多人参与共享。

四、流量共享对规模经济的影响

在共享经济模式下,个人经济(economy of one)将比规模经济(economy of scale)更加重要[①]。

当互联网向所有个人打开了通向市场的大门,每个经济个体都将成为独特的、有竞争力的市场。如同实体连锁酒店的选址、结构、房间布局、装修风格都是整齐单调、千篇一律,而爱彼迎、途家、小猪等网络民宿在装修、陈设、风格、位置上均有各自鲜明的特色一样,以个人为单位的细分市场迎合了大消费时代的精细化需求,推动标准化的产品及服务向个性化的需求体验升级,实现"用个人的能力满足集体的需要"。

人人市场取代规模经济,要求我们重新思考和审视"市场"的含义。传统的市场是商品交易的场所,这意味着以往的市场概念是基于资源所有和资源集中。而随着经济的流量化,尤其是共享经济模式的发展,"资源整合"将代替"资源集中"成为市场形成的基础前提。一方面,充分地调动散落于各个角落的资源,高效地促进各种资源物尽其用,比圈地占据某一资源更加有利可图。另一方面,企业内部的生产组织活动效率不再是决定一个企业盈亏能力的唯一因素,企业外部与所有相关个体或组织所形成的价值网络将会成为企业成败的关键。"市场"内涵的转变要求企业要相应地调整自身的商业模式。"所有权"不一定比"使用

① 孙虹乔.浅议共享经济对传统经济的影响作用[J].长沙民政职业技术学院学报,2016,23(4):49-51.

权"更有效,"价值链"思维也可以向"价值网"思维靠拢,用更轻的资产去撬动生态圈的放大组合效应。

五、流量共享对西方经济学经典假设的影响

（1）资源稀缺性。资源稀缺性是整个古典及新古典经济学体系得以成立的基础,意为有限的资源永远无法满足人们无限的需求和欲望。然而共享经济模式则对这一看似不可消除的矛盾提供了破解之道——通过激活和利用分散在社会各个角落的闲置资源,便有可能使得人的需求得到最大限度的满足。

（2）信息不对称。信息不对称是市场失灵的表现之一,意为参与市场交易的双方所掌握的信息是不同的,因而可能导致道德风险和逆向选择。而在共享经济模式下,信息不对称的降低成为可能——通过双向的评价反馈系统,消费者能够查看卖家过往的销售记录和评价,进而窥探出产品及服务的质量,商家也可以了解消费者的诚信状况和购买资质。在这种双向评价机制的作用下,交易信息的透明度有所增强,卖家有动力提高产品质量,改善客户体验;买家有动力增大交易额度和频次。

（3）理性经济人假设。理性经济人意为所有经济主体在交易活动中都将追求自身利益最大化作为唯一目标。然而在共享经济模式下,人们有动力、有积极性分享自己的资产、资源、时间等,即使这种分享的终极目标仍然是为了获取利益,但是却不再坚持将财富和资源据为己有,而是寻求机会共享给他人,设法"利他",同时从分享资源中获取报酬。

｜ 第三节 ｜ 产品流动与产品共享

产品共享的前提是产品的流动。产品的流动需要流动平台,需要数据分析与数据共享。因此,数字经济、平台经济是共享经济的前提,同时又都构成流量经济的组成部分。产品的流动与产品的共享相辅相成。

一、产品共享之一：基于网络平台的产品再分配

产品共享的最主要方式便是向其他人让渡当前对自己不产生价值的物品的

使用权,或是以物易物,或是免费赠予,或是二手物品买卖,以上这些都是共享经济最基础、最初级的表现形式。而承载产品再分配式共享的平台包括线上跳蚤市场和租借平台。线上跳蚤市场的最知名代表便是 eBay 和克雷格列表(Craigslist)。近些年,中国同样涌现出大量线上跳蚤市场,如转转、闲鱼、赶集网等。赶集网是一个大型的分类信息门户网站,其中开辟了二手物品交易板块。线上物品租借平台的典型代表是 NeighborGoods. net,这个虚拟社区不仅提供免费租借,还提供产品试用。而网站盈利来源则是高等级和有特定需求用户的注册费,以及供应试用产品的厂商广告。类似的平台还有 Ecomodo、Crowd Rent、Share Some Sugar、Thingloop、OhSoWe、SnapGoods 等,以及中国的"享借"。

二、产品共享之二:高价值固定资产的共用

对于企业来说,高价值的机器设备等固定资产投入一直是企业成本的重要组成部分,且固定资产随着时间流逝产生损耗和折旧,以至于很多时候购置固定资产的成本收益并不对等,极大影响了企业的盈利能力。类似的,汽车、房屋、家具等耐用消费品对于消费者,存在着相同的问题。因此,产品共享便逐渐衍生出另一种功能——在一定时期内共用高价值固定资产(耐用消费品)。企业或个人将闲置不用的空间(如房屋、厂房、办公室等)和资产(如机器、汽车等)的使用权,以付费租赁的形式暂时转移给有需要的其他企业或个人。

这一模式出现的时候甚至遭遇产品再分配,并且已经成为当前共享经济协同消费中最普遍、最流行的商业模式。成立于 2000 年的 Zipcar 便是耐用消费品共享领域的典型代表。Zipcar 为其会员提供汽车预约服务,按照分钟、小时或日期计费,燃料、停车、保险和维护都包含在价格中,除汽车预订费外,会员还必须支付申请费和年费。通过 Zipcar 移动应用程序,会员可以随时在线或电话预订车辆,预约提前时间可以长达一年。在房屋共享领域,爱彼迎是最为知名的房屋短期租用及住宿服务平台,其服务领域覆盖度假别墅、公寓、寄宿家庭、旅馆床位、酒店客房、餐厅预订等。公司不拥有任何房地产,而是作为中介经纪,从每笔预订交易中收取一定百分比的服务费。爱彼迎在 81 000 个城市和 191 个国家提供超过 500 万的住宿列表。在中国,爱日租、小猪短租、易到用车均为类似平台。

尽管目前主要集中于消费领域,但是企业之间的生产资料共享才是共享商

业模式未来最具前景的发展方向。问题在于，企业固定资产的共享涉及规模大、资金量高，且对折旧费率的核算有一定要求，因而目前还在较为缓慢的摸索阶段。

2013年12月阿里巴巴淘工厂正式上线，截至2015年1月，全国已有8 000多家工厂企业加入，加入共享平台的富春江织造，仅用短短6个月与300个店铺进行了交易，交易额高达1 700万元①。

三、产品共享之三：非有形资源的协作方式

除了有形的产品和生产资料以外，知识、劳务、技能等无形资产同样可以通过互联网共享平台进行集聚、交换和分享。这一模式可以应用于家政、医疗、劳务、看护、技术、园艺等诸多服务领域。

成立于20世纪80年代的时间银行（Time Banks）可以看作是这种模式的雏形。时间银行是一种使用时间单位作为货币的互惠服务交换模式，也称为服务交易所。其使用的货币单位通常以一小时的价值计算。时间银行主要为社区志愿服务工作提供奖励，如指导儿童、照顾老年人等，而服务提供者则可根据自己花费的时间赚取时间货币，进而用于购买其他人提供的服务。跑腿兔（Task Rabbit）成立于2008年，是一个将自由劳动与本地需求相匹配的在线移动平台，涉及的服务包括清洁、搬家、货运和勤杂等。公司创立至今已获得3 770万美元的资金，目前拥有成千上万的经过背景调查的"Taskers"可用于帮助不同类别的消费者，以落实"邻里互助"的理念。

| 第四节 | 劳动力流动与劳动共享

当共享经济模式被引入劳动力市场，劳动力市场便出现了重大变革。早在200多年前，亚当·斯密就揭示了劳动分工提高劳动生产率的奥秘。然而，到了大工业生产时代，劳动被机器所束缚，劳动力的聪明才智和多重技能反而得不到充分施展。进入信息化和服务化时代后，劳动共享的理念兴起，通过劳动力的流

---

① 寇小玲,李佩.共享经济在我国多领域深度发展的态势与思考[J].商业经济研究,2017(16)：185-187.

动,开始释放以前被束缚的劳动才智与技能,从而更大规模地提升了劳动生产率。

一、劳动力流动细化劳动分工

流量经济推动分工更加细化深入。在流量经济的推动下,协同化的商业模式将成为趋势。随着企业之间日益结成紧密合作的协同网络,企业如何保持控制力和影响力将是其赢得市场竞争力的核心所在,而控制与影响的本质在于掌握并且专注于最核心的技术以及最具市场价值的品牌,其余的制造、分销、客服等从属环节均能够剥离出企业的核心业务,通过外包或者成立子公司、控股企业或附属公司,形成更加精细的劳动分工。

二、劳动力流动创造新型就业

科学技术的发展以及产业的变革,必然会开辟新的经济增长点和新的行业领域。以互联网为例,伴随着互联网尤其是移动互联网行业发展起来的电子商务、配送物流、生产性服务业、现代供应链、中高端消费、战略性新兴产业等,都为劳动力就业创造出崭新的领域。

共享经济时代的新型就业展示出不同于传统就业的若干典型特征,其中最具革新性的便是"去雇主化"。就业的"去雇主化"紧密地对照于共享经济的"去中心化"。最突出的代表便是网约车。注册于滴滴等网约车平台的车主并非隶属于滴滴出行公司,一方面,他们类似于传统的个体经营者,具备"自己为自己工作"的特质;另一方面,他们又松散地集中于一个平台,利用平台的网络外部性为自己招揽生意,同时为平台创造价值。这种既不同于传统意义上的个体经营者或自由职业者,又不同于固定的劳动雇佣关系的特征,恰恰体现了共享经济下新型就业的创新型和灵活性。

三、劳动力流动重塑劳资关系

传统的劳资关系是缺乏弹性的。企业依照劳动合同雇用劳动者,并为其提供劳动报酬、劳动保险以及养老和医疗保障;劳动者依照合同规定完成劳动任务,履行劳动义务,并获取劳动报酬。但是共享经济的出现打破了这一既定的常规模式。对劳动者来说,固定的雇主与稳定的劳动合同变得并不似以前那么重要,可以根据自己的兴趣、技能和时间,在特定的时间段选择特定的工作并获得收入。对企业来说,用工机制更加灵活可控,自身所承担的劳动义务也大大减轻。

共享经济模式在为劳动者开辟全新的就业机会与就业渠道的同时,也创新了个人的生活方式。如同在商品交易中,个体不再必须依靠中介才能进入市场对接需求,在劳动关系中,个人完全可以脱离企业等组织单位而成为独立的劳动力、知识及技术的供应主体,从而获得弹性的工作收入和工作时间。因此,互联网共享平台在整合碎片化的产品及资源的同时,也在整合着异质性的各类劳动者和人力资源;在解决资源错配与结构性供求失衡的同时,也为破解劳动力市场非均衡配置,尤其是结构性失业和摩擦性失业提供了可行的解决方案。

在共享模式所塑造的新型劳资关系中,劳动者个人的兴趣和偏好将得到充分尊重,劳动者的能力和技术将得到最大限度的发挥,劳动者零散的、空闲的时间将被有效地变现。

在不远的未来,伴随着互联网技术的迅猛发展,受制于老龄化时代的来临和人口红利的消失,不难预测劳动力共享将成为更多企业的现实选择。在我国,以兼职平台为代表的劳动力共享模式正在如雨后春笋般地涌现,尽管在商业和盈利模式上尚不成熟,但其中也不乏优秀代表(见表5-4)。猪八戒网是我国最早的任务发包与供需撮合类型的网站,目前平台注册用户达1 900万,其中雇主发

表5-4　非传统劳资关系的代表企业

企业	主营业务
猪八戒网	致力于服务中小微企业,找专业人做专业事,更快速高效、低成本地满足企业所需。在寻找盈利模式时,起初采用佣金制,服务佣金在企业营收中占比达到70%～80%。而从2014年开始,猪八戒网降低了佣金,开始提供产权知识服务。借助商业模式的转变,猪八戒网实现了更好的共赢效果
实现网拉勾网"大鲲"	连接互联网公司和人才。希望通过众筹、在线协作或按需雇佣的方式,使项目更轻松地实现。其中,拉勾网从成立之初就专注于互联网就业机会,"大鲲"同样聚焦互联网人才,从程序开发到产品运营等,实现知识盈余共享。未来会有越来越多的人不再依赖公司形态而存在
斗米兼职	提供临时服务,满足临时需求。除连接企业与人才之外,还有一种形态是满足个人需求。而这种需求可能过于琐碎,如疏通下水道。需求临时,工作随时

资料来源：明哲. 人才共享会成为下一场共享经济吗？[J]. 互联网周刊,2016(23)：18-18.

包方涵盖中小微企业超过 700 万家,人才提供方服务商 1 300 万家,为大企业和中小微企业提供知识产权、品牌设计、开发建站、营销推广、游戏制作以及个人生活服务等[①]。作为后起之秀的"到位服务""斗米兼职""实现网"、拉勾网旗下按需雇佣平台"大鲲"等,均受到风投资本或是 BAT 巨头的青睐,成为推动劳动力及人力资源共享业务的生力军。

| 第五节 | 资本流动与资本共享

资本共享是共享经济的重要内容。资本共享的前提是资本流动,资本流动的速度取决于资本市场的设计。工业化时代,资本的流动主要依靠银行和证券市场,资本流动可选择的余地不大。信息化时代所形成的多种金融市场与金融产品,使资本的流速大大增加,资本共享的时代开始到来。

一、资本流动是资本共享的前提

(1) 资本流动对资本、货币及金融制度提出创新需求。实体经济的每一次变革都带来金融的创新。互联网时代对金融支持提出了更高级、更灵活、更多样化的需求,天使、私募、风投、众筹等创新创业融资,网上交易与移动支付,信用保障及风险控制都需要金融创新的跟进与配合,而共享金融正是顺应资本流动加速和渠道多元而产生的全新金融制度安排。

(2) 资本流动推动金融要素的多元化共享式发展。随着大量社会资本不再以存量形式集聚于某些机构或主体,现有的金融市场结构将逐渐被打破。例如,银行、证券和保险三大金融业务之间的相互融合、相互渗透、混业经营的趋势愈加明显;标准化的大众金融产品的需求逐渐让渡于为不同客户量身定制的个性化创新型产品;金融市场去中心化趋势加强,建立普惠金融体系的呼声渐长,越来越多的个人和中小企业有意愿、有资本成为金融"玩家",导致众筹、P2P 等共享金融平台一度兴起。

(3) 资本流动保证平台金融模式下的多主体协调。互联网的兴起使得平台经济这一诞生于工业文明时代的抽象概念迅速落地、实践、发展并壮大。平台经

[①] zbj. com.

济具有两大典型特征：正外部性——平台吸引的参与主体越多，平台所创造的价值越大；多归属性——平台的竞争规则是保证参与主体获得最大效用的前提。在平台模式与各类传统行业大举融合的同时，平台金融的理念便由此诞生。平台金融具有开放性、多元性、包容性的新特征，能够满足流通时代人们对资本的多样化需求。此外，在公共网络基础上所建立的平台，天生具备了网络安全的基础协议，从而为广泛的金融参与、金融创新以及价值创造提供了制度基础。

例如，源自比特币的区块链技术价值远大于比特币本身，能够有效促进智能交易、分布式股权发布和资产转移；再如，美联储开始关注金融机构间基于使用通用协议和标准发送并接受支付的公共 IP 网络直接清算，认为与通过中心辐射状网络结构清算交易相比，这种信息分布式架构有可能降低成本。[①]

（4）资本流动实现金融风险的共享与分担。风险的不可控性以及风险补偿的高成本一直是现代金融发展的主要短板之一。尤其是大型商业银行以外的小微、场外和普惠金融，更是存在征信信息缺失、价值评估不准、风险预警不足等困难。因此，共享金融所带来的信息交互和大数据共享，使得对微观金融主体的筛选和甄别能力愈加提高，这无疑将对金融稳定起到积极的助推作用。

（5）资本流动激发共享型的产融结合探索。如何引导并促进逐利的金融资本流向实体经济，推动金融与产业的结合，避免经济的空心化，一直是经济学家与政策制定者所面临的难题。得益于互联网时代的多元化，金融资本能够在股权和债券以外，挖掘到其他拉近与实体经济联系的渠道，包括战略、信息、技术、场景等。尤其是在战略领域，金融资本能够与产业部门找到长期互惠的共同利益与目标，越过"放贷收贷"的短期收益，从而与实体企业结成更加稳定的长期合作关系，为企业提供更多的高附加值服务。

由此看到，共享金融体现了长期、深层的金融模式与功能变革。短期来看，互联网信息技术冲击下的金融运行，其真正的价值所在正是共享金融的突破；长远来看，无论技术自身怎样变革，金融的最终价值都在于摆脱自我服务的"毁灭之路"，重新回到与实体共享互助的轨道上。归纳来看，可以期望其能够有助于缓解甚至根除现有金融体系的主要弊端。一则，重点解决主流金融体系的服务"短板"，服务居民金融（消费金融和财富管理）和小企业金融（融资加信用）；二则，促使金融摆脱"高大上"和"走下神坛"，推动分布式、规范式、自律性、公开透明的金融"软规则"建设，谋求低成本、高效率的新型金融交易市场；三则，巩固

---

① 姚余栋. 共享金融：大变革时代金融理论有了突破点［N］. 上海证券报. 2015 - 09 - 08.

P2P时代的共享金融模式,且逐渐向B2B、B2P、P2B等领域拓展,使合作性金融交易、信任型和信用保障型金融创新、消费者主动式金融服务等,都在现代经济金融运行中扮演更加重要的角色①。

二、资本共享之一：共享金融

共享金融是借助大数据所实现的金融产品、金融服务以及金融技术手段的改良和创新,通过数据的流动性与可交互性,资本流的配置效率可大大提高,并最终构建出凸显"机会共享、资金共享、收益共享"的更加公平有效的金融制度安排。共享金融在实现普惠金融以及缓解现代金融体系的脆弱性等方面具有独特的优势。

(1) 共享金融是实现普惠金融的可靠路径。银行等传统金融机构在借贷时倾向于偏好大企业、大客户,而现实中,对资金有强烈需求和渴望的则是规模以下企业、小微企业以及个体工商业者。借助共享金融模式,不仅可以改善中小微资金需求者融资渠道单一、资金获取难度大、资金需求无法得到满足等困难处境,而且能够为社会公众提供更多的投资理财渠道以改善自身收入,推动"每一个人在有需求时都能以合适的价格享受到及时、有尊严、方便、高质量的各类型金融服务"的普惠金融理念切实得到贯彻和落实。

(2) 共享金融是缓解现代金融体系脆弱性的有效方法。现代金融体系无一不存在系统性金融风险,而系统性风险的来源往往是内生的。首先,银行等普遍存在"短借长贷"的行为。银行接受的是用户的短期存款(通常是一年期或一年以内),而转手贷给企业用于长期投资,需要较长时间才能收回本金。这样对银行来说,存在存贷资金流动性不匹配的风险,一旦储户的短期存款大量、集中到期而需要兑付,而银行的长期贷款尚未(无法)收回,可能导致偿付危机或流动性危机,从而引发金融动荡。其次,银行等传统金融机构遵循"委托代理理论(principal-agent)"的企业组织模式,在信息不对称的情况下,可能出现逆向选择,而银行客户发生道德风险的概率也在一定程度上存在。如银行愿意投资高风险产业,客户倾向于将资金用于收益高而失败概率同样高的领域,为金融危机埋下隐患。而共享金融是将资本的借方和贷方置于公开、透明的平台之上,期限错配和信息不对称发生的概率大大降低,为规避流动性危机和高风险资产泡沫等内生性金融系统风险提供了较为可靠的途径。

---

① 杨涛,姚余栋.新经济时代的共享金融理论与实践创新[J].浙江经济,2015(19)：32-34.

（3）共享金融是降低融资成本的有力手段。共享金融对降低投融资成本的作用可以体现在两方面。一方面，共享金融平台依托于互联网的技术支持，通过大数据来分析资金来源和需求，通过巨量计算和概率统计来匹配资金的供给双方，因而可以省去建立和经营固定机构网点以及聘请从业或服务人员的支出，而这些成本对于银行等传统金融机构来说是不可缺少的。另一方面，共享金融平台能够精确地分析投资者的风险选择与业务偏好，预测融资者的预期收益水平，进而在对资金供求双方进行匹配的时候，保持风险、偏好、成本、收益的一致性，避免资金错配和低效利用。

从现实层面回归到理论层面，共享金融将带来经济学理论层面的挑战。具体体现：①新货币经济学的研究范式。新货币经济学研究的主要是传统的货币形态消失，电子货币出现，对于整个货币经济学的微观架构会产生什么样的深刻影响。这是货币经济学层面最主要的。②在宏观分析当中，如何引入货币信用部门，这是学界特别关注的。③金融功能的整合。随着网状结构改变了信息交互模式，各种各样的功能有可能融合在一起。④行为金融学的深化。过去研究微观金融的一个基本理念是，人都是理性的、可预期的，而行为金融研究的是假设人是不理性的。它的一个基本含义就是要观测市场上各种各样人的行为。过去行为金融学之所以处于边缘，就是因为没有一个稳定的、规范的研究框架，它无法观察到每个人的非理性行为。但是大数据时代有可能改变这一状况，有可能通过技术的变化观测到基础性的微观数据信息，所以，对于行为金融学会产生非常深刻的影响。⑤金融发展理论的演变以及金融伦理与普惠金融的重要突破。⑥金融脆弱性和金融危机[①]。

三、资本共享之二：互联网金融

互联网金融可以分为两类：一是将银行借贷等传统业务纳入线上及移动互联网平台；二是"根红苗正"的真正源于互联网的新型金融服务。互联网金融具有信息透明、客户面广、交易成本低、资金配置效率高等先天优势，因而对以银行、保险、证券"三分天下"的传统金融格局产生了极大的冲击。招商银行前行长马蔚华在 2012 年曾预言"以脸书为代表的互联网金融形态，将影响银行将来的生存"。

互联网金融的主要模式之一是 P2P 网贷（peer-to-peer lending）。P2P 是依

---

① 蔡玉冬，杨丹，骆露，等."共享金融"大时代即将到来[J].当代金融家，2016(1)：86 - 94.

托互联网平台的一种债务融资途径,它绕过官方金融机构作为中介,可以让人们以个人的身份借入和借出资金,因而极大地体现了金融普惠制的特点。P2P 对于投资者而言,具有分散风险的突出优势,据估计,中国 P2P 借贷平台的平均回报率约为 10%,其中少数回报率超过 24%,对于借款人而言,能够获得比银行更为优惠的利率条件。我国的 P2P 平台在经历了 2015—2016 年间的大爆发之后,现阶段已经转入监管更加严格、经营更加规范的平稳发展期。2016 年全国共有 4 000 多个 P2P 借贷平台,但其中有 2 000 个已经暂停运营。截至 2016 年 8 月,所有 P2P 借贷平台的现金流量累计已经超过了 1 910 亿元人民币。未来的 P2P 平台将向着业务功能更加多元化的方向发展,突破传统的借贷撮合,供应链金融、消费金融等新兴领域也为 P2P 的成长提供了机遇。

互联网金融的另一主要模式是网络众筹(crowdfunding)。众筹是利用互联网平台召集社会公众共同出资支持新企业和新项目。网络众筹的传统对象是社区、朋友圈、亲属和风投,而随着社交媒体和众筹网站所建立的人际网络逐渐膨胀,众筹平台得以将天南海北的投资者和企业家聚集在一起,扩大了投资者群体,提升了社会的企业家精神。目前的众筹平台主要有债权众筹、股权众筹、捐赠众筹、回报众筹等。截至 2018 年 5 月底,全国拥有各类型正常运营的众筹平台总计 183 家,众筹行业单月共成功筹资 21.41 亿元,众筹行业单月参与投资人次达 289.77 万人次①。

四、资本共享之三：轻资产与协同生产

资本共享使企业组织走向扁平化、虚拟化的轻资产经营模式成为可能。扁平化有两层含义:一是企业内部组织在管理上减少至上而下的层级,在运营上实行统一调度和安排,将原料供应、产品生产、渠道营销、客户服务等各个环节置于紧凑的网络之内;二是企业之间去中心化,企业群不断形成,使得整个产业链能够实现即时,甚至实时的协同与合作。虚拟化,是指生产制造环节与企业的运营总部相分离。

轻资产运营的源头是国际著名咨询公司麦肯锡,是指企业只进行少量的硬资产投资,通过输出管理、技术和品牌获取利润,自己则专注于产品研发、销售、服务与品牌推广的商业模式。战略的核心思想就是运用杠杆原理,充分利用各

---

① 2018 年 5 月全国众筹行业月报。

种外界资源,减少自身投入,把自身资源集中于产业链利润最高的环节——"微笑曲线"的两端——以提高企业的盈利能力①。

　　轻资产运营模式可以概括为,企业保留并专注于顶层设计、产品研发、市场开发及推广等核心增值业务,而将生产、制造、分销、零售等位于"微笑曲线"中段的业务进行外包,从而降低固定资本投入,提高企业利润率。轻资产运营模式的优势在于前期投入低、经营灵活度高、收益回报迅速等,因而广受创新创业型,尤其是互联网创业型企业的欢迎(见图 5-1)。2008 年起,共享经济领域涌现了大批"轻资产"企业。

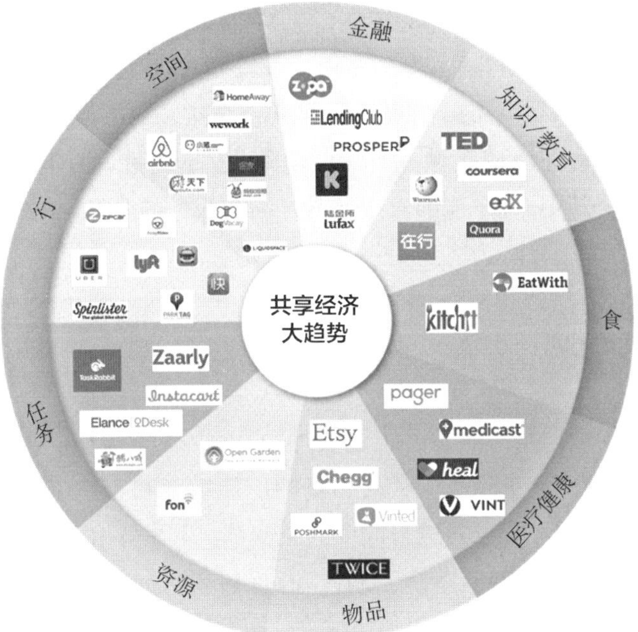

图 5-1　共享经济大趋势

资料来源：倪云华,虞仲轶.共享经济大趋势[M].北京：机械工业出版社,2016.

　　如果说大型机器设备是工业经济的命脉,那么大数据则是轻资产行业的骨架和神经,支撑着企业的生产经营决策,贯穿于设计、生产、销售、服务的整个过程,是整个企业价值的主要来源。由于轻资产企业往往将生产业务剥离出去,因

---

① 轻资产运营的耐克模式[J].今日科苑,2015(21)：88-90.

而进行协同生产非常必要,而协同生产必须以精确的数据洞察为基础,才能迅捷地发现并应对最新的市场需求,不断地改善研发创新质量,即时地判断市场形势做出市场决策,在全球范围内实现产业链的交互联通。

协同生产是轻资产运营模式下企业摆脱生产和销售进而转向综合业务整合的新型组织形式,是一个以参与企业、生产过程以及产品这三者之间的协作、互动、共生、共赢为主要特征的开源式循环。参与企业根据市场需求,主要是基于以往海量的交易数据,并利用人工智能、机器学习和分布式应用程序来分析消费者行为数据及客户要求。通过用户友好界面的交互式网络进行产品设计,产品设计细节要求通过云端或传感器传递给生产设备,开启生产过程,并在整个进程中根据设计要求的变动随时进行调整。上游供应企业即时跟踪、监测库存变动并调节供应。协同生产打通了参与企业、生产过程、产品三者之间原先封闭而割裂的状态,在整个产品生命周期实现了共享和交互。如果说现阶段的共享经济主要集中表现在协同消费领域,那么在美国等发达国家,协同生产已经被称作"下一代"市场。其中,客户能够直接参与产品与服务的开发,品牌可以直接与供应商和增值运营商合作,为客户提供个性化体验。

五、资本共享之四:实体产业服务化

为了应对互联网新兴业态的挑战及冲击,不少传统行业企业不得不调整经营思路和战略,顺应流量经济时代对市场响应灵敏度和客户依存度所提出的高要求,对商业模式和经营方式进行改变甚至变革。其中,一部分传统企业开始学习互联网及创新型企业轻资产运营模式,在保留高附加值核心业务的同时将生产制造等重资产业务进行外包。除此之外,不少传统企业走上了另一条适应数字信息经济时代的道路,即产品服务化,刻意模糊工业文明时代沿袭下来的工业制造业与服务业之间泾渭分明的界限,围绕本企业核心产品,打造满足客户需求的、富有市场竞争力的服务型产品,甚至提供系统性解决方案。这就是实体产业的服务化。

实体产业的服务化既是制造业与服务业相互融合的结果,也是对实物产品进行流量化和信息化的产物。实体产业服务化的方式大致分为两种:一是以B2B的形式为上游企业发布外包以及为下游企业提供解决方案;二是以 B2C 的形式为终端消费者提供售后服务,以及吸纳消费者的要求和设计融入产品研发。

如果将实体产业服务化理解为制造业与服务业的融合,那么两者之间的渗透和影响便是双向的。一方面,制造业企业可以凭借掌握的产品信息将业务范围向服务业领域延伸。例如,美国的戴尔和 IBM 等计算机硬件制造商均为企业客户提供咨询服务,甚至包括行业解决方案;德国宝马公司下属子公司 DriveNow 推出了类似 Zipcar 的线上汽车预定租赁服务;同样踏入网络汽车共享领域的还有德国汽车制造商戴姆勒公司,其名下的 Car2Go 已经成为全球最大的汽车租赁公司,在北美、欧洲和亚洲的 26 个地点拥有近 14 000 辆汽车和 2 500 000 名注册会员,提供车辆的单向点对点租赁;同为汽车制造商的法国标致公司的租赁服务不单局限于汽车,还包括自行车和电动滑板车。另一方面,服务业企业也凭借自身的市场优势逆向杀入制造业,例如,沃尔玛等零售商巨头不仅有自产自营的产品,而且能够根据自身利益需求来主导企业的产品开发及生产。

实体产业服务化的特征可以归纳为三点。整合性——企业整合汇集来自制造过程的资源和信息,将其优化配置到增值服务环节;增值性——企业取得收入的渠道,从生产制造销售延伸至上下游的增值服务环节;创新性——通过原有的实物产品,能够衍生出新的无形服务产品,极大地提升了传统行业的创新能力。

案例 1：通过大数据分析,普惠建立产品引擎管理与性能解决方案

普拉特·惠特尼集团公司(Pratt & Whitney Group)创建于 1925 年,是美国最大的航空发动机制造公司之一,也是世界主要的航空燃气涡轮发动机制造商。飞机发动机在每次飞行中可产生多达 0.5TB 的大数据。如何借助预测分析工具,利用海量数据的资源,进行早期预警和故障检测,提高飞机发动机整体健康状况的可见性,为客户提供更加强大的商用引擎性能分析服务,是普惠在大数据时代和"以客户为中心"的业务模式下面临的主要挑战。普惠通过对飞机发动机生成的结构化和非结构化数据流进行实时分析,有效地提升了对于 4 000 多台在役商用引擎的性能监测能力,精确监测客户引擎现状,从而提前做好规划,优化机队运营,降低客户成本。这将为普惠客户带来更长在翼时间,完善当前资产维护提醒功能,并提供更深入的飞行运营数据洞察力。

资料来源：IBM 商业价值研究院,中国电子信息产业发展研究院. 中国制造业走向 2025——构建以数据洞察为驱动的新价值网络。

案例 2：惠而浦通过云平台，进行产品数据管理

惠而浦公司是世界上最大的大型家用电器制造商之一，创立于 1911年，业务遍及全球 170 多个国家和地区，在全球拥有 47 个生产基地、26 个研发中心和 4 个设计中心。作为全球大型家用电器制造商，惠而浦需要一个灵活和可扩展的环境来容纳其电子商务平台，同时存储和利用大量的客户及产品数据。此外，惠而浦需要一个具有庞大容量、分地区运作的全球一体化电子商务平台来支持其现有的产品生命周期管理系统。惠而浦利用云平台从内部 IT 环境向全球一体化的混合云模型过渡，推动电子商务销售、简化订单、降低成本、提高灵活性和加快处理速度。

资料来源：IBM 商业价值研究院，中国电子信息产业发展研究院. 中国制造业走向 2025——构建以数据洞察为驱动的新价值网络。

案例 3：美克美家通过企业内外互联互通，重塑产业生态圈

美克美家家具连锁有限公司始创于 2001 年，隶属于美克国际家居用品股份有限公司。目前，美克美家正在转型成为多品牌、多渠道和一体化的国际综合家居消费品公司。

相对板材家具，实木家具的大规模定制更具有挑战性，如何缩短生产周期、降低成本、满足消费者个性化的需求，是美克美家面临的重要挑战。

美克美家主要从以下几个方面进行改变：一是用机器人等智能设备代替人工劳动，实现自动化生产；二是在包装、组装等环节引入柔性化生产线，以适应大规模定制与个性化定制的需求；三是通过自动化仓库管理系统和工厂的自动化物流运输系统实现高效精准的厂内自动化物流输送；四是建立一套连接全渠道营销平台的智能系统，将销售订单自动转化为场内的生产需求，分解成具体的生产任务；五是通过智能化设计，以数字化和标准化为基础，整合 ERP 系统和生产执行系统；六是通过顾问式生活方式销售助手、掌上延伸店、消费者自助虚拟店、联合创新办公室、联合市场营销和宣传,为客户提供更好的购物体验。

　　资料来源:IBM商业价值研究院,中国电子信息产业发展研究院.中国制造业走向2025——构建以数据洞察为驱动的新价值网络。

　　实体产业离不开基础性生产要素,如土地(厂房)、资本、劳动力、原料、能源燃料等,其中直接制造环节对普通劳动以及机器装备有高度的依赖性。而无论是上游的产品开发和研发设计,还是下游的解决方案和售后服务,均是基于科学技术、人力资本、经验等非显性的高级生产要素。不同的实体产业如何走向服务化,必须综合考虑行业自身特点、企业自身优势、顾客群体特征、服务内容及手段等。一般来说,实体产业的服务化主要采取的形式包括:生产与消费定制服务、租赁与融资服务、商务及供应链服务、智能监测服务、工程承包服务等[①]。

| 第六节 | 流量共享与统计指标体系

　　目前,流量经济中的一些特征难以用实证方法来分析,很大一个因素是现有的统计指标体系是建立在大工业化基础之上的,反映新经济特征的统计指标有的还没有被设计出来,而设计出来的,有些也无法融入现行统计体系中。这是一个很重大的问题,在共享经济方面表现得尤为突出。

一、流量共享对统计指标的影响

1. 流量共享对产业结构数据的影响

　　技术、管理、经验、特长、资质等服务业内容主要是依托劳动者而存在的。在传统经济模式下,受距离、时间、交通等客观条件限制,这些服务内容无法发生频繁的转移和交换。而得益于互联网共享平台,服务内容可以冲破时空限制,因而服务业的迅猛发展便成为"互联网+"热潮带给现实经济的最显著影响,第三产业占国民生产总值的比重已经有所并将持续提升。

---

① 朱高峰,唐守廉,惠明,等.制造业服务化发展战略研究[J].中国工程科学,2017,19(3):89-94.

2. 流量共享对居民收入数据的影响

共享经济模式下,居民能够将过去处于闲置状态的物品重新投入市场交易,也可以利用闲散空余的时间向有需求的机构或个人提供服务,因而获得收入的途径和渠道更加丰富。那么,整个社会居民收入水平的提高将成为必然。研究指出,以往的中低收入群体比高收入群体投身共享经济活动的积极性更高,这将无疑有利于社会财富差距的缩小。

滴滴公司 2016 年对全国近 5 000 名滴滴专车司机的调查显示,96.5%的司机在加入网约车行业后收入显著增长。在收入显著增长的司机当中,78.1%的司机收入提高 10%以上,39.5%的司机收入提高 30%以上[①]。

3. 流量共享对就业数据的影响

由于闲散时间和自身技能得到了充分利用,传统的固定用工制度不再是劳动者的首选,灵活就业和自由职业都成为新的就业选择。

2015 年 6 月麦肯锡的一份报告显示,全世界有超过 2 亿拥有各种才能的人可以从自由职业平台上获得更多的工时和收入,大规模业余化成为潮流。据滴滴出行统计,2015 年在滴滴平台上的专快车、顺风车、代驾的司机超过 1 330 万人,占全国第三产业就业人员的 4%。2016 年上半年,辽宁去产能行业司机比例为 31.2%,黑龙江为 23.2%、吉林为 19.2%。截至 2016 年 7 月,滴滴已经为沈阳提供了 8.3 万个灵活就业机会(包含专快车和代驾司机),其中有大量下岗再就业工人、失业人员和转业退伍军人[②]。

4. 流量共享对价格数据的影响

共享经济模式将带来物价水平的下降。一方面,去中介化的交易方式大大降低了交易成本,部分企业轻资产运营将减少固定资产投资从而降低生产投入成本。例如,网络民宿的日租金水平比普通酒店便宜一半左右。另一方面,闲散和碎片资源的重新利用增加了社会总供给,当供给水平超过需求时,总体物价水平必然会下降。

---

① 金红.共享经济对重要统计数据的影响——兼论统计视角的共享经济内涵[J].调研世界,2017(3): 57-60.
② 同上.

二、现行统计体系无法反映流量共享特征

共享经济的发展成果，需要统计数据来反映。因指标概念、统计调查方法等尚不能完全适应共享经济发展的需要，目前有些统计数据还不能客观反映共享经济发展成果，存在低估的可能，未来会随着统计制度方法改革的进一步深入而发生变化。

一是新业态、新领域和流通环节统计缺失。近年来，电子商务、供应链集成服务等新兴商业模式蓬勃发展，商贸物流发展实现突破，绿色节能消费备受青睐，居民生活服务业线上线下深度融合，这些新兴业态或发展方式在统计体系中没有及时体现出来。以电子商务统计为例，小型微型电子商务企业数量众多，业态多样，发展快，活力强，有些已经成为电子商务发展的新动力，政府及管理部门需要及时了解、研究和掌握它们的发展状况，但已经开展的电子商务统计范围仅限于规模以上法人单位，缺乏小型微型企业数据。又如，流通一体化供应链管理是内贸流通业发展的高级阶段，供应链金融是破解中小企业融资难题的重要手段，但供应链发展内容尚未被纳入统计范畴。此外，居民服务业统计仅限于典型企业的财务数据，测算行业总体规模、行业结构、整体效益以及线上线下融合程度的难度较大。物流多式联运、转运等领域缺乏相关数据，绿色环保领域的统计也没有受到应有的重视。

二是统计指标体系设置不科学。在现有的统计指标体系中，国际贸易领域尚缺乏衡量转口贸易这一重要现代贸易模式的指标、口径与制度；综合性与代表性流量指标很少，热点问题、新兴业态等难以通过数据得到及时反映；缺少预测性数据，权威的预测性数据只有非制造业商务活动指数；原始数据加工分析欠深入，目前政府部门公布的流通数据基本是企业销售额或财务数据的简单汇总，经过加工、测算形成的数据只有行业增加值；生产资料流通环节缺乏统计指标；物流业指标设置不完善，规模、成本、利润以及单位、人员、门店等方面的存量指标多，反映业态、流程等的指标少。

2017年7月3日，国家发展改革委等八部门联合印发《关于促进分享经济发展的指导性意见》（以下简称《意见》）。《意见》明确提出"建立健全反映分享经济的统计调查指标和评价指标"。充分运用大数据等信息技术手段，创新统计调查方法，推动部门统计信息分享，多渠道收集相关数据并建立数据库，完善统计核算，科学准确评估共享经济在经济发展、改善民生、促进就业和增加

居民收入、扩大国内消费等方面的贡献。为了准确把握共享经济发展情况,为宏观经济政策制定和共享经济健康发展提供科学依据,需要加强对共享经济统计标准和统计范围的研究,探索科学反映共享经济发展特点的统计调查方法。

第六章　流量经济特征之四：空间化

空间化是流量经济的特征之一。曼纽尔·卡斯特尔（Manuel Castells）基于信息技术发展对社会各个领域形成的变革而提出的流动空间理论，为流量经济的发展奠定了空间形态。信息、通信和互联网技术的发展使得货物流、资金流、人才流、技术流得以在全球范围内顺畅高效流动，流量经济呈现动态的空间化特征。流动空间取代固定空间成为影响地区经济发展的主要空间形态也是未来地区空间发展的趋势。

｜第一节｜ "流动空间"理论①

信息技术革命已经渗透到了人类活动的全部领域，而其中的一个重要特征就是要素流量的快速流动形成了一种新的地理空间特征，称为"流动空间"。

一、信息化与区域空间的重构

20世纪70年代兴起的信息技术革命，以及后来形成的互联网技术、数字化技术及智能技术引发了21世纪社会经济的大变革。技术革命作为一种经济模式转化的积极力量，也引发了区域空间的重构。

从历史发展的进程看，技术进步不仅影响着区域的发展，也在一定程度上重塑着人类活动的地理空间。18世纪后叶的第一次工业革命以机器取代手工业为标志，使得人类的活动空间第一次摆脱了对土地和气候的依赖；19世纪的第

---

① 流动空间（space of flow），又被翻译成流空间，两者指的是一个概念。

二次工业革命以电力的发明为标志,运输及通信技术的发展,变革了传统的运输方式,在一定程度上大大缩短了人们活动的空间距离,这时候地理空间距离主要是以点对点为主。20世纪的信息技术革命使得信息的传递变得更加及时和便捷,加上个体接触信息的途径和信息量前所未有,信息传递的空间距离被极大地压缩。这一特征表明,信息化时代已经彻底动摇了以固定空间领域为基础的所有组织形式,从而使得社会浮现出一种新的结构形态,即网络社会形态。在这个社会形态中,区域间的要素流动和方向都发生了重大变化,从而导致区域空间的重构。

二、"流动空间"理论的提出

进入20世纪90年代以后,计算机网络化趋势与数字技术的飞速发展将全球社会经济发展推向了一个更加开放的、网络化的、动态的、标准化的,建立在交替性要素基础上的新信息时代。信息技术的发展使得信息流带动货物流、资金流、人才流、技术流在区域内顺畅地流动,跨国公司的兴起带动全球经济一体化,上述要素的流动范围进一步扩展到全球。流的集聚和扩散产生空间的变化。由于这些"流"主要汇聚在中心城市,因此这些"流"为城市经济带来了新的发展活力,也使得城市之间及城市内部活动的空间组织发生了巨大的变化。

从理论上讲,卡斯特尔提出的流动空间为城市地理空间的演变与发展提供了新的研究思路。"流动空间,即社会是围绕着流动而建构起来的,资本流动、信息流动、技术流动、组织性互动的流动、影像、声音和象征的流动。"[①]流动不仅仅是社会组织里的一种要素,流动还支配着经济和社会的发展。

在《网络社会的崛起》书中,卡斯特尔详细论述了流动空间的三个层次。三个层次逐层递进,构成流动空间的基石。虽然国内外学者从不同角度对流动空间理论进行了大量的探讨,但并未撼动流动空间的基石。

流动空间的第一个层次是各种交通、信息通信网络以及互联网设施,它们奠定了信息社会的物质基础。卡斯特尔提出流动空间是信息社会的空间表现形式,类似于工业社会形成"工业区""商业区"的空间表现形式。流动空间的第二个层次是各种类型的公司和市场主体。该层次强调由要素流动的汇聚而形成流动空间中的"节点"。节点在这里的概念与电信领域和网络理论中的概念有所不同。在电信领域,节点表示通信终端设备的连接点。在网络理论中,节点表示网

① 曼纽尔·卡斯特尔. 网络社会的崛起[M]. 夏铸九,王志弘,等译. 北京:社会科学文献出版社. 2006.

络拓扑中线相交或分支的点。流动空间里的节点不仅仅是实体网络的交汇点，更是指经济要素流动汇聚而形成的能级。节点既发挥着链接作用将整个网络连接起来，又扮演着协调的角色对流入流出的要素进行相应的互动和配置。流动空间的第三个层次是占支配地位的空间组织，即不同经济要素的服务性管理平台，如资金平台、商品平台、技术平台等。以信息化为基础形成的流动空间是一种把信息流动和物质流动相结合的社会组织形式。流动空间的三个层次囊括在城市体系中，各种经济要素在以城市为主体的流动空间中实现汇聚和互动，并对社会和经济起着支配作用。

三、"流动空间"理论的演进

"流动空间"理论认为社会是围绕"流动"构建起来的，"流"的汇聚和扩散为经济发展带来活力，在流动空间中，各种"流"对社会和经济起着支配地位，区域的地理空间特征呈现出新的变化。

对于经济发展来说，信息化为其注入了新的资源依赖，这意味着对于一个地区来说，经济的发展不再仅仅依赖当地的自然资源，知识和信息这种流动的虚拟资源成为一种新的发展途径，并随着时间的推移其重要性更加突出。信息技术构成的网络形成的空间可以理解为虚拟空间，而现实物质世界由交通、货运连接起来的空间被称为物质空间，而流动空间是介于虚拟空间和物质空间之间的空间，是两者紧密结合交织形成的空间（见表6-1）。

表6-1　实体空间、虚拟空间和流动空间的特征

	实体空间	虚拟空间	流动空间
研究对象	实体流	虚拟流	实体流和虚拟流
传输媒介	交通、运输、货运、物流	信息、网络、通信设施、互联网	以信息技术为支撑，使信息流动和物质流动相结合的空间流动
空间特征	物理化、实体化	信息化、空间化	物理化与信息化的结合
空间形式	有明确边界的刚性空间	无边界，无界限的网络空间	动态的弹性空间
距离关系	受距离远近影响	完全不受距离影响	实体部分有距离感，虚拟部分不受距离影响

资料来源：根据沈丽珍(2012)的观点整理。

关于流动空间的演进,在卡斯特尔的理论及相关学者研究的基础上,国内学者沈丽珍、甄峰、席广亮等(2010,2012)系统地总结出流动空间的五个特性:流动性、共享性、高效性、空间弹性以及高级网络化(见表6-2)。

表6-2　流动空间的五个特性

特性	内　容
流动性	(1) 流动空间的首要特征在于流动性 (2) 要素流动的范围:城市—区域—国家—全球,在信息技术的带动下,要素实现顺畅和快速流动 (3) 空间形态由静态空间向流动空间转换
共享性	(1) 流动空间的非排他性和非独占性,不存在边际效应递减 (2) 流动要素的数字化特征明显,流动要素的非物质性 (3) 信息流动的及时性,存在在任何接收地点都有可能得到重新处理的可能性
高效性	(1) 地理距离的限制被弱化,要素跨越地理距离实现高效流动 (2) 空间网络替代地理区位,以压缩时间的方式换取了空间上的高时效性 (3) 信息的完整性和高保真性,全球范围内的沟通和交流实现即时转播
空间弹性	(1) 实体空间是一个刚性主导的空间,虚拟空间则是以柔性为主的空间,流动空间则兼具两者的特点,具有较大的空间弹性 (2) 以知识和信息生产为主的信息产业成为重点发展对象 (3) 需要专门化生产、精细化生产满足社会个性化消费的需求
高级网络化	(1) 流动空间是一种更为高级的网络空间,借助信息网络,流动空间在全球范围内实现扩展和壮大 (2) 流动空间中城市功能的转变:作为网络的节点,城市的功能转化为网络化的服务和控制 (3) 城市之间的联系的转变:由纵向为主的等级化联系转向横向联系进而逐步构成网络化联系

资料来源:根据沈丽珍(2012)的观点整理。

从地理学的角度阐述,信息、通信和互联网技术的发展使得信息流、货物流、资金流、技术流和人才流在城市—区域—国家—全球范围内快速流动,这意味城市地理空间形态由静态的位空间转向由向各种"流"构成的动态流空间,最终影响地区经济的发展①。对已有相关研究进行梳理,部分学者从外部经济性、比较优势、交易成本等理论角度出发,把流动空间的具体指标化为要素的流动,解释区域间或者国家间的信息流、人才流、货物流等要素流动的原因和机制以及对经

---

① 刘卫东,甄峰.信息化对社会经济空间组织的影响研究[J].地理学报,2004,59(S1):67-76.

济的影响(经济学角度)①。

从社会学角度、地理学角度再到经济学角度,这三个角度都指出了当前经济发展的关键在于以知识和信息为基础发挥合能效应,从而带动要素流动形成一个全新的流动空间。一个动态的流量经济逐步构建起来并成为当前经济发展的重要动力。

第二节 | 流动空间中的流、节点和网络

流动空间是以信息流、货物流、资金流、技术流和人才流等要素的流动形成的空间。流动空间以"流"为基础,以信息技术为基础的网络流为虚拟载体,以实物的交通流、运输流为物质载体,形成一种动态的、循环的、有规律的运动。在流动空间里,流的汇聚形成节点,流的线路与节点结合形成网络化。

一、要素的流动性

世界经济从以实体经济为主体的工业文明时代,进入以实体经济与虚拟经济相互渗透形成的信息文明时代。一方面,信息技术和互联网的发展促进了信息、货物、资金、人才、技术等经济要素在流动空间内迅速地集聚和扩散,经济的流动性特征越发突出。"各种经济要素在空间中的流动不再完全是传统意义上的实物形态的运动方式,更多是以网络化、信息化、虚拟化的形态存在。"②另一方面,信息化的发展使得社会经济联系更加紧密的同时,社会经济结构也出现了转变。由第二产业为主的经济格局,逐步转变为第二产业和第三产业共同发展,并逐步过渡到以第三产业为主的格局。服务业在经济中的作用愈加凸显,并成为评价经济发展水平的重要指标。在高度联通的社会中,服务业的传统属性(不可分离性、不可存储性、异质性)受到挑战。江小娟(2017)提出依托信息化的发展,服务经济呈现出三个新特点③。一是规模经济显著,网络化服务使得服务的边际成本非常低;二是范围经济显著,大型网络化的平台可以最大化地扩展经营

① 白永平,王培安.浙江省流量经济集聚扩散效应研究[J].南京审计大学学报,2012(3):1-8.
② 沈桂龙,张晓娣.上海流量经济发展:必然趋势、现实状况与对策思路[J].上海经济研究,2016(8):3-18.
③ 江小娟.高度联通社会中的资源重组与服务业增长[J].经济研究.2017(3):4-17.

范围,降低成本提高效率;三是长尾效应显著,信息时代带动互联网的发展,使得长尾效应的发挥空间更大。以互联网为代表的新经济蓬勃发展,信息和通信技术使得各种"流"突破空间距离的限制。我们的社会因为流动而存在,各种"流"流动的速度越来越快,效率越来越高,规模越来越大。这种信息化和服务化的趋势赋予了经济发展新的特点和比较优势。

凯文·凯利(Kevin Kelly)(2016)指出我们文明早先的经济,建立在堆满实体货品的仓库和工厂之上。这些实体库存仍然必要,但对于财富和幸福来说,只有它们已经不再足够。我们的注意力已经从实体货品的库存,转移到无形产品的流动[①]。经济朝着动态化、流动化的必然趋势前进。以电子商务为例,互联网、移动网络的日益普及和渗透,加速了人们消费行为模式的转变[②]。网上交易日益流行,使得消费者的交易、支付模式呈现信息化、网络化、流量化的特征。根据已有信息和联合国贸发会议组织的统计,2015 年全球电子商务市场规模已经达到 25 万亿美元,占全球 GDP 的 32.34%,是 2013 年市场规模的 1.39 倍[③]。根据我国商务部发布的《中国电子商务报告(2016)》,2016 年我国电子商务交易规模为 26.1 万亿元人民币,同比增长 19.8%。过去的 10 年,我国电子商务交

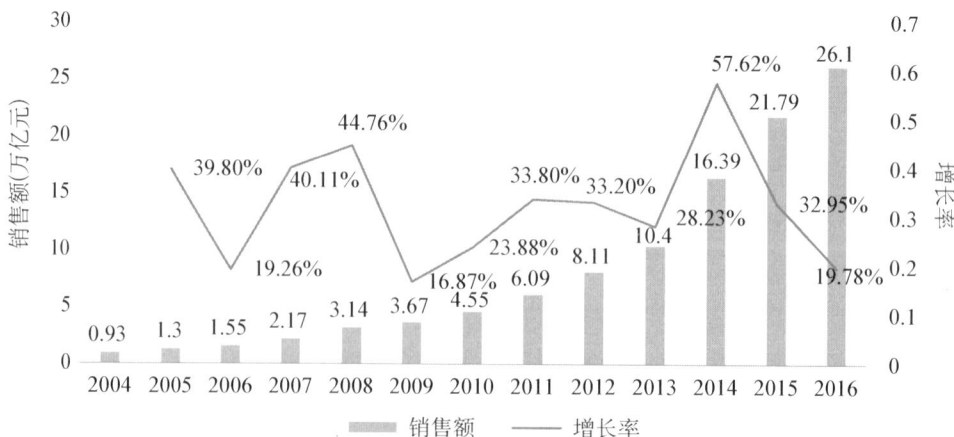

图 6-1　我国电子商务交易总额及增长情况

资料来源:商务部《中国电子商务报告(2016)》。

---

① 凯文·凯利. 必然[M]. 周峰,董理,金阳,译. 北京:电子工业出版社,2016:64-66.
② 日前电子商务包括企业对企业的交易(B2B),企业对消费者的电子商务交易(B2C),消费者对消费者的交易(C2C)以及企业对政府组织的交易(B2G)。
③ UNCTAD. Information economy report 2015,chapter i:Revisiting the development potential of e-commerce,P13.

易规模的年均增长率为 32.12%（见图 6-1）。

与建立在实体和物理空间上的传统商业模式相比，电子商务通过使商业活动各环节电子化、网络化、信息化突破了空间限制，从而带来商业模式的改变。电子商务通过互联网通信技术使信息获得的成本更低、更加快捷和方便，减少了交易环节和交易成本，提高了市场配置资源的效率。

互联网拓展了企业的市场边界。互联网出现之前，企业活动只能存在于单一的物质空间，受到物理空间和时间的限制。互联网技术的应用使得虚拟空间出现，企业的价值创造和实现可以在两个空间同时进行。一方面，虚拟市场意味着企业存在突破物理空间限制的可能性，具备无限的虚拟容量，能够容纳超大规模和数量的经济和商业活动。互联网已经成为世界上最大的市场，每天 24 小时营业，每周 7 天，为买卖双方提供了物理空间无法比拟的交易机会。另一方面，企业可以通过互联网在全球范围内无限制地扩大自己的销售网络。互联网将市场供给方和需求方的数据进行集中化的搜集处理再加以扩散，无形中将传统的"双边市场"经营模式转化成新型的"多边市场""双向市场"模式。互联网这种压缩或扩大世界的能力，扩展了市场的边界。互联网给人们提供了时间和空间的选择性，消费者利用互联网可以随时随地进行交易活动。

二、节点、网络和连接度

节点是空间经济活动最密集、最活跃的地方，是社会经济活动空间的"集聚点"和"制高点"[①]。空间网络则是指由线和连接着的节点组成，节点以及节点的连接形成的网络是本节讨论的重点。

1. 节点

节点不仅包括各种物质流汇聚的实体节点，也包括各种信息流、网络流集聚的虚拟节点。在流动空间中，节点更多地体现为两者的相互交融形成的以城市为载体的节点。各种要素流的集聚和交汇形成以城市为载体的节点。要素流动的强度和频率决定节点的层次和影响力，节点可以划分为一般节点和核心节点。节点的层次和等级在形式上表现为特大城市、大城市、中等城市、小城市等。节点的等级和规模与节点的数量呈反比关系，节点的数量越多意味着节点的等级

---

① 沈丽珍，顾朝林，甄峰. 流动空间结构模式研究[J]. 城市规划学刊，2010（5）：26-27.

越低、规模越小,反之,规模越大、等级越高的节点其数量越少。从全球节点城市来看,称为全球节点城市的有伦敦、纽约、东京等几个城市,汇集着全球的交通和资源。虽然没有官方文件从节点角度划分我国的城市级别,但是通过一线城市、二线城市以及三、四线城市的分类,从侧面体现出节点的规模、等级和数量之分。

节点有以下几个基本特征:以城市为载体的节点在实体空间上有确定的地理位置,城市规模的大小表明节点有明确的大小和形状。此外,节点与域面是相对的,节点在一定区域内不是杂乱无章分布的,而是遵循一定的规律,构成一定的等级规模体系、职能分工协作体系和空间分工体系。节点有规律地形成的空间分工体系是我们研究的重点。流动空间中的节点是虚拟节点和实体节点的结合,虚拟节点体现在信息流、资金流、技术流的汇聚;实体节点体现在货物流、人才流的汇集。随着信息技术的发展,虚拟节点和实体节点的结合越来越紧密,在实体节点的基础上,虚拟节点在区域空间中具有越来越重要的作用。近年来互联网在工业、农业、商贸流通、生活服务等领域全面快速渗透,使得实体经济虚拟化、流量化态势越发显现。如近年来杭州作为节点城市在我国的地位越发突出,被誉为"中国电子商务之都",得益于其在互联网经济中电子商务、物流供应链、移动支付、跨境电子商务等不同领域的发展优势。

2. 网络和连接度

本节从理论出发,把空间网络看成由线和连接着的节点组成,讨论节点与网络连接度。假定一个由 g 个行动者组成的集合 $M = \{m_1, m_2, \cdots, m_g\}$,度量单一关系,同时定义 x_{ij} 为从 m_i 到 m_j 在关系上的联系的值。其中 i 和 $j(i \neq j)$ 是从 1 到 g 的整数。假定度量单一行动者集的 R 个关系 X_1, X_1, $\cdots$, X_R,假定 R 个关系用 $r = 1, 2, \cdots, R$ 来标记,这些关系都是有值的。根据研究的问题进行赋值,从 m_i 到 m_j 联系的值被放到 X_r 的第 (i, j) 个元素中去。因此 x_{ijr} 等于从 m_i 到 m_j 在关系 X_r 上的联系。接下来引入图论的概念对上述问题属性进行量化和测量。当一个图被用作网络分析时,点(被称为节点)用来代表行动者,而连接点的线用来代表行动者之间的联系。

节点度用 $d(m_i)$ 表示,是指节点关联边的数量,是与节点邻接的节点的个数。一个节点的度最小值是 0,表示没有其他节点与该节点邻接;最大值是 $g-1$,表示该节点与所有其他节点均邻接。在统计中,节点的平均度数反映图中节点度数的平均值,用 $\bar{d}$, L 表示节点之间边的集合。

$$\bar{d} = \frac{\sum\limits_{i=1}^{g} d(m_i)}{g} = \frac{2L}{g}$$

如果所有的节点度数相同，则此图被称为 $\bar{d}$ 正则，此时，$d(m_i) = \bar{d}$。现实情况中节点度数各异，因此用 S_D^2 代表度的方差，计算公式为

$$S_D^2 = \frac{\sum\limits_{i=1}^{g} [d(n_i) - \bar{d}]^2}{g}$$

节点度的变化意味着节点所代表的行动者在活跃度或中心度上的差别，这可以通过节点与其他行动者联系的数量反映出来。流动空间的作用场扩展到全球范围时，处在其中的节点城市按照流量规模的大小，可以划分为地方节点、国家节点、国际性区域节点、全球节点。

三、流动空间与流量经济

流动空间理论的发展既为流量经济提供了理论支持，又为流量经济的发展提供了空间载体。

（1）流动空间为流量经济提供了理论支持。经济的流动性为流量经济提供了客观依据，流动空间为流量经济提供了理论基础。流量经济是基于这种"流"运行模式下的核心体现，是流动空间理论在经济方面的体现和延伸。信息时代社会经济活动日益信息化、网络化，这不仅带来了整个产业格局的转变，更使得空间组织关系也发生了相应的变化。互联网的发展和渗透加强了经济的流动性，为流量经济提供了广阔的现实基础。

（2）流动空间为流量经济提供了空间载体，为流量经济提供了其运行的载体。互联网、大数据、物联网、云计算等新科技的迅速发展使生产方式从大规模、标准化的标准化生产向个性化、差异化的生产方式转型，企业组织形态从专业化分工向横向合作、纵向管理、并行生产等新模式转型[1]。虚拟现实的应用和线上线下融合发展的态势，使得生产、运输、消费流量化。交通与通信技术的发展降低了信息流、货物流、资金流、人才流和技术流的传送成本，地理区位对经济社会

---

[1] 樊杰,孔维锋,刘汉初,赵艳楠.对第二个百年目标导向下的区域发展机遇与挑战的科学认知[J].经济地理,2017,37(1)：1-7.

活动的约束逐渐弱化,借助互联网信息技术,全球范围内可以实现"门对门"或"办公室对办公室"的交流。科技发展在拓展流动空间的同时,也为流量经济提供了空间载体,为流量经济运行提供了丰富的虚拟空间载体。

（3）流量经济的发展将进一步发展流动空间,提高流动空间的弹性,增加流动空间的内容。实体经济和虚拟经济的紧密结合和连接的浪潮正在迅速改变着社会的各个方面。这种新的力量,正对经济运行的要素进行着快速的重塑和整合。信息时代互联网技术的深化和泛化使得信息交流成本降低,实体经济与虚拟经济的结合使得经济的流动速度和流动效率提高,越来越多的行业加入"流动"中,各类流不断向节点集聚,流动空间内容、弹性和层级不断增加。

| 第三节 | 流量经济视角中的节点城市

在信息化的背景下,现代城市不仅是其所在区域的生产、消费、资金和人才的高度集中点,更是各种信息产生、交流、释放和传递的高度聚合点。流量经济视角下,节点城市成为全新的流动要素的集聚地和扩散地。

一、基于流量经济的战略导向

勒维斯(1999)把 20 世纪 90 年代以来的信息技术革命及其商业化的应用定义为非摩擦经济[①]。信息技术也使得地理摩擦几乎为零,因此城市的空间逻辑发生了转化,城市不再依靠它所拥有的东西而是通过流经它的东西来获得和积累财富、控制和权力。这种理论在实际操作层面体现为由对自然资源的依赖、对投资的依赖的传统发展战略,转变为基于流量经济导向的发展战略。

（1）城市经济发展资源依赖的转变。工业经济时代,城市的发展体现在对自然资源的依赖,而信息化的发展改变了城市经济的发展这种依赖。信息化的发展赋予了大城市特有的知识和信息资源比较优势,这为城市的发展注入了新的资源依赖。自然资源成为城市经济发展的必要条件,而城市经济的发展则需要依靠知识和信息资料来推动。周振华在《崛起中的全球城市：理论框架及中国模式研究》一书中指出,信息化的发展速度是非线性的,因此进入信息化的城

---

① TG 勒维斯.非摩擦经济：网络时代的经济模式[M].南京：江苏人民出版社,1999.

市,将呈现加速度方式的发展,最终确立所处的枢纽和主干信息节点的地位。而那些没有跟上信息化潮流的城市,则一步落后,步步落后,不可避免地出现停滞或者衰落,最后成为被遗忘的城市。

（2）流量经济的范畴的扩大。我国的信息化发展到现在,已经全面进入了以互联网的快速普及为特征的信息化社会[①]。习近平总书记在网络安全和信息化工作座谈会上指出,"着力推动互联网和实体经济深度融合发展,以信息流带动技术流、资金流、人才流、物资流,促进资源配置优化,促进全要素生产率提升,为推动创新发展、转变经济发展方式、调整经济结构发挥积极作用"。[②] 张永林（2014）通过实证模型指出在网络经济中,信息已经不再是虚拟的存在,而是物质性的创新,物质流转化为信息流,信息是物化了的产品、服务和资产[③]。

表 6-3　2016 年 12 月至 2017 年 6 月中国网民互联网使用率

应用	2017 年 6 月		2016 年 6 月		半年增长率/%
	用户规模/万	网民使用率/%	用户规模/万	网民使用率/%	
即时通信	69 163	92.1	66 628	91.1	3.8
搜索引擎	60 945	81.1	60 238	82.4	1.2
网络新闻	62 458	83.1	61 390	84.0	1.7
网络视频	56 482	75.2	54 455	74.5	3.7
网络音乐	52 413	69.8	50 313	68.8	4.2
网上支付	51 104	68.0	47 450	64.9	7.7
网络购物	51 443	68.5	46 670	63.8	10.2
网络游戏	42 164	56.1	41 704	57.0	1.1
网上银行	38 262	50.9	36 552	50.0	4.7
网络文学	35 255	46.9	33 319	45.6	5.8
旅行预订	33 363	44.4	29 922	40.9	11.5
电子邮件	26 306	35.0	24 815	33.9	6.0
论坛/bbs	13 207	17.6	12 079	16.5	9.3

[①] 胡鞍钢,王蔚,周绍杰,鲁钰锋.中国开创"新经济"——从缩小"数字鸿沟"到收获"数字红利"[J].国家行政学院学报,2016(3)：4-13.

[②] 姜洁.在践行新发展理念上先行一步让互联网更好造福国家和人民[N].人民日报,2016-04-20.

[③] 张永林.网络、信息池与时间复制——网络复制经济模型[J].经济研究,2014(2)：171-182.

(续表)

应用	用户规模/万	网民使用率/%	用户规模/万	网民使用率/%	半年增长率/%
互联网理财	12 614	16.8	9 890	13.5	27.5
炒股/基金	6 848	9.1	6 276	8.6	9.1
微博	29 071	38.7	27 143	37.1	7.1
地图查询	46 998	62.6	46 166	63.1	1.8
网上订外卖	29 543	39.3	20 856	28.5	41.6
在线教育	14 426	19.2	13 746	18.8	4.8
网约出租车	27 792	37.0	22 463	30.7	23.7
网约专车或快车	21 733	28.9	16 799	23.0	29.4
网络直播	34 259	45.6			
共享单车	10 612	14.1			

资料来源：中国互联网信息中心（CNNIC）。

　　现代网络时代，信息已经不再是虚拟的存在。信息不断与物质结合在一起，各类网络综合应用融合购物、社交、信息服务、交通出行及民生服务等衣食住行的方方面面，体现出一种物质性的创新。以共享经济、电子货币、网上商城为代表的互联网商业形态正在逐渐突破地理空间的传统约束和限制，过去必须在本地生产和消费的服务，如零售、旅游、新闻出版、无线广播、高等教育、银行业务乃至健康护理等，均能够借助互联网实现远程甚至跨国交易。"互联网＋"的深入应用对流量经济产生巨大的推动力，互联网更成为提高各种流的服务平台。信息流、货物流、资金流、人才流和技术流的规模在迅速地增长、流的速度越来越快，随着各类流向节点的不断集聚，节点城市对流的统筹和控制能力也相应地提高。

　　（3）城市经济的流动性在内容、形态、层次方面进行提升。城市要转变传统的存量发展理念，树立流量经济的发展思路。传统城市更多地体现在物理实体性的概念，在此基础上的发展思路对于城市的理解在于大量的物质财富、大规模的存量积累以及城市规模和边界的扩展，片面地追求城市规模和人口总量，大规模投资城市基础设施建设，大兴土木，兴建城市副中心，甚至不顾城市区位条件和产业结构盲目地招商引资，以集聚各种要素资源，增加物质财富。上述发展思路与流量经济视角下的城市发展思路不符。在流动空间成为支配社会运行的主要力量时，流量经济对于传统经济的冲击和影响将会越来越突出，未来存在颠覆传统经济的潜力。流量经济可能成为支配一个地区经济发展的支配力量，流量经济的规模逐步扩大、层级趋于分化、类型趋于多样化（见图6-2）。因此在树立流量经济的发展战略导向时，还需对流量进一步筛选，抢占流量经济的战略高地。

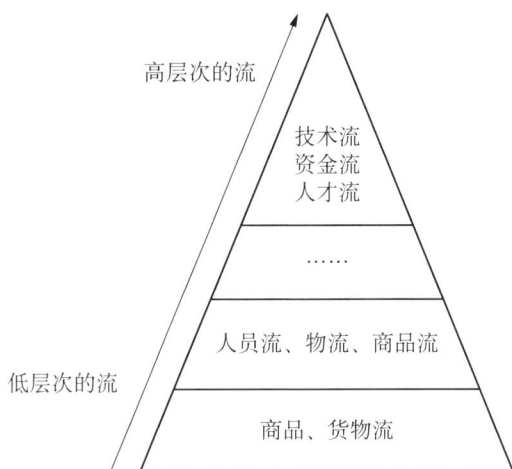

图6-2 流量经济的层级

资料来源：樊杰,孔维锋,刘汉初,赵艳楠.对第二个百年目标导向下的区域发展机遇与挑战的科学认知[J].经济地理,2017,37(1)：1-7.

二、从单核心向多中心的转变

城市空间结构的演化是人类经济活动在空间地理上的反映。流量经济对社会经济活动的重大变化势必在城市空间结构的发展演化中反映出来。传统的城市空间发展理念是基于城市的形成和扩展的现实脉络而建立的，城市的主要职能体现在生产空间和生活空间的结合、扩展。在有限的城市空间内，形成明显的中心城并以此不断向外围拓展。这其中代表性的理论有同心圆理论、扇形理论、中心—腹地结构理论。同心圆理论解释了城市空间发展的层次，从中心出发是中心商务区、工业区、工人住宅区、高档住宅区，再到外围区。扇形理论解释了城市在发展过程中沿着主要交通设施呈现扩散状的发展。中心—腹地结构理论从动态角度分析城市空间格局的变化,该理论把时间划分为四个阶段:工业化前期、工业化初级、工业化阶段和后工业化阶段。随着工业化的发展,区域之间由相互独立到核心区域成为物资交流和集散的中心。该理论指出中心与腹地之间不是相互割裂而是存在要素的相互流动和相互辐射的关系,两者经济结构在一定程度上互为补充。该理论还指出中心—腹地是对立统一的关系,两者之间可以相互转化。

目前信息技术革命已经渗透到人类活动的全部领域,这也是分析信息化城市的切入点。信息化使得城市功能实现方式的虚拟化,从而使得城市空间结构不再过于受限于自然条件和区位因素。城市空间格局从单核心走向多核心,一方面城市空间格局摆脱了工业化时代同心圆模式,走向网络化模式。另一方面城市虚拟功能对传统功能实现部分取代,产生城市空间形态边界的弱化现象(见图 6-3)。

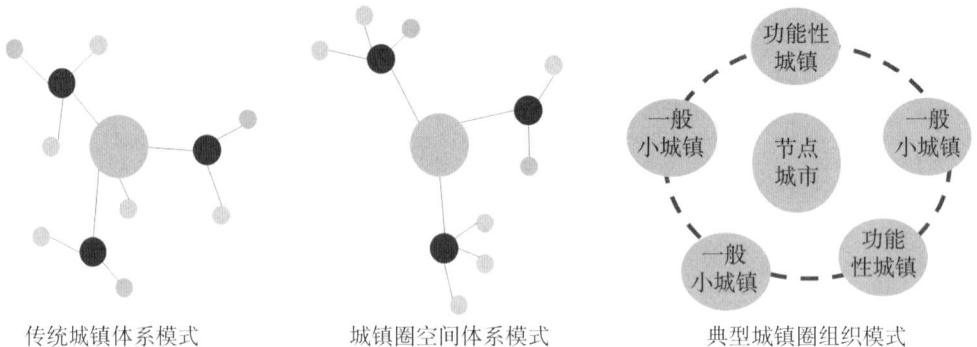

传统城镇体系模式　　　　城镇圈空间体系模式　　　　典型城镇圈组织模式

图 6-3　城镇圈组织模式

资料来源:上海市城市总体规划(2017—2035 年)。

信息经济的流动具有特殊的网络结构特征,从这一意义上讲,城市不仅仅是一个地点而是一个过程,即把生产中心、消费中心、服务中心以及从这些中心的地方社会融入某个整体网络的过程。作为网络中的主要节点,节点的最高层次体现在"那些在网络中将高等级服务业的生产和消费中心与它们的辅助性社会联结起来的地方"。节点城市的综合能力越强,流量资源配置能力越强,价值越高。

三、充当城市网络中的重要节点

传统城市网络体系中,节点是以城市为物质载体吸纳各种资源要素集聚和汇聚,进而在城市内进行资源的有效配置带动产业的发展。流量经济视角下,城市是网络体系中的一个节点,节点与节点之间联系的紧密程度和能级程度决定着节点的重要性。通过这一节点,流动中的各种要素资源被重新配置并发挥更大的能效。它不是一个点上的集聚和扩散,而是在网络体系的流动中进行资源的有效配置。

流量经济的这种动态、流动的新特征,为节点城市的发展提供了更为开阔的发展视野。从理论出发,节点城市是由地区信息流、货物流、资金流、资金流、人才流和技术流等所建构的网络交叉点,且某个城市所归属的区域网络越多、交叉点的分支越多,表明其功能越多样化、影响的范围越广泛,因而在城市的等级分布中越高,逐渐向全球城市靠拢(沈桂龙和张晓娣,2016)。节点城市支配和控制的要素流量越大,则节点城市在全球网络中的联系能级越大。

从现实出发,目前我国一线城市的发展规划体现出抢占流量经济发展制高点的目标。北京、上海、广州作为我国重要的节点城市,承载着大规模的经济流量。在城市的发展定位上,北京侧重首都功能的作用,定位为全国政治中心、文化中心、国际交往中心、科技创新中心。上海定位于国际经济中心、金融中心、贸易中心、航运中心和科技创新中心,强调要素流动的集聚和整合,侧重经济和金融功能。广州定位于国际商贸中心和综合交通枢纽,强调物流、交通流的集聚和整合,侧重商务功能(见表6-4)。中心功能的定位是为了促使各种要素资源取得更为广泛的联系和流通,进而发挥节点要素流的"搅拌器"和"放大器"作用。

表6-4　北京、上海、广州城市规划表述

城市	规划	定位表述
北京	《北京城市总体规划（2016—2035年)》	北京是中华人民共和国的首都,是全国政治中心、文化中心、国际交往中心、科技创新中心。建设伟大社会主义祖国的首都、迈向中华民族伟大复兴的大国首都、国际一流的和谐宜居之都
上海	《上海市城市总体规划（2017—2035年)》	上海是我国直辖市之一,国家历史文化名城,国际经济、金融、贸易、航运、科技创新中心。努力把上海建设成为创新之城、人文之城、生态之城,卓越的全球城市和社会主义现代化国际大都市

（续表）

城市	规划	定 位 表 述
广州	《广州市城市总体规划（2011—2020年）》	广州是广东省省会、国家历史文化名城,我国重要的中心城市、国际商贸中心和综合交通枢纽。不断增强城市综合功能,提高区域辐射带动能力和国际影响力,逐步把广州市建设成为经济繁荣、和谐宜居、生态良好、富有活力、特色鲜明的现代化城市。

资料来源：中华人民共和国中央人民政府网站 http://www.gov.cn/index.htm。

第四节 | 流量经济视角下的全球城市①

经济全球化、信息化和网络化使得各种资源在全球范围内流动,流动空间对时空的压缩逐步改变传统全球城市之间的关系。越来越多的城市通过互相连接进入全球城市网络体系,成为城市网络体系中的节点城市变得尤为重要和关键。

一、流量经济视角下全球城市功能的转变

关于全球城市的内涵,Friedmann(1986)指出全球城市的节点和控制功能,即它是全球经济系统的中枢或者组织节点,是跨国资金汇聚的地点,是全球经济体系的连接点。Sassen(1991)从产业机构和跨国公司角度,提出全球城市是专业化的服务基地,是金融创新产品和要素市场的生产基地。这些基地体现出高度集中化的世界经济控制中心,是集协调与生产的综合体。对于全球城市的衡量,主要体现在服务的能级、连接的能级和产业的能级。服务的能级体现在金融机构的数量、跨国公司的数量。连接的能级主要体现在世界交通网络的连接度、跨国商务合作度。产业的能级体现在制造业在全球的地位,主要体现在研发能力以及服务业的高占比和高增长。此外,全球城市在城市规模和人口规模也有

---

① 对全球城市的概念和定义的确定存在分歧,实际研究中常用"全球城市""世界城市""全球化中的城市""全球化了的城市""信息化城市""国际城市""首要城市""国际化大都市"等概念。在这方面比较有代表性学者的观点有 Friedmann 提出的"世界城市",Sassen 提出的"全球城市"。Brenner 认为"世界城市"和"全球城市"是可以互换的,也有学者认为世界城市与全球城市之间确实存在一些内涵上的差别。本书在这里对概念不做具体的区分,这些概念体现了城市共性,即是全球化的经济发展中的重要城市,在世界城市网络中占据着重要的位置。

一定的体现。如今,流量经济的视角赋予了全球城市新的、动态的内涵。商品实体形态的存在地已经不那么重要,各种经济要素在空间上的流动更多的是以网络化、信息化、虚拟化的形态存在。以数字化为载体的流量正在改造全球城市,全球城市的价值在于是全球要素及信息网络的功能性枢纽和高端服务业集聚地。

　　全球城市最显著的特征是产业体系的跃迁和高级化,服务业尤其是生产性服务业成为全球城市的主导产业。这种变化赋予了城市新的功能,即专业化的服务基地,不再是单纯的工业集聚和人口集聚的场所。在流量经济视角下,全球城市的功能体现在于"控制与影响",即对四面八方的人流、物流、资金流、技术流等形成吸引,再对其进行加工、充足、再造与增值,并通过网络和平台辐射到全球各地。表6-5是全球化与世界城市研究组织GaWC于2012年对全球城市网络的排名。

表 6-5　GaWC 城市网络排名(2012 年)

排名等级	Alpha++	Alpha+	Alpha	Alpha-
城市	伦敦 纽约	香港 巴黎 新加坡 上海 东京 北京 悉尼 迪拜	芝加哥 孟买 米兰 莫斯科 圣保罗 法兰克福 多伦多 洛杉矶 马德里 墨西哥 阿姆斯特丹 吉隆坡 布鲁塞尔	首尔 约翰内斯堡 布宜诺斯艾利斯 维也纳 旧金山 伊斯坦堡 雅加达 苏黎世 华沙 华盛顿 墨尔本 新德里 迈阿密 巴塞罗那 曼谷 波士顿 柏林 台北 慕尼黑 斯德哥摩 布拉格 亚特兰大

资料来源：GaWC，Global command and control centres.

二、流量经济视角下全球城市研究的进程

卡斯特尔把城市看作是空间互动的网络化过程,并对传统的"城市等级"观点提出质疑。以彼特·泰勒(Peter Taylor)为代表的世界城市网络研究学者在卡斯特尔的理论基础上提出中心流动理论。该观点既反驳了城市等级观点,又反对孤立的研究单个城市。中心流动理论提出在网络化的空间中研究城市,全球城市的研究自此从等级视角转向网络视角,城市之间的关系由传统的等级关系转向网络化关系。等级关系体现的是竞争关系,城市之间是"命令—服从"关系。网络化关系体现的是合作关系,城市之间在联系的基础上合作和发展。

采用网络的视角观察世界城市意味着积极寻求城市间的协同性和互动关系,并不意味着城市地理位置的终结。网络关系意味着城市之间平等、共享、合作,并形成一个网络化的过程。这种理念为区域发展带来了新的机遇,区域之间的竞争关系转向以城市群为经济增长极的合作关系,网络化带来的合作关系强调城市群内部各城市依据自身的优势和条件进行专业分工和交易,在流动空间中进行要素资源的集聚,在流动中实现资源的收益递增。此外,城市群内的水平分工占据主导地位,大城市龙头带动作用不断增强,发挥对周边中小城市和边缘区的"溢出"效应,地区间经济发展差距将逐步缩小,处于区位和发展劣势的边缘区得到了发展机遇。

此外,城市之间差异体现在能级的控制和影响力。处于能级顶端的城市能够在世界范围内实现要素流动和集聚,实现全球范围内的规模经济效应。被称为全球节点城市的伦敦、纽约、东京集聚了顶级的跨国公司、跨国投资机构以及全球性的服务组织机构,这些机构在全球范围内进行资源调配的能力,也体现了所在城市的控制力和影响力。

三、流量经济视角下全球城市的流量扩展

伴随着信息技术迅猛发展、数字化方式日益盛行,流量在全球经济中的价值和贡献不断提升,并成为城市巩固竞争力优势的关键途径。在此背景下的全球城市必须成为全球城市网络中能够集聚、处理并支配信息流、货物流、资金流、人才流和技术流等关键流量的"节点城市",成为世界经济组织中高度集中的控制节点。

　　流量经济视角下，一方面，在发展思路上要扭转固有的存量思维理念。在基础设施、先进生产设备不断提高的基础上，更加重视知识传播、资金流量、人才流动等全球城市的典型流量指标上。城市的流量经济规模越大，流动范围越广，其调动和配置资源的能力越强。另一方面，全球城市的本质在于融入全球网络体系，充当全球网络中的节点。一个城市连接的城市越多，与外部的联系越广泛，其在网络的中心度越大。城市节点中心度的增强，能够扩展城市的流量经济的影响力和控制力。

　　流量经济视角下，全球城市更加注重信息的创造、交换和使用，并以此为基础形成流量的集聚和扩散。这其中能够带来大规模经济流量的机构和组织发挥着重要的独特作用。作为全球城市流量网络的真正缔造者，这些网络化的组织和机构主要包括跨国公司总部、大型的生产性企业集团、跨国服务组织机构以及国际性的组织。全球节点城市是通过跨国公司在支配资源，所以一个城市拥有的跨国公司机构的数量越多，它在全球城市流量网络中的联系能级就越高，在全球经济的影响力也就越大。大型企业集团自身的生产经营活动产生一定的经济流量，大型企业集团的研发创新、市场推广、相应的金融服务都将进入流量经济体系，带动人才流、技术流、信息流、资金流的进一步交织和流动。顶级全球城市是流动空间中的最主要的节点，汇聚着全球最具有控制力和影响力的要素流，因而其在全球城市网络中的等级高、影响力大。跨国服务组织机构如金融机构、研发机构、咨询机构等对流量的推动和市场效率的提高发挥着重要的作用。

第七章 流量经济框架中的制造业与技术流

制造业生产过程所形成的要素流动、重组、整合和运作,对流量经济的运行和发展具有重大影响。随着信息化、智能化经济的到来,制造业呈现出一种革命性的技术变化,从而导致制造业成为技术流的核心。为此,各发达国家和地区相继推出各种形式的制造业转型升级计划,以期在新一轮产业革命中抢占先机。比如美国提出"再工业化"战略,德国提出"工业 4.0"战略,英国提出英国版"工业 4.0"战略"英国工业 2050"等。中国作为当今世界制造业大国,为提升本国制造业竞争力,向制造业强国迈进,也于 2015 年 5 月制定并推出了我国制造强国战略的第一个十年行动纲领——《中国制造 2025》。本章试图通过阐述工业 4.0 背景下制造业未来发展的新趋势、新特点,进一步厘清这些新趋势、新特点对制造业流量的影响,通过科学把握未来制造业要素流量、流动速度、流动方向以及流量结构的规律和特点,分析流量经济框架下的制造业对整个流量经济的影响。

第一节 从工业 4.0 看制造业未来发展趋势与特点

在当前工业 4.0 的时代背景下,制造业已经呈现出很多新的发展趋势和特点,这些全新的趋势和特点势必会对制造业的要素流量、流动速度、流动方向以及流量结构产生重要的影响,进而影响一国流量经济的运行和发展。本节主要对工业 4.0 背景下制造业所呈现的全新特征进行深入分析和探讨。

一、工业 4.0 含义界定

《德国工业 4.0 报告》对工业 4.0 的定义为: 在一个智能的、网络化的世界中,物联网(internet of things,IoT)和服务联网(internet of services,IoS)会无处不在。在制造环境中,由不断增加的智能产品和系统构成的垂直网络、端到端的工程、跨越整条价值网络的水平集成开启了第四次工业革命——工业4.0[1]。国内学者如徐振鑫等(2016)认为,工业4.0是实体物理世界与虚拟网络世界相互融合,在产品全生命周期内实现全程数字化、智能化与个性化的新型生产与服务模式。进入工业4.0时代之后,以智能制造和大数据技术等现代科技为基础的服务化升级成为全球制造业升级的新趋势[2]。工业4.0的目标是创造智能产品、方法和流程。智能工厂是工业4.0的关键特征。

二、工业4.0的核心特征

1. 工业4.0的流量化特征:更多经济要素存量转变为流量带来经济发展新动能

与大工业时代及之前的几个发展阶段所呈现的经济形态相比,工业4.0最为显著的特征便是流量化,即在供给侧,更多的存量生产要素资源被盘活流动,成为流量要素进入工业生产过程,并且在要素流动过程中不断改善资源的配置效率,进而提高经济的全要素生产率,促进经济高质量发展。在需求侧,更多的潜在需求被不断挖掘和创造,然后借助发达的现代信息通信技术手段将需求信息进行跨区域瞬时传播,信息流所携带的最新市场需求信息被迅速传达至相关市场主体(如各种生产型企业),各个市场主体将所接收到的市场需求信息进行消化处理,然后据此调整自身商品与服务的生产流程、商业模式以及市场目标。需求侧信息流的顺畅传播改善了经济活动中供求双方的信息不对称情况,降低了经济活动中的交易成本,经济效率得以进一步提升。

工业4.0的要素流量化之所以有助于提高资源配置效率,为经济发展提供新动能,主要是由于在当前信息时代背景下,信息通信技术的发展为信息的瞬时高效流动提供了技术条件,而移动互联网的高度发展又保证了经济主体接收各类最新经济市场信息的及时性。因此,在上述条件下,经济当中的各种要素如果处于非最优均衡配置状态,必然会在信息流的引导下进行帕累托改进配置。换

---

[1] 彭俊松.工业4.0驱动下的制造业数字化转型[M].北京:机械工业出版社,2017:65-67.

[2] 徐振鑫,莫长炜,陈其林.制造业服务化:我国制造业升级的一个现实性选择[J].经济学家,2016(9):59-67.

句话说,在工业4.0中,经济要素的流量化本身就意味着资源的进一步优化配置。而现有研究文献均表明,以要素投入为主要标志的经济增长方式并不能持续下去,一国经济要想可持续发展,必须从要素投入型经济转向全要素生产率驱动型经济。而一国全要素生产率的提高,一方面需要作为微观市场主体的各个企业自身的成长(比如通过研发创新降低生产成本,提高生产效率等),另一方面则需要通过提高资源配置效率,消除资源扭曲错配来实现。因此,工业4.0的要素流量化特征,为经济发展带来新动能。

2. 工业4.0的信息化智能化特征:生产要素重新组合配置

工业4.0是信息化时代背景下的产物,因此,工业4.0的第一个特征便是信息化和智能化特征。其信息化的标志是工业4.0的实施需要通过服务水平协议,进一步拓展和提升现有的网络基础设施及网络服务质量的规格,工业4.0的实施是以上述信息化网络基础设施为前提的,其智能化的标志是智能工厂和智能产品。根据工业4.0的定义可知,工业4.0将制造中涉及的所有参与者和资源的交互提升到了一个全新的社会—技术互动水平(a new level of social-technical interaction)。它将推动制造资源形成一个循环式网络生产结构。该网络具有自主性,可根据不同的状况进行自我调控和自配置、基于知识、配备了传感器、分散分布,并包含相关的计划和管理系统。它不局限于企业内部,还被植入到企业之间的价值网络中,其特点是包括制造流程和制造产品的端到端的工程,实现了数字世界和物理世界的无缝融合。智能工厂将会让不断复杂化的制造过程可以为工作人员所管理,并同时确保生产具有持续吸引力。智能产品的一个显著特征便是其各个产品甚至在它们还在被制造的时候,就知道自己在整个制造过程中的细节。这意味着,在某些领域里,智能产品能够半自主地控制自己在生产中的各个阶段。不仅如此,它们还可以确保在变成产成品之后能够按照何种产品参数最优的发挥作用。这些信息可以被汇集起来,从而让智能工厂能够在物流、部署和维护等方面采取相应的对策,达到最优的运行状态,也可以用于业务管理应用系统之间的集成。

3. 工业4.0的服务化特征:制造业与服务业渐趋融合

在未来,得益于信息技术的迅猛发展,大数据的广泛应用,工业4.0背景下的工业生产将单个客户和单个产品的特定需求直接纳入产品的设计、配置、订货、计划、生产、运营和回收的各个阶段将有望成为现实。甚至有可能在生产就要开始或者在生产过程当中,将最后一分钟的变化需求纳入进来。这将使得即使制造一次性的产品或者小批量的产品,也能够做到有利可图。这种以满足客户个性化需求为核心的生产过程一方面表现出工业4.0大规模定制化生产的特征,同时这种以满足客户个性化需求为核心的生产逻辑必然要求过去的生产、销售与服务环节由相互分割的生产与商业模式向生产和服务环节的渐趋融合转化,工业的服务化特征将更加明显,工业与服务业之间的差别和分割将不再如往常那般显著。这也是工业转型升级的重要体现,蒋兴明(2014)详细论述了产业转型升级的内涵,认为产业转型升级包括产业链转型升级、价值链转型升级、创新链转型升级和生产要素组合转型升级。产业链转型升级是指产业从边缘环节向核心环节延伸,并取得对全产业链的掌控力。价值链转型升级是指从价值链低端向高端延伸。创新链转型升级是指产业技术实现原始创新、集成创新、引进消化吸收再创新、系统创新四个方面的升级。生产要素组合转型升级是指提高技术、管理、知识等高端生产要素在要素组合中的份额[1]。

　　工业4.0的服务化特征直接体现了上述产业转型升级内涵。首先,工业4.0的服务化使得未来的工业生产与服务业相互融合,使得工业生产主体所掌握的上下游产业链得以延长,对产业链的整体掌控力不断增强。其次,工业4.0的服务化特征使得工业与服务业之间重合的部分越来越大,彼此之间的界限也越来越模糊,这使得工业不再仅仅处于"微笑曲线"中间的低附加值环节,而是通过与服务业的融合来提升自身产品的附加值,最终使其逐渐向"微笑曲线"的两端移动,逐渐掌握高价值链环节。再次,工业4.0的服务化特征本质上是工业和服务业的相互融合,这种产业融合需要生产技术、管理制度、商业模式等众多相关环节的制度创新和技术创新作为支撑才能够得以实现,因此工业4.0的服务化特征必然会引起创新链的变动和升级。最后,工业4.0的服务化特征必然会导致生产过程中各种生产要素的角色和作用发生变化,根据郝大江和张荣(2018)的观点,随着技术的不断更新换代,要素的性质和作用将会发生变化,比如原有的区域性要素会由于技术的升级而转变为非区域性要素,从而使得不同地区的要素禀赋组合发生转变,最终导致工业生产过程中各种生产要素的重新优化组合,实现工业生产要素组合的转型升级。

---

① 蒋兴明.产业转型升级内涵路径研究[J].经济问题探索,2014(12):43-49.

4. 工业4.0的平台化特征：平台经济占主导地位

工业4.0条件下,生产制造中涉及的所有参与者和资源的交互提升到了一个全新的社会—技术互动水平。它将推动制造资源形成一个可以循环的网络(包括生产设备、机器人、传送带、仓储系统和生产设施)。该网络具有自主性、可根据不同的状况进行自我调控和自配置、基于知识、配备了传感器、分散分布,并包含相关的计划和管理系统。上述生产网络存在的目的是为了能够及时准确地掌握用户的个性化需求,该生产网络当中的所有生产要素都紧紧围绕这个主要目的而进行资源组合配置。因此,为了能够及时准确地掌握市场需求信息,同时及时调整生产过程中的要素组合,工业4.0背景下的生产活动需要依靠网络信息虚拟平台、物质网络平台以及要素交换和配置平台来进行。其中网络信息虚拟平台作为空间硬件载体,一方面可以作为网络交易平台及时汇集用户需求和交易信息,另一方面可以作为信息流的网络节点进一步引导货物流、资金流、人才流和技术流在全球范围内的流动配置。物质网络平台则是由世界各国公司、企业等组成的生产性平台,此时企业和公司作为生产性平台不再是相互孤立的生产主体,而是彼此密切配合的生产性网络的重要节点。此外,各类技术、信息与资金服务平台紧密配合,紧紧围绕用户体验和用户需求这个核心目标,分别提供相应的网络平台服务,从而保证工业4.0背景下生产活动的高效运转。

5. 工业4.0的共享化特征：产品产权进一步细分

上述工业4.0的服务化特征必然也会导致其带有共享化的特征,因为一旦企业由原本仅仅提供有形产品及售后服务的生产和运营模式向提供"产品＋服务"包的生产运营模式转变,完整的产品服务包应该包括服务、自助服务、产品以及支持活动的相关知识的话(Vandermerwe & Rada, 1988)[①],企业便会由以生产产品为中心向以提供服务为中心转变(Reiskin et al., 1999)[②],这样一种转变会导致产权归属方面发生显著变化。Makower(2001)从产权归属方面来定义制造业服务化的时候认为制造业服务化就是制造业企业不再转让产品的所有权,

① Vandermerwe S, Rada J. Servitization of business: adding value by adding services [J]. European Management Journal, 1988,6(4): 314 - 324.
② Reiskin E D, White A L, Kauffman J J, Votta T J. Servitizing the chemical supply chain [J]. Journal of Industrail Ecology, 1999,(3). 19 - 31.

而是出售产品的功能或服务[①]。Toffel(2002)认为制造业服务化是一种新的经济范式,该范式包括四个特征。第一,企业向消费者出售的是产品的功能和服务,而不是产品;第二,消费者根据产品和服务的使用情况进行支付;第三,企业保留产品的产权,不再将产权进行转让;第四,消费者无须参与产品维修等环节[②]。由此可见,工业 4.0 的服务化特征必然会带来产权归属的变化,使产品产权由过去的完全转移变为部分转移,使产权的各项权利(如使用权、占有权、所有权等)更加细分。而这种产权的细分和部分转让形式背后是共享化特征的具体体现。

6. 工业 4.0 背景下的产业集聚动态效率将进一步提高

Henderson(2007)和 Krugman(1999)认为由于地理环境和要素空间分布差异,经济空间在本质上是非均质的,要素作为经济空间的重要载体,由于其属性不同进而导致要素的流动性存在差异,有些要素能在区际之间流动,有些要素不能在区际之间流动,因此可以将在不同区域间进行自由流动的要素定义为非区域性要素,而那些不能在区域间自由流动且在某些特定区域才有的要素定义为区域性要素(郝大江,2018)[③]。区域性要素禀赋是刻画特定区域显著区别于其他区域的主要经济空间特征。任何经济活动都是区域性要素和非区域性要素相互配置的结果,产业集聚的本质也是区域性要素与非区域性要素进行有效配置的体现,正是这种要素优化配置所实现的效率提升才是要素聚集的重要内生动力,也决定了生产要素的流动方向。要素配置的对象和形式决定了经济效率,而效率决定了要素集聚的内容和性质。这事实上也解释了经济集聚的空间选择问题。在竞争条件下,非区域性要素必然选择与其配置效率最高的区域性要素进行生产,当非区域性要素锁定到其边际效率最高区域时,生产就会常态稳定,经济集聚就在该区域形成并不断加强。以往条件下,受制于空间、距离的限制以及行政干预、地区分割等因素的制约,区域性要素表现出严重的稀缺性,非区域性要素的流动效率也较低。此外,受制于区域性经济空间的有限性,即经济空间当中区域性要素的稀缺性,产业集聚往往在达到一定规模和水平之后,出现严重的

①　Makower B J. The clean revolution: technology from the leading edge [D]. Presented at global business network worldview meeting,2001,6(18).

②　Toffel M W. Contracting for servising [D]. Hass school of business university of Califorlia Berkely working papers,2002.

③　郝大江,张荣. 要素禀赋、集聚效应与经济增长动力转换[J].经济学家,2018(1):41-49.

拥挤效应,进而降低其集聚效率。

在工业4.0时代,由于先进技术的不断推广和应用,信息通信技术使得信息得以瞬时传输,越来越多的区域性要素转变为非区域性要素,此外,非区域性要素的流动范围和流动速度也随着技术、环境等外部因素的不断变化而不断扩大和提高,在这一背景条件下产业集聚的动态性将大大增强,即各种要素的进入和退出以及跨区域流动配置的频率不断提高。根据经济学基本原理,如果假设要素流动的目的是为了追求其边际产出最大化,那么这种产业集聚过程中要素动态配置趋势不断增强的结果必然是产业集聚的动态效率不断提高,即产业集聚过程中的要素配置效率不断提高。

综上所述,工业4.0的核心特征与流量经济的基本特征一脉相承,由于流量经济是信息化时代背景下的全新经济形态,工业4.0作为信息化时代背景下工业转型升级的主要方向,同时其也作为流量经济的重要组成部分,其呈现出的核心特征必然与流量经济的核心特征密不可分。

| 第二节 | 工业 4.0 对制造业流量的影响

第一节重点分析了工业4.0背景下制造业所呈现的流量化、智能化、服务化、平台化、共享化、空间化等新特征,这些新特征相互交织、相互影响,共同作用于制造业的生产、管理和销售等各个环节,对制造业的要素流量产生了重要影响。本节重点分析在工业4.0全新特征下,制造业的信息流、货物流、资金流、人才流、技术流在流动数量、流动速度、流动方向和流动模式等方面具有哪些全新特征,或者说工业4.0对制造业的流量产生了怎样的影响。

一、制造业信息化智能化趋势提升了要素流动的质量与速度

1. 对信息流的影响

制造业的信息化和智能化使得制造企业在进行生产和销售活动的过程中,其生产和经营决策更加依赖于各种有益的信息,以便能够做出最优的生产经营决策。此外,制造业的信息化和智能化使得其在生活和经营过程中所产生的一系列信息变得极具价值,这些信息一方面成为企业的经验资源,另一方面这部分信息通过先进的信息通信技术在实现瞬时传输的过程中对其他经济主体的决策

行为产生重要影响,市场中的充裕的信息流使得不同经济主体之间的信息不对
称程度大大下降。由于信息流是其他要素流量进行流动配置的先导性条件,因
此与制造业相关的信息流当中信息量的增长、质量的提升以及信息传输速度的
提高,必将对其他要素流量的流动和配置效率产生积极影响。

2. 对货物流的影响

在供给侧,厂商的生产过程智能化程度大幅度提升,智能工厂的大量涌现,
使得生产过程成为一个具有自主性、可根据不同的状况进行自我调控和自我配
置、基于知识、配备了传感器、分散分布,并包含相关的计划和管理系统的智能化
生产过程。这种生产过程会使企业的存货量大大降低,货物的生产速度大幅度
提升,从生产到销售再到资金回笼的周期大幅度缩短。在需求侧,工业 4.0 时
代,制造业生产的产品是智能产品,智能产品具有独特的可识别性,可以在任何
时间被识别出来。智能产品的可识别性和自主性均围绕消费者需求和偏好来构
建,因此,在这种背景条件下,专门负责商品销售的中间销售商将逐渐消亡,商业
模式由现在的 B2C(business to consumer)向 M2C(manufactory to consumer)
转变。届时将是工厂与消费者之间直接进行市场交易的过程,这必然导致产品
运输规模的小型化,产成品的流动频率也将大大提升。此外,由于届时消费者对
商品需求和偏好的细化,导致消费者往往只需要商品的某些功能而非全部功能,
因此并不一定需要取得商品的全部产权,而是仅需要其一定时间内的部分使用
权即可,因此届时将导致各种形式的分时租赁行业发展,用以对商品产权进行分
割,这些都将导致货物流量的爆炸式增长及其流动频率的显著提升,最终将带动
智能物流产业蓬勃发展。

3. 对资金流的影响

制造业厂商与消费者之间端到端的生产和销售模式将使制造业的资金周转
速度大幅度提高,资金使用效率显著提升。从制造业厂商内部来看,高度智能化
的生产过程和直通消费者的销售过程将导致企业没有必要再预备数额较大的现
金以备不时之需,其资金将会在生产和销售过程中被充分利用。从金融机构来
看,届时金融机构的业务导向将向制造厂商和消费者的支付过程倾斜,为其支付
过程提供高度信息化和智能化的支付手段,而这种信息化和智能化的支付手段
将意味着资金可以实现瞬时传输,因此这又将进一步提升资金的流动速度和流
动效率。

4. 对人才流的影响

工业 4.0 使得企业的员工不再从事简单的劳动任务,因为这些劳动任务已经全部交由信息化、自动化的生产机器来高效率完成。因此,企业的员工要实现自身价值的增值,就需要更加专注于具有创新性和高附加值性质的管理与研发活动上,而这些活动是机器所无法替代的。其结果会使他们更专注在关键角色上,特别是质量保证方面。与此同时,通过灵活的工作条件,员工的工作和个人需求之间可实现更好的协调。届时的人才流动将不再仅仅局限于实际空间范围内的流动,得益于工业 4.0 的实施为人们提供的更为灵活的工作条件,其更多将是人才身上附有的人力资本突破时空限制,可以在虚拟网络空间范围内进行流动配置,这种流动配置打破了时空的界限,降低了人才流动的实际成本和滞后性,提高了人才流动的质量和效率。

二、制造业行业融合趋势拓展了要素流动的空间

从信息流角度看,制造业的行业融合趋势将会造成原本不同类型、不同领域、涉及不同行业和专业的信息之间的融合与加工,最终以复合型信息的形式进行流动和传输。这主要是因为行业的融合性发展使其所需要的信息不再仅仅局限于原来的行业领域,与其相关行业的信息也将对其生产和销售等经济活动产生重要的引导性作用。因此,在工业 4.0 时代,信息加工和传输的软硬件设施已经空前发达的条件下,原本孤立的不同领域的信息必然会被重新整合加工,以复合型信息的形式进行流动,这种复合型信息所承载的内容将是原本不同领域信息高度整合加工后所保留的最有用的信息内容。这种信息流无论在内容上还是在传输过程上,都是一种信息效率提升的体现。

从货物流角度看,从现阶段制造业与服务业之间的融合趋势来看,Ivanka Visnjic Kastalli(2013)研究发现,劳动密集型制造企业的服务化升级能够提升企业销售额,而且这种影响并非线性的[①]。Marko Kohtamäki(2013)对芬兰 91 家制造企业的数据进行了实证研究,结果发现企业销售额与服务提供呈现 U 形

---

① Ivanka Visnjic Kastalli, Bart Van Looy. Servitization: disentangling the impact of service business model innovation on manufacturing firm performance [J]. Journal of Operations Management, 2013, 31, (4): 169 - 180.

关系①。由此可见,制造业与其他行业之间的相互融合将会提升制造企业的商品销售量,这从一个侧面似乎印证了制造业与其他行业的相互融合将提高货物的流动数量。从货物流动的性质和形式来看,工业 4.0 时代的商品和货物在生产和销售环节的流动始终围绕着消费者的个性化需求来进行,而这种个性化需求往往需要多种类型、原本不同行业生产的商品和服务才能够得到满足,因此在货物或者商品流动的过程中,更多的将是一种"产品＋服务"包的形式在进行流动。

从资金流角度看,制造业的行业融合趋势打破了原有的行业分割局面,企业混业经营的普遍性使得企业资金流的流动不再仅仅是在企业所属行业上下游之间流动,其资金流动的方向已经打破了行业和所属产业链条的局限,随着行业融合趋势的不断加强,商品在以"产品＋服务"包的形式进行流动的过程中整合了多个行业的产品和服务,最终导致制造企业所处的产业链条和价值链条无论在长度还是宽度上都有所扩展。因此,在该条件背景下,企业的资金流向更加分散化,由之前的链条式流动向网络化流动转变。

从人才流角度看,专属于某一个行业的专业性人才将不再受企业的青睐,制造业的行业融合趋势使得企业更加需要掌握多种行业技能的复合型人才。同时,随着行业融合趋势的加强,人才在不同行业之间的流动配置将更加自由和宽松,以往的行业分割导致的人才流动限制将不复存在。

三、制造业共享化趋势实现了要素的优化配置

从信息流角度看,制造业的共享化趋势可以很好地消除信息不对称,信息技术的迅猛发展使得消费者能够非常容易查看到相关服务和产品的质量评价、用户体验评价等历史记录,而制造业企业作为产品和服务的提供方也由于评价与其收入挂钩而产生了提供优质产品和服务的激励。

从其他流量角度观察,多边平台理论认为,制造业的共享化趋势会产生很多平台型公司作为服务提供方和使用者之间直接交易的组织者,形成最初的双边市场,帮助更有效地使用从前未被充分利用的资源,增加市场竞争,同时为消费者提供更多选择。随着第三方支付机构、广告商等其他利益相关者的加入,而逐

---

① Marko Kohtamäki, Jukka Partanen, Vinit Parida, Joakim Wincent. Non-linear relationship between industrial service offering and sales growth: the moderating role of network capabilities [J]. Industrial Marketing Management, 2013, (42): 1374 - 1385.

渐形成多边市场平台。在这一过程中,我们可以发现,制造业的共享化趋势会引致众多的利益相关经济主体参与产品的提供和销售过程中,而利益相关经济主体的参与必然会引致相关的货物、资金和人才的流动和聚集,得益于共享商业模式的网络外部性,各个经济主体所涉及的要素流量在流动中进行重新优化配置。

四、制造业产业集聚趋势推动了要素流量的高效整合

首先来看信息流,在工业 4.0 时代,由于信息通信技术的不断发展和交通运输效率的不断提升,越来越多的区域性要素转变为非区域性要素,这必将引发产业集聚区域内部生产要素的重新配置组合,以达到最优的资源配置状态,而要素的重新优化组合必将使制造业原本的集聚格局发生改变。一方面,区域性生产要素向非区域性要素的转变使得产业集聚的空间局限被逐渐打破,这会使制造业的产业集聚过程中产生"拥挤成本"的集聚规模"门槛点"被推迟,制造业将在更大范围内进行高度的集聚。另一方面,这就意味着在将来,城市作为重要的产业集聚地,其规模将进一步扩大,只有大型城市才能符合未来产业集聚的要求。而城市同时作为流量经济的重要平台和各种要素流量的节点,各类信息也必将在此高密度汇集,经过进一步的流动、重组、整合和运作之后,由产业集聚的节点城市进一步向其他信息目的地流动和汇集。由此可见,工业 4.0 背景下制造业集聚效率的提升必将导致信息流的高度集聚和整合。

从其他流量来看,制造业产业集聚效率的提升主要表现为产业集聚的动态性将大大增强,即企业的进入和退出以及跨区域流动配置的频率不断提高。这种企业进入和退出频率的提高在提高要素配置效率的同时,也会导致货物流、资金流和人才流在流量、流动方向和流动频率上的变化。企业进入和退出频率的提高必然会导致与该企业相关的货物、资金和人才在某一领域的频繁进入和退出,这使得这些要素的流量变大,同时流动的频率提高,重新配置之后的流动方向更具有不确定性。但是,只要保证信息是通畅和对称的,且不存在外生性流动门槛,那么上述要素流量的流动和重新配置将有助于资源配置效率的提升。

第三节 | 工业 4.0 时代制造业发展趋势对流量经济的影响

如前文所述,工业 4.0 时代背景下,制造业发展呈现出全新的趋势特征,而

制造业的这些全新特征又对其在生产、管理和流通过程中的各种要素流量产生重要影响,使其流量在流动速度、方向、频率、数量等方面均呈现出与传统存量经济迥异的规律特征。而制造业要素流量在各个维度的变化又势必会对流量经济的运行和发展产生重要影响。因此,本节在前文基础上进一步探讨制造业的上述发展变化和趋势特征对流量经济产生怎样的作用。

一、资源速配格局导致经济周期现象消失

工业 4.0 时代制造业的智能化与信息化发展趋势、产业融合发展趋势、共享化发展趋势和集聚效率的提升,都将提高制造业资源的配置效率。从智能化和信息化发展趋势来看,制造业以智能工厂和智能产品为标志的智能化、信息化生产过程,其本质就是利用大数据结合消费者的偏好和需求信息,使生产过程的投入产出效率达到最大化;从产业融合发展趋势来看,要素的流动打破了原有的行业界限,通过要素的跨行业流动,使其可以在更大的行业空间内进行资源的优化配置;从共享化发展趋势来看,消费者的偏好信息和个性化需求被不断地细分,导致产品的功能被进一步分化并且在不同消费者之间共享使用,同时制造业共享化发展趋势引致了一批平台公司的产生,平台经济带来的网络外部性使不同利益相关者主体围绕该平台集聚、整合,其所涉及的要素流量也被进一步优化配置;从制造业集聚效率的提升来看,通过企业进入和退出机制,资源得以被重新优化配置。

这种信息化和智能化所导致的资源速配格局,会导致我们已经习以为常的经济周期现象逐渐消亡。几百年来我们遇到的所有经济危机都是存量经济(大工业化时代)背景下生产过剩的危机,这种经济危机的本质原因就是资源的错配。而工业 4.0 背景下制造业的各种全新发展趋势都能够不同程度地盘活存量资源,比如制造业共享化的本质就是闲置资源使用权的暂时性转移,进而让商品流、服务流、数据(资源)流及(人的)才能流等要素流量具有共享渠道,最大限度地实现资源的有效配置。智能化和信息化趋势则表示企业的生产过程将不再需要大量的存货资源以应对需求的意外变动,其智能工厂可以完全将这种随机因素纳入生产过程当中,实现资源的有效利用。因此,在工业 4.0 背景下,制造业的全新发展趋势有望消除经济周期现象。人类的工业化历史,也是一个经济危机不断产生的历史。经济危机造成了资源的极大浪费,也使广大人民群众阶段性地陷入危机的痛苦之中。凯恩斯的宏观经济理论曾指导政府通过宏观干预政

策使经济体尽快地从经济危机所导致的萧条中走出来,但由于工业化的本质特征没有改变,这种宏观调控政策只能是延长周期的时间或减轻周期的振动频率,并没有消除经济周期。而当经济进入信息化和智能化时代后,通过信息化导致的流量变化规律的改变,会使工业化时期长期存在的经济周期现象消失。这应该是信息化智能化时代带给人类最大的福音之一。

二、推动生产模式和商业模式创新发展

大数据的广泛运用不仅使消费者的偏好产生巨大变化,而且使得企业原有的生产与营销模式发生颠覆性变化。大数据的充分运用使得企业可以及时掌握消费者的偏好信息及其变化,因此,企业为了占领更多的市场份额,会不断根据消费者的最新偏好来设计自身的产品特征以及生产与销售计划,因此导致产品的更新换代速度大大加快,同时企业之间的竞争也日趋激烈。在经典理论中,企业是各种生产要素的一种配置方式。这些生产要素一般被概括为资本、劳动力和技术,其生产函数可以表达为:$Y = F(A, K, L)$。而在工业 4.0 背景下,企业的生产函数变为:$Y = F[A(D), K(D), L(D)]$,即此时的资本、劳动力和技术将不再外生给定,而是由信息(D)条件内生决定其最优的要素投入数量和投入方式,形成最优的要素投入组合来进行生产。

三、引发产权制度变革

工业 4.0 背景下,制造业的智能化、信息化和共享化发展趋势使得原有的产权结构受到挑战,商品在交易过程中产权被完整转移的趋势将被逐渐弱化,随着消费者对商品的个性化需求日益多样化,出现了对商品和服务的部分功能存在需求的现象,因此导致消费者往往"租而不买""用而不占"。制造业信息化和智能化的生产方式日渐成熟,随着商业模式的不断创新,满足消费者上述个性化细分需求的技术条件和生产条件都已经具备,因此在这种供求关系下,传统的产权制度将受到挑战,商品的产权被无限细分,使用权被分时高频率转移,但是所有权的转移频率将有望下降。这一方面是资源进一步优化配置的表现,另一方面其对产权制度的挑战将进一步引起产权制度以及相关法律制度的变革。

四、形成行业竞争模式和策略多样化格局

传统微观经济学的市场结构理论一般认为企业在不完全竞争市场条件下抢占市场份额、争取超额利润的方式一般为产量竞争和价格竞争。产量竞争适用于垄断竞争或者寡头垄断行业结构,价格竞争除了上述市场结构条件外,还需要企业的技术进步条件以压低成本来获取成本价格优势。而在工业4.0背景下,制造业的竞争将不再局限于产量竞争和价格竞争这两种竞争手段。工业4.0所处的大数据时代,消费者的个性化需求引发产品和服务的差异化并且使得制造业企业的大规模个性化定制性生产模式成为主要生产方式,因此,产品和服务的差异化竞争将进一步成为制造业行业企业之间的重要竞争手段。且在信息化时代,由于信息流的畅通传输导致制造业行业企业之间的信息不对称程度大大降低,因此,制造业企业竞争过程的动态性将空前加强,其竞争手段、竞争格局将保持高频率的更替迭代,这必将导致制造业行业企业之间竞争程度的持续增强。

第四节　技术流量加速溢出推动整体科创水平的提升

技术流是流量经济的重要组成部分,制造业的企业与从业人员是技术创新的重要主体。纵观人类科技发展史,工业4.0时代与之前的各个历史阶段相比,其科技创新水平、科技活动的活跃度、科学技术的溢出和扩散速度均呈快速提高态势,由此必将导致流量经济当中的技术流在流动数量、流动速度与流动方向等方面发生重要变化。本节根据科技创新活动模式以及科技创新成果的转移扩散方式,将其大致分为四个阶段,以便我们能够更清楚地掌握工业4.0时代背景下的技术流量特征与趋势。

一、第一阶段：偶发性非常规化的科创阶段

这一阶段是第一次工业革命之前,彼时的科技创新活动多为民间拥有特殊兴趣爱好与技能的人所进行的发明活动。由于这部分人并不是专职从事某一领域的发明活动,因此其发明活动并不具有常规化特征,且其发明成果具有较强的偶然性。从新技术的扩散传播来看,这一阶段新技术的扩散传播速度非常缓慢,

常常需要几十年甚至上百年的时间。

在这一阶段,最具代表性的是中国古代的四大发明。以造纸术为例,东汉宦官蔡伦对传统造纸术的改进使得纸张的生产和使用在中国逐渐盛行起来。但是直到 400 多年后的公元 6 世纪左右,中国的造纸术才逐渐传播到东亚其他国家和地区。又到公元 10 世纪左右,造纸术才进一步传播到欧洲大陆各国。再来看中国的活字印刷术的技术传播与扩散过程,可以发现自从宋朝毕昇发明活字印刷术之后,经过了近一个世纪的时间才逐渐传播到埃及和印度地区。直到 14 世纪,欧洲才真正流行印刷术。此外,中国将火药用于军事领域是在唐朝,但是火药的制造技术直到 400 多年之后才传播到阿拉伯国家地区以及欧洲各国。

从上述发明史中可以发现,这一阶段的科技创新大多为偶发式创新。首先,创新的主体具有非专业性。如造纸术的改进者蔡伦是一个宫廷宦官,而火药最早是由道家的炼丹者们偶然发现的。只有活字印刷术的发明者毕昇是印刷铺的工人出身,其发明成果与其从事的职业较为密切。此外,受限于落后的交通和通信手段,世界各地基本仍处于分割孤立状态,因此这一阶段技术成果的扩散和流动呈现十分缓慢的态势和特征。我国四大发明最终传到欧洲以及世界各地,前后大多经历了近百年甚至好几百年的时间。

二、第二阶段:市场竞争机制下的常规化创新

18 世纪 60 年代到 19 世纪中期为第二阶段。工业革命的兴起带动了资本主义经济的蓬勃发展。与此同时,人类进入工业时代,社会生产力水平较以往有巨大的提高。在资本主义经济条件下,研发创新成为企业葆有竞争力的重要手段,企业进行研发创新的积极性与之前相比空前提高。与此同时,资本主义市场经济条件下,企业之间的竞争最终逐渐演变为寡头垄断的市场格局,而寡头垄断企业之间的进一步竞争,往往决定其企业的生死存亡,这种市场格局具有更加强大的动力来推动企业进行创新活动。

同时,在技术扩散方面,资本主义市场竞争机制的确立、知识产权制度的推广,使得技术成果快速扩散的市场激励机制不断形成和完善,技术在上述激励机制条件下快速扩散。即一项技术的拥有者往往一方面将自己的某项技术既作为自己的中间产品投入,同时又将该技术出租给他人以获取更高的利润,这样导致在美国和其他一些发达的国家中,技术交易和某公司专利技术的许可使用成为普遍现象。

综上所述,这一阶段得益于工业革命、得益于资本主义生产力的快速发展,技术流的体量不断扩大。同时在技术扩散方面,即技术流动速度方面,这一阶段的技术流动速度和流动频率较第一阶段有了空前的提高。但是,我们也应该认识到,这一阶段的技术流量和流动速度的不断提高,主要是得益于市场经济激励机制的建立和完善,主要是市场激励机制驱动了技术的流动和扩散。这一阶段在技术流动的载体和所依靠的工具方面,受制于信息技术条件,仍然受到一定的制约。

三、第三阶段:信息技术革命催生科技快速发展

第三阶段为 19 世纪下半叶到 21 世纪初,这一阶段主要为第二次和第三次工业革命阶段,人类正式进入电气时代和信息化时代的初期。在第一次工业革命时期及其以前,科学技术对工业的影响十分有限。之前的科学技术成果多数是由从事某一行业的技术工人通过偶然发明的形式创造出来的。但是,在 1870 年之后,科学技术对工业经济的影响日渐突出,因此,专门从事科学技术研发活动的研究人员开始出现。很多工业部门成立了专门的研发实验室,通过购买贵重的研发机器设备和雇用具有专业知识的研发技术人才来从事科技创新活动。更多更为专业的技术人员不断参与到专业化技术创新领域之中,使得越来越多的新技术被发明和推广使用,这一阶段的技术流量相较于前一阶段进一步提高。

同时,随着第二次工业革命达到顶峰,内燃机等电气机械的发明和推广使用使得商品和生产要素的运输、流通效率大大提高。信息通信技术所发生的翻天覆地、日新月异的进步,一方面使得市场的范围不断扩展和深化,另一方面也使得信息的传输效率大大提高。随之而来的是技术流量在更大、更深范围内的流动和传播。借助于较为现代的交通工具和信息通信手段,技术流量的流动速度和频率较前一阶段进一步提高。

四、第四阶段:多形式多载体的技术流动、扩散与快速溢出

第四阶段便为工业 4.0 时代,这一阶段在前三次工业革命的基础上,随着大数据、云计算和物联网技术的不断发展与应用,经济活动的智能化特征不断凸显。经济的智能化趋势一方面体现在互联网等现代信息通信手段的广泛应用以及与经济的相互渗透影响,导致技术的流动和扩散速度大大加快,进而导致技术

的更新换代速度大大加快。另一方面使得经济当中服务业的比例不断提高,即使是制造企业也呈现出越来越强的服务化趋势,这使得技术流量的载体发生了变化,商品不再是技术的唯一载体,服务作为技术载体的角色作用不断凸显。技术流动和扩散载体的不断丰富,使得技术流量的流动模式也发生了变化,由原本的单向流动和层次流动模式转为更为复杂的网络化流动模式。网络化的流动模式使得技术的溢出和扩散效应呈几何速度快速增长,这是之前的几个阶段所不能比拟的。技术流量的流动和扩散模式如图 7-1、图 7-2 和图 7-3 所示。

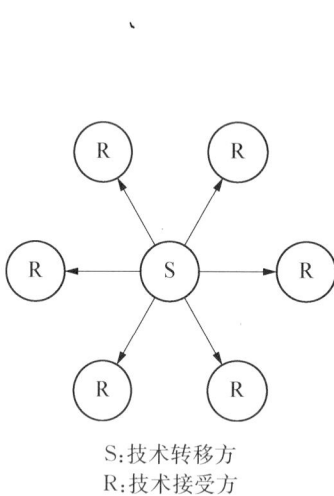

S:技术转移方
R:技术接受方

图 7-1 单项转移模式

资料来源:王远达,陈向东. 技术转移的经济效益与技术转移政策[J]. 科技管理研究,2002(2):59-64.

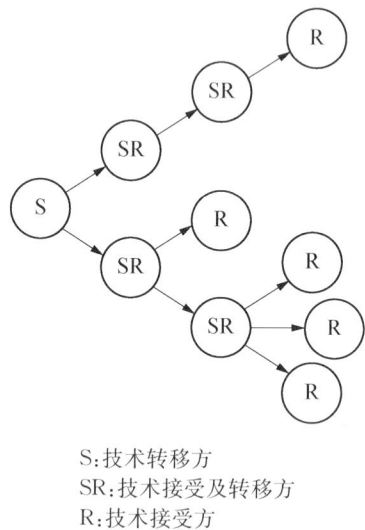

S:技术转移方
SR:技术接受及转移方
R:技术接受方

图 7-2 层次转移模式

资料来源:王远达,陈向东. 技术转移的经济效益与技术转移政策[J]. 科技管理研究,2002(2):59-64.

单向转移模式为技术转移方向多个技术接受方转让技术,从而完成技术的流动和扩散过程。这种模式主要发生在技术转移发展的初期阶段。而层次转移模式则是指技术转移方和部分技术接收方向其他技术接收方转移技术。这种模式在技术转移的国际化合作过程中发挥了重要作用,即这种模式是在技术转移发展到一定程度和阶段后逐渐成熟发展起来的一种技术转移模式。而在工业 4.0 背景下,技术的转移扩散更多地呈现出复杂的网络化模式(见图 7-3)。在这种模式下,技术转移和扩散的主体不断变换自己的角色,既是技术的转移方又

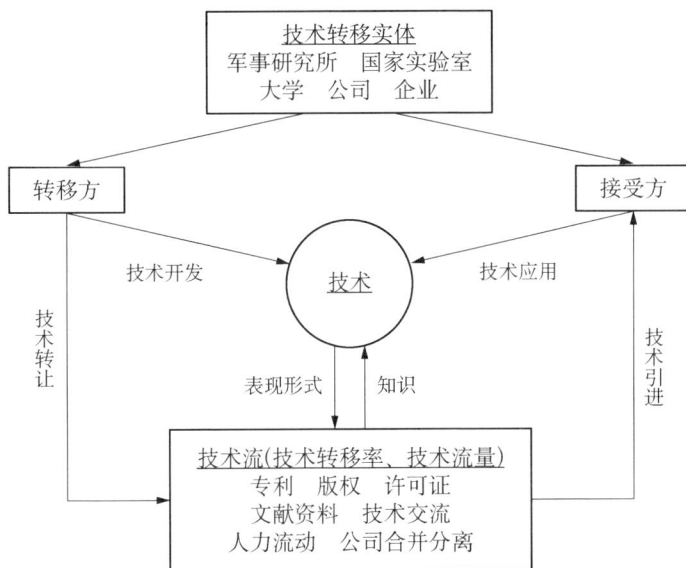

图7-3　技术转移网络模型

资料来源：王远达,陈向东.技术转移的经济效益与技术转移政策[J].科技管理研究,2002(2)：59-64.

是技术的接收方。同时在这种网络化模式条件下,技术转移除了专利交易、技术许可使用等正规形式之外,还包括经济主体之间的人力交流和技术交流,以及经济主体在参与经济活动的过程中,通过产品和服务等技术载体自动获取技术信息等自发形式。多形式多载体的技术流动、扩散与快速溢出,是工业4.0条件下技术流所呈现出的显著特征。

第八章　流量经济框架中的资金流

资金流是流量经济体系中一个重要的流动要素。本章基于资金流动的一般规律,力图构建一个资金流量的理论框架,并探讨资金流动的路径依赖和作用机制。在互联网全面渗透金融领域的背景下,本章将进一步讨论互联网在金融领域的应用和资金流动的新变化。

| 第一节 | 流量经济与资金流

本章所讨论的流量经济框架中的资金流与宏观经济核算中的资金流量有着本质的不同[①]。经济核算中的资金流量分析是一种宏观经济分析方法,强调整个经济体系中政府部门、非金融企业部门、家庭部门、金融部门、国外部门的资金流量。从这种角度出发的资金流量分析强调资金在各部门的流动以及核算,有利于货币当局制定合理的货币政策[②]。而流量经济框架中的资金流,既包括用于购买实物的资金流动,又包括金融市场中的资金流动,它存在于整个经济运行的过程之中。该角度强调资金流与人、财、物、信息、技术相结合的流动以及产生的资源配置效应。

[①] 资金流量分析方法由莫瑞斯·A. 科普兰(Morris A. Copeland)在 1952 年创立。1968 年,联合国编制了系统的国民账户体系,为资金流量分析建立国际统一的统计方法。该方法在使用过程中几经修订,与此相关的资金流量分析的分类和使用功能不断充实,货币金融统计和资金流量分析关系也明确规定。本书对资金流的定义为,处于流通领域或流通过程中的财产物质的货币表现或价值表现,它与生产领域的资金是相对应的。具体表现为金融资产流动形成的金融流量以及货币资金在不同区域内的流进流出。

[②] Klein L R. "Preface" in: A. E. Fleming & M. M. Giugale(ed). Financial systems in transition, World Scientific; Singapore, 2000.

一、实物资产的资金流动

小罗伯特·B. 埃克伦德(Robert B. Ekelund)在《经济理论与方法史》一书中归纳经济思想家对价值理论的认识时指出:"从坎蒂隆到休谟,从魁奈和杜尔阁到斯密,而且在下一个世纪,从桑顿到李嘉图都看轻了货币的重要性,他们坚持认为劳动和自然资源是财富的基础。"价值的基础要素是自然资源和劳动,为了经济分析的需要,可以把劳动分为体能劳动和知识劳动两个部分。为了进一步的经济分析,劳动的价值可以分为体力劳动和智力劳动,其中智力劳动是人力资本的体现,又称为知识劳动。新古典经济学产生以后,微观经济学才把资本视同一般的价值,把资本同资源和劳动一起纳入生产函数的分析框架。在实际的经济分析中,资本与实物资源具有显著的不同,资本的重要性越发突出,衡量一个地区资本存量和流量的指标有地区存款量、银行存贷款量、吸引外资的存量和流量以及地区投资量和融资量,等等。

在现代经济社会中,社会分工的细化使得实物之间的交换通常在多个商务实体之间进行,实物资产是商务实体之间进行交换的对象。各商务实体对商品流通的贡献也不一样,存在着供应商、运输商、分销商、销售商等。从整个经济活动出发,实物流实质上构成了更大范围的物流活动,物流是实体间商品流的一个独立集合。从微观企业主体出发,在企业的生产经营过程中,各种不同形态的实物在生产经营各环节中按顺序流动,如供应部门购买了原材料先入仓库,然后发往各个车间进行加工处理,制成产品,经包装发往商业、物资部门和用户。

实物流代表交易双方价值的再分配,从市场上看是交易实体间的买卖过程。虽然实物流通渠道在经济发展的不同阶段具有不同的流通形式,但只要存在实物商务活动,交易过程最终都必须通过实物从卖方到买方的直接转移而完成。实物之间形成的流动对应着相应的信息流动和资金流动。如实物流动过程中的资金结算情况和相应的计划任务、进度安排、完成情况等。资金流和信息流必然随着实物的流动产生。在企业生产过程中,原材料等实物是按照相关程序和时间安排流动的。

从实物资产的资金流角度,资金流发生在交易的买卖双方之间,其流向和实物流相反。实物流代表的是商品再分配的过程,资金流反映的则是资金再分配的过程。但是在现代社会中涉及交易活动双方的资金流一般通过第三方媒介来完成,即实物资产的资金流动过程涉及一个第三方的过程。

二、金融资产的资金流动

金融资产是一切能够在金融市场上进行交易,具有现实价格和未来估价的金融工具的总称[①]。詹姆士·托宾把金融资产定义为可以转让的信用,并且沿袭了凯恩斯关于流动性的讨论,把金融资产所包含的风险汇总为流动性风险。在现代经济社会中,金融市场为金融资产的交易场所,金融市场上证明金融交易的金额、期限、价格的书面文件被称为金融工具。金融市场有广义和狭义之分,广义的金融市场是所有资金供需的交易场所,狭义的金融市场则指的是证券发行和交易的市场。本章讨论金融资产的资金流动,指的是广义金融市场上金融资产的流动。在现代经济中大多数资金是通过金融中介渠道流动的,伴随着金融深化的逐步推进,资金流动的渠道更为深化和复杂。传统的流通渠道主要有银行信贷渠道、资本市场渠道、政府资金渠道以及利用外资渠道[②]。

(1)银行信贷渠道。银行作为传统的金融中介渠道,其在我国金融体系中占据重要的地位。银行金融中介的功能在于帮助撮合资金盈余方和资金需求方的对接,通过吸收储户存款并以发放贷款的形式为资金需求方提供资金,资金需求方借助银行这个中介机构实现从资金盈余方那里借入资金。我国的银行体系由四大国有银行(中国银行、中国建设银行、中国农业银行、中国工商银行)、本土银行(城商行、农商行等)以及外资银行(渣打银行、花旗银行等)构成。银行与其他金融机构最大的区别在于存款,存款是现代社会的重要货币形式之一。从国家角度出发,银行的稳定事关国家信用货币的稳定,是国家金融体系的基石。银行对社会的贡献还在于把储蓄(S)有效转化为投资(I)的过程。储蓄(S)转化为投资(I)的速度和效率越高,金融资产的流动强度和能力越高。银行金融机构的丰富意味着货币资金的规模的增大,金融机构之间的资金往来更为密切,资金的流动更有效率。

(2)资本市场渠道。资本市场通过买卖有价证券实现货币资金的流动。与银行中介渠道不同是,资本市场渠道是资金供给者和资金需求者直接对接的市场。资本市场的资金供应者为各非银金融机构,如券商公司、保险公司、投资公司、信托公司、基金公司、私募公司等。资金的需求者主要为国际金融机构、各国

---

① 马冰.居民收入差距问题中的金融资产效应分析[J].金融理论与实践,2004(7):49-51.
② 杨晓丽.中国区域资金流动机制与效应研究[D].徐州:中国矿业大学,2009.

政府机构、工商企业、房地产经营商以及向耐用消费零售商买进分期付款合同的金融销售公司等。资本市场的交易对象为股票、债券和基金等标的，资本市场的发展对资金流的影响是不言而喻的，通过相应的平台进行高频交易，资本市场的发展显著提高了资金流动的效率。

（3）政府资金流动渠道。金融业作为经济资源的配置工具，被称为经济的"策略师"。金融如此重要，如果仅靠市场这只无形的手配置资金流动的渠道，自然无法克服市场失灵的问题。因而政府层面的资金流动渠道作为"有形的手"，通过财政政策的运用，从国家或者政府层面进行基础设施的投资。如铁路、公路、地铁、机场等基础设施的投资，项目资金需求规模大、投资回报周期长，该领域的投资还需借助政府渠道的资金流动。除此之外，政府税收优惠和减免、特殊资金的支持计划也是政府资金流动渠道的重要组成部分，这种优惠政策的使用主要是为了快速推进区域内资金的流动和汇集。如改革开放以来深圳特区、浦东新区以及雄安新区的建设，借助相应的政策支持，迅速成为资金流动的汇聚地。

（4）世界范围内的跨国直接投资（FDI）通道。近年来随着经济全球化与贸易全球化的深入，跨国企业为追逐高利润在全球范围内进行生产和销售的布局。迅速增长的跨境直接投资已经成为资金流动渠道中的重要一员。跨境直接投资渠道既包括创办跨国企业、设立子公司或附属机构形成的资金流动，又包括国际金融机构全球配置股票、债券等资源。表 8-1 为我国主要行业利用外商直接投资金额的情况。

表 8-1　2007—2016 年我国主要行业实际利用外商直接投资金额

单位：万美元

时间	实际利用外商直接投资总金额	农、林、牧、渔业实际利用外商直接投资金额	采矿业实际利用外商直接投资金额	制造业实际利用外商直接投资金额	电力、燃气及水的生产和供应业实际利用外商直接投资金额	建筑业实际利用外商直接投资金额	服务业
2007 年	7 476 800	92 407	48 944	4 086 482	107 255	43 424	3 098 233
2008 年	9 239 500	119 102	57 283	4 989 483	169 602	109 256	3 794 818
2009 年	9 003 300	142 873	50 059	4 677 146	211 206	69 171	3 852 817
2010 年	10 573 500	191 195	68 440	4 959 058	212 477	146 062	4 996 292
2011 年	11 601 100	200 888	61 279	5 210 054	211 843	91 694	5 825 342

（续表）

时间	实际利用外商直接投资总金额	农、林、牧、渔业实际利用外商直接投资金额	采矿业实际利用外商直接投资金额	制造业实际利用外商直接投资金额	电力、燃气及水的生产和供应业实际利用外商直接投资金额	建筑业实际利用外商直接投资金额	服务业
2012 年	11 171 600	206 220	77 046	4 886 649	163 897	118 176	5 719 626
2013 年	11 758 600	180 003	36 495	4 555 498	242 910	121 983	6 621 731
2014 年	11 956 200	152 227	56 222	3 993 872	220 290	123 949	7 409 596
2015 年	12 626 700	153 386	24 292	3 954 290	225 022	155 876	8 113 794
2016 年	12 600 100	189 770	9 634	3 549 230	214 677	247 744	8 389 087

资料来源：根据国家统计局数据整理。

第二节 流量经济与资金流动选择

资金流动影响区域金融业的竞争力及布局。资金流动规模的增加以及资金流动技术的发展会提高资金流动的频率和效率，资金流动的选择及产生的效应影响区域经济的发展。

一、我国当前资金流动规律

资金流动在我国各省市的分布很不均衡。从全国资金流动特点分析，北、上、广及省会城市集聚了我国的大部分资金流。从我国区域分布分析，东部地区是金融要素集聚度最高、门类最齐全、交易量最大、最活跃的地区。

1. 我国大部分资金流集中在北、上、广及省会城市

欧阳卫民（2010）根据中国人民银行大额支付系统的网络清算系统，对我国资金流动的特点和规律做了初步分析，认为北京是全国最大的资金集散地，上海和广东次之。资金流动在全国各省市的分布很不均衡，资金流动规模居前 10 位的省（市）处理的支付业务笔数和金额分别占全国的 71％和 85％。资金流动规模最大的 5 个地区依次是北京、上海、广东、江苏和浙江，北京的资金

流动规模为上海的 2.4 倍。资金流入流出的总规模排在前 5 名的地区分别是北京、上海、广东、福建和江苏。北京、上海、广东三地的支付业务金额和流入流出资金规模远远超过其他地区,这三个地区是全国的资金集散地,其中作为首都的北京是我国最大的资金集散中心。从全国支付业务各省市的情况来看,共有 22 个省(自治区)的本地业务占比超过 50%,其中 10 个省(自治区)超过 60%。这一数据表明大部分资金流量集中在省级行政区内部,即我国各省级行政区和经济区具有较高的吻合度,大部分省级行政区本身也是综合经济区[①]。

2. 资金流动水平成为经济活跃度的重要指标

目前官方没有提供直接反映资金流动水平的统计指标。本书借助地区金融机构数量、金融从业人数、年末贷款余额等指标侧面反映地区资金流动水平。2016 年末,我国各地区银行业金融机构网点共计 22.3 万个,从业人员 379.6 万人,资产总额 196.1 万亿元(见表 8 - 2)。

表 8 - 2　2016 年我国各地区银行业金融机构概况

	机构个数/个	从业人数/人	资产总额/亿	法人机构数/个
东部	88 408	1 640 816	1 123 925.3	1 486
中部	53 044	817 466	312 169.7	1 092
西部	60 418	927 464	379 404.4	1 353
东北	20 954	410 440	144 139.7	380

注:我国各地区包括东部地区、中部地区、西部地区和东北地区。东部地区 10 个省(直辖市),包括北京、天津、河北、上海、江苏、浙江、福建、山东、广东和海南;中部地区 6 个省,包括山西、安徽、江西、河南、湖北和湖南;西部地区 12 个省(自治区、直辖市),包括内蒙古、广西、重庆、四川、贵州、云南、西藏、陕西、甘肃、青海、宁夏和新疆;东北地区 3 个省,包括辽宁、吉林和黑龙江。
资料来源:中国人民银行。

表 8 - 3 的数据显示,2016 年我国东部、中部、西部和东北部银行业和证券业公司分布差异较大。我国各区域金融发展存在显著的不平衡,东部地区是金融要素集聚度最高、门类最齐全、交易量最大、最活跃的地区,银行、证券、保险等金融机构稳步发展,金融要素市场集聚效应显著。

---

① 欧阳卫民.基于大额支付系统数据分析的我国资金流动规律[J].上海金融,2010(11):21 - 25.

表 8 - 3　2016 年我国各地区证券业情况

	东部	中部	西部	东北
总部设在辖内的证券公司数(个)	84	12	18	6
总部设在辖内的基金公司数(个)	112	0	2	0
总部设在辖内的期货公司数(个)	105	14	15	7
年末境内上市公司数(个)	2 041	421	432	152
年末境外上市公司数(个)	431	77	31	30
当年国内股票(A 股)筹资(亿元)	12 116.7	2 137.7	2 313.0	811.5
当年国内债券筹资(亿元)	28 833.0	12 929.3	10 650.3	1 971.3
当年股票和基金交易额(亿元)	2 308 739.0	345 706.1	263 034.2	143 487.7

资料来源：中国人民银行。

二、互联网金融与资金流动

近年来随着金融科技快速崛起,大数据、云计算、人工智能、在线支付、区块链、虚拟货币等一系列技术创新,被广泛应用于支付清算、融资借贷、投资管理和保险等诸多金融领域。互联网金融用"开放、平等、协作、分享"的理念对金融服务方式进行变革,使得资金流动更为高效和便捷。随着互联网经济的崛起,互联网金融成为资金流动的重要渠道,其通道作用越发突出。

1. 互联网金融的定义

近年来互联网金融的快速发展受到国内外市场的广泛关注。互联网金融在国际上又被称为金融科技(Fintech),2016 年 3 月金融稳定理事会(Financial Stability Board,FSB)发布的《金融科技的描述与分析框架报告》第一次在国际层面对金融科技进行了定义,即通过技术手段推动金融创新,形成对金融市场、机构及金融服务产生重大影响的业务模式、技术应用及流程和产品。近几年随着数据挖掘、云计算、区块链等技术不断完善,出现了如 Atom Bank(英国)、Kreditech(德国)、蚂蚁金融(中国)等一大批互联网金融公司。我国的互联网金融指的是传统金融机构与互联网企业利用互联网等通信技术,实现资金融通、支付、投资和信息中介服务的新型金融业务模式[①]。目前学者普遍把我国互联网金融大致分为三个发展阶段。第一个阶段是 1990—2005 年的传统金融行业互联网化阶段,第二个阶段是 2005—2011 年的第三方支付蓬勃发展阶段,而第三个阶段是 2011 年至今的互联网实质性金融业务发展阶段。在互联网金融发展的过程中,我国互联网金融呈现出多种多样的业务模式和运行机制。

2. 互联网金融发展对资金流动的直接促进作用

互联网金融的发展对资金流动有着直观的促进作用。首先,互联网金融通过互联网终端替代物理网点和人工服务,无人工成本,运用互联网技术实现资源整合,缩短资金融通的中间链条,降低交易成本[②]。其次,基于信息理论出发,互联网金融的本质在于金融,互联网金融的使命在于利用新技术解决融资难、融资贵的问题,借助大数据和高频计算使得信息的处理效率更高,信用风险和流动性风险更低。借助网络平台,资金供求双方根据平台的相关数据完成相应的匹配和交易,丰富有效的大数据能够有效解决信息不对称问题。再者,基于互联网经济理论角度,互联网金融产品会随着客户的评价逐渐建立品牌和信誉,呈现出边际效应递增的态势。长尾理论在该领域的应用,意味着互联网金融一定程度上可以弥补传统金融服务的不足,为小微企业等客户群体提供金融产品和服务。最后,基于新信用理论视角,互联网平台所产生的云数据能较为客观地描述交易主体的履约状况和信用水平,展现其商业行为轨迹,比传统金融的事前信用评级信息更为全面深入。

对于金融用户来说,互联网的显著优点是服务便利、操作便捷,大幅度降低了金融行业的零售服务成本。以我国的余额宝为例,通过余额宝,用户不仅能够得到收益,还能随时消费支付和转出。用户在支付宝网站内可以非常方便地直接购买基金等理财产品,同时余额宝内的资金还能随时用于网上购物、支付宝转账等支付功能。转入余额宝的资金在第二个工作日由基金公司进行份额确认,对已确认的份额会开始计算收益[③]。随着互联网理财产品规模的扩大,资金体量不断膨胀。余额宝市场基金发布的 2017 年年度报告显示,截至 2017 年 12 月31 日,余额宝总规模达 1.58 万亿元,相比 2016 年底不到 8 100 亿元的规模,

---

① 2015 年人民银行等十部门发布的《关于促进互联网金融健康发展的指导意见》(银发〔2015〕221 号)。
② 冯科,何理. 互联网金融面临的风险与监管策略研究[J]. 农村金融研究,2017(9): 22 - 27.
③ 李庆治. "余额宝"又一次"改变"了银行[J]. 国际金融,2013(8): 69 - 71.

2017年的规模几乎翻倍。此外,成立于2010年的人人贷主打个人信用借贷业务,截至2017年人人贷成交额已突破546亿元。金融创新与金融衍生品不断发展会扩大投资选择,降低金融参与者的门槛。

三、互联网金融引起资金流动规律的变化

互联网金融引起资金流动规律出现了新的变化:一是传统金融机构互联网化;二是互联网企业的金融化。前者使得资金流动呈现数字化、便捷化,后者使得金融机构增加和多样化,提高了资金流动的规模和效率。

(1)传统金融机构互联网化。传统金融业务大致可划分为四大模块:存、贷、汇、撮。而传统金融机构互联网化指的是借助互联网技术,使得线下的四大业务向网络化、线上化转变,增强传统金融服务的有效性和便利性。目前,我国大多数银行机构和券商机构均搭建了互联网平台,尤其是手机App的搭建拓展了服务空间和时间,可为客户办理开户、支付、转账、理财、购买各类金融产品、咨询、简易贷款等业务。证券机构经纪业务开户与交易、基金申购和赎回等基本实现了网络化[①]。此外,信托公司、消费金融公司也开始在互联网领域尝试业务创新,开展产品销售、小额消费借贷等业务。便捷的网销平台搭建使得资金流动频率和效率迅速提高。

(2)互联网企业金融化。互联网企业利用自身技术优势,重新组合各种金融要素,提供差异化金融服务,取得了积极进展。互联网企业金融化主要业态包括第三方支付、P2P网络借贷、众筹融资平台以及大数据征信等(见表8-4)。

互联网技术实现金融产品和服务从实体到虚拟,从线下到线上的转变,互联网金融企业通过大数据、人工智能、云计算等科技优势形成了良好的用户体验和互联网运营能力。

(3)传统金融机构与互联网金融企业融合发展。传统金融机构在长期实践中形成了网点、客户、资金、风控等方面的优势,互联网金融企业通过大数据、人工智能、云计算等科技方面的优势形成了良好的用户体验和互联网运营能力。随着互联网金融发展政策不断完善以及市场需求的不断升级,传统金融机构和互联网金融公司越来越多地寻求合作共赢发展。互联网企业与金融企业的融合集聚,意味着资金流动的网络化、数据化的趋势将进一步发展。

---

① 李丹. 监管再加码　互联网金融业务将被纳入MPA [J]. 中国金融家,2017(9):103-104.

表 8 - 4　互联网企业金融化表现

名称	定　义	发 展 态 势
第三方支付	依法取得人民银行颁发的《支付业务许可证》的中介机构,为收、付款人提供的货币资金转移服务	2016 年,全国非银行支付机构网络支付业务达 1 639.02 亿笔,金额为 99.27 万亿元,同比分别增长 99.53% 和 100.65%
P2P 网络借贷	以网络借贷平台作为载体和媒介,为个人之间的借贷提供中介服务	截至 2016 年末,全国正常运营的 P2P 网贷平台共有 2 795 家,全年累计成交额 2.41 万亿元
众筹融资平台	融资者借助互联网平台,为特定项目向众多投资者融资,每位投资者通过少量的投资金额从融资者那里获得实物(如预计产出的产品)或股权回报	截至 2016 年末,全国共有正常运营的众筹平台 212 家,通过平台筹资额达 207 亿元,同比增长 80.1%
跨界融合形成的纯互联网金融机构	纯粹基于互联网,没有物理网点的互联网银行、互联网证券和互联网保险	2013 年 2 月,由蚂蚁金服、腾讯、中国平安等联合发起设立的国内首家互联网保险公司——众安在线获批成立。2014 年 12 月,深圳前海微众银行正式获准开业,成为全国首家互联网银行。随后浙江网商银行、四川新网银行等互联网银行相继开业。2016 年 3 月,东方财富网收购西藏同信证券,成为国内首家拥有券商牌照的互联网企业

资料来源:中国人民银行、艾瑞咨询、网贷之家。

| 第三节 | 流量经济与资金流效用机制

本节探讨的资金流的效用机制包括三个部分,即流量经济中资金流动的目的、资金流的作用和资金流的路径依赖。

一、流量经济中资金流动的目的

新古典经济学假定资本能在一国内自由流动,并在此基础上形成资本流动的趋同理论。但新古典经济学对资本内涵的假定含义较广,它不仅包括物质资本,还包括人力资本、知识资本。关于资本自由流动假定,在市场经济较为发达、市场一体化程度较高的国家或区域,这一假设具有一定的合理性。但是现实情况下资本并不能在区域之间实现充分流动,资金流动的趋同理论对现实的解释力度有待进一步商榷。基于此本书明确界定流量经济框架中的资金流,将资本界定为以货币形式存在的、作为生产要素的物质资本。

1. 资本自由流动是优化资金配置的基本方式

尽管内生增长理论强调技术进步在经济增长中的突出地位,但并没有因此抹杀经济增长中资本投入的边际贡献[①]。内生增长理论所提出的技术内生化,指的是技术作为经济增长的要素之一,以更有效的方式配置资源。技术的进步会影响劳动力和资本的配置。资源的错配短期来看会扭曲行业的发展,而长期来看会对整个宏观经济的发展形成阻塞。这也意味着资源的优化配置是实现经济增长的重要前提条件之一,这种优化的配置包含人力资本的优化配置、资本的优化配置和相应的技术进步。资本自由流动是优化资金配置的基本方式,任何区域的经济运行事实上都离不开资金的参与。资金在区域间的流动和集聚意味着劳动生产率的改善和竞争力的增强,区域资金流动是区域金融成长的重要表现,也是金融资源空间配置的根本途径[②]。资金是反映实物资产流动和金融资产流动的金融流量,资金流动是资金所有者出于赢利的目的,使资金从一个经济单位向另一个经济单位转移。

2. 资金流在市场经济作用下总是从收益低的部分流向收益高的部分

资金流动的目标是为了追求市场空间的利润最大化和效用最大化。在一个开放的经济环境中,一国资金的流动来源于两个方面:一是本国资金的流动,体现为基础货币的创造能力和储蓄转化为投资的能力;二是其他国家通过直接投资或间接投资形成的FDI。对外直接投资带动的资金流动具有长期的影响,伴随着跨国公司和技术基础上的投资,这种资金流动具有技术溢出效应。从资金流向来说,欠发达国家的资源禀赋一般为具有丰富的劳动力资源、土地资源或者自然资源,但是资本则相对短缺。因而跨国资金的流入不仅能够缓解东道国资金匮乏的现状,更能通过技术溢出效应刺激东道国人力资源水平和技术水平的提高。

从地区角度出发分析资金流动,资金流动的配置效应主要体现在地区之间。国内一些学者的研究结论认为,改革开放以来我国资本流动的方向是从中西部

① 胡凯. 中国省际资本流动规模实证研究[J]. 经济地理,2011,31(1):90 – 96.
② 杨晓丽. 中国区域资金流动机制与效应研究[D]. 徐州:中国矿业大学,2009.

地区向东部地区流动,经济发展水平与资本流动水平成正比,经济发展水平越高,资本流动性越强(胡鞍钢、熊义志,2000;魏后凯,2000;王小鲁、樊纲,2004)。在资本流动绝对规模测度上,郭金龙等(2003)从银行资金、财政转移支付、外商投资和资本市场融资等方面考察了我国三大经济区域间资本流动的状况和趋向。他认为资金从中西部地区向东部地区流动构成社会资金流动的基本趋势,是加大区域间经济发展差距的重要原因[①]。

3. 资金流在市场经济作用下的局限性

在完全竞争市场中,资金可以通过市场力量流动实现最优的资源配置。在市场机制的竞争中,资金流动最终实现各生产力要素边际收益相等的均衡状态,这种均衡形成了最优的生产力布局和相应的资金流动结构。但是在现实经济中很难达到这样一种理想的状态,一方面市场具有其自身的局限性,这种局限性体现在信息的不对称、正的外部性、负的外部性以及寡头和垄断的形成,从而导致资金流动出现低效率。另一方面由于历史和制度的原因,资金流动不均衡长期存在并难以逆转从而使得经济长期处于低水平状态。如我国资金流动的梗阻既存在于地区之间又存在于体制之间、城乡之间,资金流动的资源配置效率并未达到最优。资金总是流向高效益地区的这种倾向形成了资金存量的结构,资金存量结构对资金流动进一步发生联动效应,这种循环累积因果关系效应会加大经济的两极分化。

流量经济框架下资金流动的规律和效率有所提升,资金流动带来的集聚和整合效应更加明显。即便发达地区的资金存量已经很丰厚,但资金依然源源不断地流入,更有利于资源配置,而相对落后地区的资金存量本来就不丰富,资金流入更少甚至呈现流出状态,资金流在区域内呈现显著的马太效应。

二、流量经济中资金流的作用

资金流是影响经济发展和经济增长的重要因素。世界范围内纽约、伦敦、东京等地均相继成为区域乃至全球性金融中心,我国的北京、上海、深圳也因其发

---

① 郭金龙,王宏伟. 中国区域间资本流动与区域经济差距研究[J]. 管理世界,2003(7):45-58.

达的金融体系而备受瞩目[1]。作为经济发展和经济增长的催化剂,资金流的汇聚有助于提升区域综合竞争力,甚至还为周边地区的发展起到了示范或辐射效应。

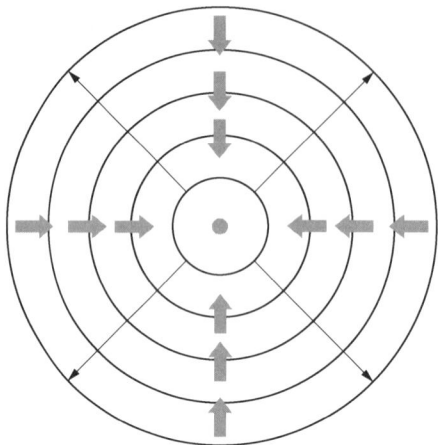

图8-1　资金流的靶向性(箭头代表资金的流向)

资料来源:胡晓鹏.中国资本流动与区域差距关联性的实证研究[J].开发研究,2003(4):45-48.

1. 资金流的经济增长机制

胡晓鹏(2003)从资金流动边际效率规律分析,指出资金的流动会呈现出由分散到集中,再由集中到分散的阶段性规律,表现为资金流动的集聚效应和扩散效应,这种方向性特征称为资金流动的靶向性规律(见图8-1)。

在没有形成资金流集聚或集聚程度较弱的情况下,单个投资者获取信息的能力有限,在投资渠道上受到很大阻碍。随着资金流活动程度增加,信息得以广泛、有效地在集群内流动将有效降低投融资者获取信息的成本[2]。信息成本的降低有利于金融中介功能更好地发挥。机构之间通过企业信息共享大幅降低了公司的管理和监督成本,使得更多的资金以更高效的形式投入经济发展中,实现资源的节约和配置的优化。

当某一地区由于禀赋优势成为资金流动的靶向时,伴随资金的流入和集聚,地区在基础设施、人才技术积累以及产业结构优化等方面呈现更大的优势。一方面,资金流集聚通过各类效应的发挥促进区域经济的增长,资金流带动人才流、技术流、知识流的流动。另一方面,发达地区雄厚的实体经济和商业经济的集聚,为各领域各行业之间的业务交流提供了基础。而这种行业间频繁的业务交流又反过来为资金流的进一步集聚提供了支撑。因而资金流与区域经济增长实现了一种良性的循环(见图8-2)。

---

[1] 金浩,张文若.金融集聚影响区域经济增长的系统动力学仿真——基于要素流动视角[J].河北大学学报(哲学社会科学版),2016,41(6):68-74.

[2] 同上。

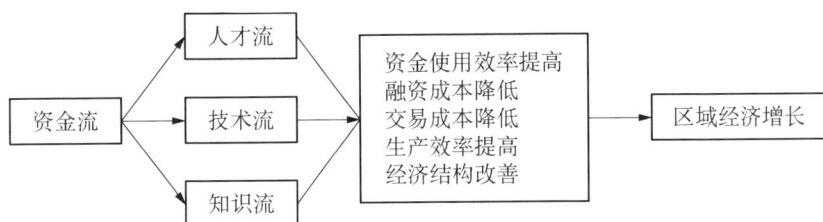

图 8 - 2　资金流对经济增长的作用机理

资料来源：金浩,张文若.金融集聚影响区域经济增长的系统动力学仿真——基于要素流动视角[J].河北大学学报(哲学社会科学版),2016(6)：68 - 74.

2. 资金流的驱动机制

资金流的驱动机制表现为"无形之手"和"有形之手"的结合。借助市场这只"无形之手"驱动资金流动,称为市场主导型驱动机制。借助政府"有形之手"驱动资金流动,称为政府主导型驱动机制。

市场主导型驱动机制,即资金在市场价格的指引下通过流动形成资金的供求均衡。在市场经济条件下,资金流动的动力取决于该区域能够为其带来的潜在收益。资金在流动中带有明显的增值倾向,向收益最大化方向移动是资金自身属性决定的。如果用资金的边际收益率来表述,则区域边际收益率越高,该区域对资金的吸引力越大,其所能吸引到的资金量越多。在满足边际利润率最高区域的资金需求以后,资金逐步满足那些边际利润率较低的区域。地区的资金利润率的差异使得资金从利润率低的区域流向利润率高的区域。

政府主导型驱动机制,指资金的流动不受市场因素的影响而服从于政府的行政干预。鉴于金融体制自身的诸多限制,资金在各地区之间并不能实现充分流动。由于区位优势不同、投资环境不同,特别是金融服务差距,资金并不会大规模地从发达地区流到欠发达地区,即便落后地区的资本收益率高于发达地区。在经济发展不均衡的状态下,落后地区筹集资金很难靠市场机制实现资金的供求平衡,这为政府的介入通过行政干预实现资金的供求均衡提供了依据。地区经济发展不平衡的趋势是市场经济很难逆转的,要缩小地区经济发展的不平衡,必须采取不平衡发展战略来解决。政府通过加大对欠发达地区的投资,改善欠发达地区的投资环境,将发达区域的资金转向欠发达地区,通过资金回流以改变欠发达地区的经济落后局面。

三、流量经济中资金流的路径依赖

流动中的资金依然不改其逐利的本性,其流动也是为了寻求增值和利润。对于资金的流动,在逐利的同时,资金的安全性是其逐利的前提保障。在市场经济条件下,资金的流动性、效益性、安全性更多地取决于金融生态环境。因而资金流动的路径更加依赖地区发展水平、经济平台、社会环境、信息处理能力、物流平台等区域综合环境。

(1)地区发展水平。发达地区由于经济繁荣市场较为健全,对于金融中心、商贸中心、贸易中心和文化交流中心来说,其强大的辐射能力对整个区域的资金形成强大的吸引力。而欠发达地区由于市场机制不灵活,使得一些有实力的经济主体在利益驱动下追逐利润最大化,导致资金流出。金融机构作为资金流动的中介,金融机构越发达,储蓄转化为投资的速度和效率越高,资金流动的效率越高。

(2)互联网金融平台。信息通信技术是流量经济的技术基础,互联网技术的迅猛发展为金融机构间的协作融合提供了有力的技术支持。互联网金融,特别是第三方支付、移动互联、大数据、云计算等的兴起,打破了传统金融产业的地理限制,缓解了金融产业空间集聚中不断积累的成本和风险,提高了资金流的效率[1]。金融大数据获取、处理水平和金融风险管控水平与互联网技术相结合,对传统金融机构造成了巨大甚至是颠覆性的影响。金融机构扩大了金融工具的交易范围,进一步突破了地域和时空的限制。

(3)资金流发展环境。资金的安全性是其流动的首要任务,其次才是在流动中寻求增值的目标。如果一个地区具有透明的政策法律环境,具有完善的金融法律、税收、信用和监管制度,社会信用状况良好,中介机构健全,这个地区就能很好地营造出"资金洼地"。良好的信用环境和金融环境有利于资金的流入,地方经济可以较快发展。但是如果一个地区社会信用关系紧张,银企关系恶化,则区外资金基于资金安全性的考虑选择不流入。当一个地区成为金融高风险区,它不仅吸引不到资金流入,本地资金也会选择外逃。因此,地区应该逐步建立完善的市场化信用体系,维持良好的社会信用关系,构建和谐的资金流发展环境。

---

① 张帆.金融产业虚拟集群知识溢出效应的理论研究[J].科研管理,2016,37(S1):409-416.

｜第四节｜流量经济框架下资金流动新格局

近几十年来随着电子网络通信技术迅速发展和金融衍生产品的不断创新，世界范围内金融交易量大规模膨胀。金融市场在结构性、技术性和制度性等方面发生了深刻的变革①。这些变革改变了整个金融产业的前景和社会经济的发展模式。

一、资金流出现革命性的变化

从本质上说，以资金流为主的金融业是一种信息密集性或者信息敏感性产业②。在信息技术革命的推动下，资金流动的速度和效率实现革命性的变革。

（1）资金流速加快。Pant 和 Cheng（1996）指出，资讯科技将降低有限理性、机会主义、市场不确定性以及资产专用性，因而必然会降低交易成本。互联网的外部性和规模效应有利于金融机构更好地进行信息的收集和整理。原本需要使用越洋电话、电报、邮件传递的信息，现在可以通过网页和移动终端软件瞬时获得信息，这极大地促进了对信息有着高度敏感性的金融资产的流动。在现代通信技术条件下，全球的股票市场、债券市场、外汇市场、基金市场、金融衍生品市场通过发达的通信和交易技术连接在一起③。国家之间、地区之间的金融市场通过互联网紧密地联系在一起，全球金融市场借助网络空间实现 24 小时不间断运行。依托互联网开展的新兴金融业务大量涌现，互联网金融的普及率、资金流动的速度和效率大大提高，这些在传统技术条件下是难以想象的。信息技术的发展使得全球资金流动的形式和流程产生了新的变革。

（2）金融发展超越实体经济。金融稳定理事会公布的 2017 年全球电子银行监测报告显示，全球金融资产规模（包括银行和非银行金融机构）总计 340 万亿美元。其中，广义非银行金融中介占 160 万亿美元。根据德意志银行的统计数据，2014 年金融市场资产与 GDP 之比为 378%，股市资产与 GDP 之比为

---

① 卢涛. 金融市场微观结构视角下基于非对称信息理论的资产价格行为研究[D]. 天津：天津大学，2007.
② 羌建新. 金融全球化、全球金融治理改革与国际金融安全——基于信息科技革命的视角[J]. 国际安全研究，2015(6)：24 - 54.
③ 同上。

89%,而在 2007 年,金融市场资产与 GDP 的比重一度高达 426%,股市资产与 GDP 的比重为 114%(见表 8 - 5)。

表 8 - 5　全球金融资产规模及占 GDP 比重

时间	金融资产规模/万亿美元	占 GDP 比重/%
1980 年	12	100
1993 年	53	200
2003 年	124	300
2008 年	266	420

资料来源:国际货币基金组织。

全球金融资产规模与 GDP 之比从一倍增加到两倍用了 13 年的时间,从两倍增加到三倍用了 10 年的时间,从三倍增加到四倍用了 5 年的时间(见表 8 - 5)。朱民(2009)指出金融业的发展速度远远高于实体经济的发展速度,金融全球化的速度远远高于生产全球化和贸易全球化的速度。实物流产生的经济危机表现的方式为产能的严重过剩,是市场供需矛盾的反映。以流量为主的经济系统所产生的经济危机,更多地体现在金融系统不稳定造成的风险,进而波及实体经济。

二、资金流变化与金融危机新特点

全球资本市场在流动中融为一体,资本在全球范围内流动能够促使不同国家的投资者在国际资本市场上配置资产以降低风险,但是资本在这种流动过程中呈现的脆弱性和流动性风险有时反而会更加显著。

(1)金融危机的扩散更迅速。如今全球金融市场通过互联网连接在一起,世界范围内的金融交易中心之间信息的传递以秒为单位。互联网对资金流的影响基础是互联网技术和信息通信技术使得各个交易主体之间的关联程度不断提高,相应的风险和收益也紧密地联系在一起。这种虚拟的、高效的深度结合使得国际金融体系内的风险"捆绑效应"显著,金融风险在国际金融体系中的传播和扩散也更加便捷。各个交易主体的风险和收益的联动效应日益增强,更容易造成金融风险、金融危机的跨部门、跨市场、跨地区乃至跨境传染[1]。

---

[1] 谢平,尹龙.网络经济下的金融理论与金融治理[J].经济研究,2001(4):24 - 31.

（2）金融危机呈现新的特点。一方面，复杂的金融系统已经渗透到实体经济的各个方面，金融与实体经济的紧密关系放大了金融危机的传导性。因而金融系统的崩溃会迅速地传导至实体经济并引发实体经济进入下行通道。以2007 年发生在美国的次贷危机为例，因次级抵押贷款机构破产、投资基金被迫关闭、股市剧烈震荡引起的金融风暴通过流动性和风险溢价渠道传导波及实体经济。另一方面，金融危机的影响范围有所扩大，以往的金融危机以局部性的危机为主。如今金融危机会迅速波及全球，发达国家、发展中国家以及新兴经济体国家都会受到影响。

（3）金融危机表现形式复杂化。以前的金融危机表现形式较为单一，要么是货币危机，要么是银行危机，而在金融创新融合发展以及全球流动的环境下，金融危机呈现为一种综合性的危机，是一种信用危机、银行危机、货币危机、汇率大幅度波动以及实体经济危机相结合的系统性危机。这种系统性危机危害性大、波及范围广、破坏性更强。

三、互联网对资金流动风险的"双刃剑"作用

互联网与金融系统的结合成为资金流动的"放大器"，"互联网＋金融"的深入发展使得资金流动面临着"双刃剑"。一方面互联网对于资金流动风险的生成所产生的促进作用，有利于改进资金流动的资源配置和风险分担。另一方面，该模式潜藏着较大的流动性风险，金融系统面临更为严峻的挑战。

1. 互联网对资金流动风险的抑制作用

信息技术极大地提高了信息获取的便捷性，从而有利于减少资金流动市场的信息不对称问题。信息已成为比能源、材料更为重要的资源，信息也是可以共享的资源。在金融市场运用先进的通信和信息工具，能够收集大量可靠、准确、及时的资料和数据，为预测、决策和规划提供依据，降低金融体系中的逆向选择和道德风险[①]。借助大数据支持，投资机构可通过对用户行为习惯的精准分析进行管理，以调节资金流动的规模、方向和进程，对资金的流动进行有效的管理和控制。

互联网对资金流动性风险的抑制作用体现在互联网具有信息量大、效率高

---

① 秦开. 现代化标准与信息不完全的表现形式及克服[J]. 广西质量监督导报，2003（2）：22 - 25.

以及可实现大数据分析的先天优势,与金融体系形成有效结合后对资金流动风险的抑制具有积极作用。

2. 互联网对资金流动风险的促进作用

互联网与金融的结合形成虚拟性叠加进而增大金融市场的不可测性。金融是货币的虚拟化,它的流通及转换形成某种不受人为意志操控的独特规律。而互联网形成虚拟的网络空间,将实体信息化、数字化、流量化,互联网将有价票据变成纯数据符号或代码,甚至抽象成电子货币[①]。两者的融合是一种虚拟性的叠加,抽象层级增加使得金融市场运行规律更难以掌握和把控。

互联网对资金流动风险的促进作用也体现在互联网金融周期性、扩散性"挤兑"压力。互联网以及移动互联网的普及,使得理财产品的门槛大幅度降低。互联网为众多投资者同步集中变现提供了方便,受客户结构和行为的影响,在节假日等重大赎回点上,互联网理财遭遇短期大额赎回的可能性非常高。此外,互联网金融在很大程度上满足了平民投资和中小企业融资的需求。普惠金融存在盲从性强、快速趋利心理预期强等特点,侧重短线,加之赎回门槛低,赎回随机性强,形成对资金与债权的期限错配非常不利的态势。

当前信息传播的速度快,受众范围广,"互联网＋金融"形成的资金流信息敏感程度被放大,因此互联网金融产品变现的行为经网络在某时间节点聚合,"挤兑"压力即刻凸显,市场容易出现流动性危机。

---

① 薛紫臣.互联网金融流动性风险的成因和防范[J].中国发展观察,2016(12):26-28.

第九章 流量经济框架中的人才流[①]

人力资本(人才)是指人体体力和智力所具有的劳动价值总和。人力资本比物质、货币等硬资本具有更大的增值空间,特别是在知识经济时代,人力资本有着更大的增值潜力。因为作为"活资本"的人力资本,具有创新性、创造性,具有有效配置资源、调整企业发展战略等市场应变能力。人力资本随着劳动力的流动而流动,因此劳动力流动成为人力资本流动的载体,伴随着人力资本流动的劳动力流动形成了人才流。人才流是指人才根据社会的发展和经济结构的需要,以个人愿望和单位的需求为基础,通过人才交流活动,在不同的部门、地区、行业、单位之间交流组合。人才流在流量经济中占有非常重要的地位,同时相比流量经济中信息流、货物流、资金流和技术流,人才流动的规律和路径更加复杂,涉及的问题更多。从技术革命的角度看,人才已经成为全球经济发展最重要的生产要素之一,人才争夺已成为全球竞争的焦点,人才流越集中、越畅通的国家和地区,经济发展水平也越高。因此本章将重点研究我国人才流的现状、路径、问题及如何让人才流成为推动流量经济发展的重要动力。

| 第一节 | 人力资本的形成与流动

人力资本与物质资本共同成为推动经济增长的重要生产要素,但其对经济增长的作用要远远超出物质资本。人力资本作为依附于劳动者的一种资本,不

---

① 这里所说的人才,就是一种人力资本。本章所讨论的人力资本流动,与人才流是一个概念。之所以标题用"人才流"而不是用"人力资本流动",是为了与本书所讨论的信息流、货币流、资金流、技术流等其他流量经济中的要素提法相对应。

会随着劳动过程中的使用而被消耗,反而会越来越增值。从中可以看出,人力资本的形成与流动有着与其他资本流动不一样的特点。

一、人力资本的形成

诺贝尔经济学奖获得者西奥多·W. 舒尔茨(Theodore W. Schultz)是人力资本理论的开创者,其很早就提出"知识是一种人力资本,而人力资本是增长的发动机"。[①] 从本质上讲,人力资本的积累来自于生产力的发展。人力资本需要以劳动力为载体,劳动者所具备能力的集中体现就是人力资本。亚当·斯密在其著作《国富论》中就提出了:"人的能力是一种'资本',人们经过学习得到的有用的才能,可以变成社会财富的一部分……"在人力资本理论中,人力资本是除了自然资源和物质资本外,社会财富的重要组成部分。根据国际经济合作与发展组织最新定义,人力资本指的是个人拥有的能够创造个人、社会和经济福祉的知识、技能、能力和素质。教育投资是人力资本投资的主要部分,除此以外,工作中积累的工作经验、所学到的劳动技能、所接受的在职培训等也是人力资本积累的重要组成部分。劳动者个体的人力资本的形成是一个伴随着劳动者一生的过程,随着劳动者的工作经验和技能的积累,其人力资本也在不断提升,全体劳动者的人力资本之和构成了一个国家的人力资本总量。

人力资本的形成离不开对人的能力的提升,是人的知识和技术的存量。劳动者是人力资本形成的主体,劳动者通过直接实践或者间接学习的方法不断积累经验,进而将这种经验应用于实际的生活与生产过程中,经过不断的锤炼形成自身的一种禀赋。当劳动者具有了这种禀赋的时候,我们就可以将劳动者的这种禀赋抽象为人所具有的劳动能力。人力资本概念更加强调劳动者具有经济价值的生产能力,并且是后天靠投入一定成本获得的经济资源。在社会发展的萌芽阶段,劳动者的能力主要集中于对自身生存方面的积累与提升,此时的这种劳动力与人力资本有着本质的区别;随着社会的不断发展,劳动力的范畴也不断扩大,逐步从关注自身的生存发展为一种网络型的社会行为,特别是当社会从农业经济跳跃至工业经济后,劳动力中仅有一小部分是作用于自身的生存,此时的劳动力能够不断与知识和技能相融合,进而形成具有创造经济价值的能力。可以说,工业经济之后,社会财富的主要来源就是人力资本。根据世界银行测算,世

① 西奥多·W. 舒尔茨. 报酬递增的源泉[M]. 李海明, 赵波, 译. 北京: 中国人民大学出版社, 2016.

界各国中,除了石油资源极其丰富的中东国家外,大多数国家 60% 以上的社会财富是由人力资本构成。[①]进入信息化和智能化社会后更是如此,越来越多的体力活动将由机器人来替代,人力资本将更多地流向更高级的活动中。

二、人力资本的流动

人力资本是一个存量的概念,而人力资本流动则是一个流量概念,人力资本对经济的增长作用也只有在人力资本流动的情况下才能完成。其实在经济增长中,起决定作用的是人力资本的流动,人力资本通过流动完成对经济增长的贡献。人力资本流动具有两个方面的特点。

(1)人力资本流动是伴随着劳动者的流动一起流动的。劳动者作为人力资本的载体,在流动过程中受到影响的因素比较多,比如劳动者所在地区的户籍制度,劳动者本身的种族、国籍,劳动者不同的宗教信仰,不同区域劳动者的生活习俗和文化认同,以及劳动者的爱国情怀和家乡情结等都会影响劳动者的流动。上述因素最终也会影响到人力资本的流动。相对来说,人力资本的跨国流动要比国内流动难度更大,所面临的影响因素也更多。

(2)人力资本在流动中不断获得增值。其他商品在流通过程中会有损耗,会在流通的过程中降低原有商品的总价值。相反,人力资本在其流动过程中,不但不会损耗,反而能够不断地增值。人力资本是依附于劳动者的,在流动过程中,劳动者的工作经验和劳动技能在不断地增长,劳动者通过流动获得了更多工作经验和劳动技能,因此其人力资本是不断增加的。不同行业之间的人力资本流动,能够让劳动者拥有多个行业的工作经验和流动技能,成为跨行业的复合型人才,这个时候的人力资本增长就不是原来的简单相加,而是呈几何级数的增长,形成更多的人力资本。

三、人力资本流动面临的问题

人力资本在流动过程中面临三个方面的问题。

(1)人力资本的流动受到其载体的制约。人力资本产权是市场交易过程中人力资本所有权及其派生的使用权、支配权和收益权等一系列权利的总称,是制

---

① World Bank. Expanding the measure of wealth [J]. World Bank,1997.

约人们行使这些权利的规则,本质上是人们社会经济关系的反映。人力资本产权归属问题是影响其流动的重要因素。因为人力资本不能脱离其载体而独立存在,人力资本载体可以"垄断"其拥有的人力资本,所以人力资本与其载体的不可分离特点,决定了人力资本所有权属于人力资本载体,人力资本的流动要受到其载体的制约。

(2)用人单位为了自身利益会限制人力资本的流动。高端人才,特别是核心技术人才和关键岗位人才,其人力资本对经济的发展具有重要的作用。人力资本同时具有巨大的利润创造性和难以监督性,用人单位除了通过激励措施来吸引这类人力资本之外,同时也对所拥有的这类人力资本的流动实施限制。这样,人力资本的流动要付出更高的成本,用人单位给人力资本的流动设置了人为障碍,降低了人力资本的流动性。

(3)人力资本流动存在额外的成本问题。人力资本流动费用包括滞留费用、迁移费用和职业再培训费用等。其中,滞留费用是指获取原来的职业技术所支付的、尚未得到补偿且转移后也不再会得到补偿的那部分费用。要承担的风险就是人力资本流动的预期收益和实际收益的差距。如果实际收益小于预期收益,那么人力资本就要承担这部分损失和流动费用。

| 第二节 | 人力资本流动的效应

人力资本无论是在地区间还是国家之间流动,均将对经济发展产生深远的影响。通过分析发现,人力资本流动对于地区的经济增长和社会发展极为重要。显然,人力资本流动有利于迁入地的经济发展。人力资本的国际流动主要是从发展中国家迁移到发达国家,发达国家成为人力资本流动的最大赢家。而我国国内的人力资本流动则是从农村向城市流动,从中西部欠发达地区向东部沿海发达地区流动。

一、人力资本流动促进经济效率的提升

人力资本作为生产要素,在生产中具有非常重要的作用。特别是在知识经济时代,人力资本对生产力的提高更是举足轻重。进入21世纪,全球经济竞争进一步加剧,发展到最后是对人才的竞争,其背后是对人力资本的争夺。习近平

总书记提出的"择天下英才而用之",将在全球范围内利用各类人才为中国经济发展服务,其实质就是对全球人力资本的竞争。从世界范围看,以美国为首的西方发达国家更是在全球进行人力资本掠夺,通过高收入、良好的科研环境,吸引了全球高端人才,对发展中国家高端人才形成了强大的吸引力。我们知道一个高端人才所承载的人力资本远远高于一个普通的劳动者,他所能产生的社会经济价值更是远远高于普通劳动者。

人力资本的流动有利于促进生产力的发展,人力资本的流动是以人的流动为载体的。随着人力资本的流动,相应的技术、经验可以在各个区域内对经济发展产生影响。在人力资本流动受到严重制约的计划经济时代,人力资本流动是非常困难的,只能够在国家计划统筹范围内进行,那种流动缺乏市场机制下的灵活性和高效性。在市场经济体制下,特别是在当今,人力资本不只是在一个国家内部可以自由地流动,甚至在全球范围内,人力资本的流动也变得非常容易。这种自由的人力资本流动给经济发展带来巨大的潜力,无论是从经济落后区域流向经济发达区域,还是从发展中国家流向发达国家,人力资本在经济发展中的效率得到了进一步的提升。甚至是反过来的逆向流动,人力资本从发达地区流向欠发达地区,或者是从发达国家流向发展中国家,人力资本高度集中的高端人才对欠发达地区和发展中国家的经济发展起到重大的促进作用。总之,人力资本的自由流动,提升了人力资本作为生产力要素作用的发挥,促进了技术的流动和经济的高速增长。无论是从全球范围看,还是从一个国家来看,或者是一个城市,人力资本流动越自由的地方,其经济发展效率也越高。

二、人力资本流动不畅对经济产生的不利影响

人力资本流动困难,也就是不能自由流动对经济有着负面的影响。与不同技能结合在一起的人力资本,在经济发展中起着各自不同的作用,当人力资本流动不畅的时候,经济效率会下降。在人力资本流动受阻的情况下,人的才能会受到限制,不能做到人尽其才,物尽其用。在过去的计划经济时代,人力资本的流动受到国家的计划调控,而计划调控的最大缺点是不能及时反映市场的需求,调控的效率非常低,进而导致不同岗位难以找到匹配的人才。最终的结果是岗位与能力的极端不匹配,但是这种不匹配不能在市场的调控下达到平衡,做到人尽其才。在人力资本不流动或者流动不畅的情况下,人力资本作为一种生产力要素,其效率的发挥会受到严重制约。我们可以看到,在人力资本流动不畅的一些

发展中国家,某些岗位缺乏相应的人才,而另一些岗位上大量的人才闲置不用。或者是人才在这个岗位上难以发挥相应的作用,导致人力资本的严重浪费。一个国家内部也是如此,越是落后的地区,经济越不发达的地区,人力资本的浪费越是严重,这些地区的用人在很大程度上是靠关系,而非能力,对一些有能力的人才造成了很大的负面影响,最终导致人力资本的作用难以充分发挥。

三、人力资本流动对流入区域的影响

1. 对流入区域的正面影响

人力资本在地区之间的流动具有从欠发达地区向发达地区流动,从中西部地区向东部沿海地区流动的特征。人力资本通过高等教育和寻找工作的形式流向发达地区。例如,中西部地区的高中生通过高考进入大学,然后奔向沿海发达地区就业;内地企业或事业单位从业人员不满内地的低工资和僵化的人事制度而迁移至沿海地区就业。这些过程均会引起人力资本的流动。对于人力资本流入的东部沿海城市,仅仅因为环境优越便吸引了中西部地区的大量人力资本流入,这些人力资本在流入后,极大地促进了流入城市的经济发展。经济的发展离不开人力资本的支撑,特别是在当今时代,人力资本在经济发展中的作用日益显著。

人力资本集聚后,对企业具有强大的吸引力,特别是那些需要高端人才的高科技企业,对人力资本集聚的要求更高。因此由于大量人力资本的流入,导致大量的高科技企业的入驻,这些高科技企业又对人力资本形成新的巨大需求,进一步提升人力资本流入区域对人力资本的强大吸纳能力,提升人力资本流入区域的虹吸效应,导致人力资本的高度集聚。

人力资本流动主要源自教育、培训、工作的变动和人口迁移。劳动力的流动的确在很大程度上可以形成人力资本的流动,甚至可以在某些区域内形成集聚效应。在人力资本流动的过程中,人力资本的流入区域会随着人力资本的增加,形成数量上的增长,进而还能够形成质量上的提升,数量和质量两方面的改善使得这些区域生产要素的生产效率不断提升,提升生产效率的过程也是推进技术创新、扩散和技术应用的过程。所以说,人力资本的流动会形成一个良性循环,能够推进经济增长和社会发展。

一个国家内部人力资本的流动对经济发展的影响与国家之间的流动又略有不同。国家内部人力资本的流动对国家的人力资本总体不会有什么影响,只是会加剧内部区域之间的人力资本失衡,形成人力资本流入区域对人力资本流出区域的人才掠夺,导致地区集聚发展的不平衡。但是人力资本的国家间流动,则会给人力资本流入国带来强大的效益,促进流入国家的经济发展。比如美国等西方国家通过各自的移民政策在全球进行人力资本的掠夺。

2. 对流入区域的负面影响

人力资本流动除了对流入地区有利外,也可能会带来某些负面的影响。比如,人力资本的流入会导致不同层次和结构的劳动力进入该地区,一定程度上增加了该地区的人口结构复杂程度,进而造成城市治理的很多难题,如加剧流入区域的公共服务等基础设施的不足,同时会对流入地区原有人力资本造成一定程度上的竞争,导致原有人力资本收益的下降。当然,整体上人力资本流入地区所获得的效益要远远大于所损失的效益。

四、人力资本流动对流出区域的影响

1. 对流出区域的正面影响

我国东西部存在较大的收入差距,要想到东部地区获得高收入,必须加大个体人力资本的投资,因此要刺激西部地区加大人力资本投资,促进西部地区人力资本形成。我们注意到,尽管大学学费逐年上涨,甚至超过了部分家庭的承受能力,但社会对大学教育的需求仍然旺盛,家庭对教育的支出逐年增加。由于地区之间要素流动性大,西部地区部分人力资本流入东部地区,当然也有不少新形成的人力资本留在了当地,促进当地经济的发展。不过总体而言,人力资本流出地区获得的间接收益要远远小于其所承担的损失。

2. 对流出区域的负面影响

人力资本流动对流出区域的负面影响是相当明显的。对于人力资本流出区域,很大程度上会形成人力资本的流失,还容易形成产业空心化的局面,进而不利于该地区的经济增长和社会发展。人力资本外流对中西部地区的负面影响是很明显的,因为它减少了中西部地区的人力资本存量,阻碍了其经济增长。而且,随着义务教育的实施,国家对人力资本的投入是相当巨大的,同时中西部地区的家庭也同样对人力资本进行投入,比如非义务教育的幼儿园教育和大学教育,这些阶段的人力资本投入均由家庭来承担。随着中西部地区的学生到东部地区或者国外就读大学,毕业后在东部城市或者国外就业,完全使中西部地区从小学到大学阶段所投入的人力资本全部流失,不管这些人力资本的投入来自中西部地区的政府,还是中西部地区的家庭。

人力资本外流对发展中国家的负面影响是很明显的,因为它减少了发展中国家的人力资本存量,阻碍了其经济增长。而且,在大多数发展中国家,都存在着公共财政对教育的补贴,因而人力资本虽体现在个人身上,但成本的一部分是由社会承担的。这样,当人力资本流出时,也就将补贴带走了。这意味着国内的资源流出,从而减少了国内经济福利。

近几年,东北地区的人口流出对当地经济的影响表明了人力资本流出的负面影响是非常显著的。从东北人口占全国人口比重下降的趋势可以发现,从2010年至2016年,东北三省的人口占全国人口的比重从8.17%逐步减少至7.89%,且东北地区人口占比下降的速度也逐步加快,如表9-1所示。

表9-1　2010—2016年东北三省年末人口数及占全国人口比例　　单位:万人

地区	2010	2011	2012	2013	2014	2015	2016
辽宁	4 375	4 383	4 389	4 390	4 391	4 382	4 378
吉林	2 747	2 749	2 750	2 751	2 752	2 753	2 733
黑龙江	3 833	3 834	3 834	3 835	3 833	3 812	3 799
全国	134 091	134 735	135 404	136 072	136 782	137 462	138 271
三省占比/%	8.17	8.14	8.10	8.07	8.02	7.96	7.89

资料来源:《2017年中国统计年鉴》。

据戚伟、刘盛和和金凤君(2017)测算,2000—2005年、2005—2010年、2010—2015年,东北三省净迁移人口分别为−88.20万人、−117.04万人、−136.93万人,东北地区的人口流出形势严峻。东北地区的人口流出与该地区的工资水平、社会保障、基础设施和发展前景等一系列因素相关。其中工资水平是决定人口流动最为关键的因素。从2010年至2016年东北三个省的平均工资均低于全国的平均水平,而且这种平均工资水平的差距形成了长期的人口流出压力,导致东北地区人口流失严重①。

---

① 戚伟,刘盛和,金凤君.东北三省人口流失的测算及演化格局研究[J].地理科学,2017,37(12):1795 - 1804.

东北三省人口流出的结果是,该地区的经济发展速度下降,工资水平下降,工资的下降又导致人口外流,导致东北地区陷入了人口流出的恶性循环中。

| 第三节 | 影响人力资本流动的因素

人力资本流动的原因是什么呢? 传统人力资本流动理论以收入差为主要解释变量。但影响人力资本流动的原因包括了很多因素,可以进一步细分为外在因素和内在因素。外在因素有政治、自然、气候等,内在因素有劳动力的主观价值诉求、劳动力整体的结构特征、劳动力的综合素质等。

一、影响人力资本流动的外在因素

当区域之间或者国家之间外在因素存在很大差异的时候,或者说外在因素在两区域之间没能达到均衡,而且两区域之间的非均衡形成的人力资本流动收益远大于人力资本流动的成本,那么这两区域之间就能够形成较明显的人力资本流动过程,而且这种流动的速度很快。反之,当人力资本流动的收益小于其流动的成本时,这时人力资本流动就不会出现。深入分析就会发现,其实在不同区域之间有很多外在的因素会影响人力资本流动收益,同时也有很多因素会影响人力资流动成本。比如,某地区有很好的自然景观,或者某地区的社会保障很好,那么这些因素都会产生人力资本流动收益。同理,比如某些地区的户籍政策、人文环境等因素也会产生人力资本流动成本。那么影响人力资本流动的外在因素主要包括哪些? 以下我们就深入分析主要的几点外在因素。

对人力资本流动影响比较关键的外在因素主要包括: 不同区域之间的自然环境、自然资源禀赋、地理区位、基础设施、人力资本存量、工资水平、社保状况、人口密度以及人才政策和社会网络等。其中,自然资源、自然资源禀赋、地理区位等外在因素对人力资本流动的影响虽然比较关键,但是这几类外在因素处于几乎不会改善的状态,或者说这些外在因素在短时间内很难改善。由于这些因素短时间内很难改变,本书不再对此类外在因素进行深入分析。比如,Shuming Bao(2007)认为气候与迁出率显著负相关,但与迁入率关系不显著,并且他论证了社会网络对劳动力流动的影响,迁入目的地的本地籍人力资本规模对人力资本迁入有正效应,因为同籍已迁入群体可能传达给随后迁入者确定信息,降低流动风险①。姜怀宇等(2005)认为自然环境对人才分布的影响主要通过城市化间接发生作用,他还指出国家的区域、产业和人才政策对人才分布具有较强的影响②。

除此以外,其他类型外在因素的存在对人力资本流动同样具有重要的影响。基础设施、人力资本存量、工资水平、社保状况、人口密度以及人才政策和社会网络等外在因素是可以通过一定的政策工具引导,进而在一定时期内加以改善。不同地区的基础设施具有差异,因此对于人力资本流动的影响就逐步显现。比如,东部地区的基础设施整体比较完善,而中西部地区的基础设施相对还有些许不足,因此造成了不同区域之间人力资本的流动。与此同时,由于基础设施的差异导致流向基础设施完善地区的人力资本再回流至基础设施较差地区的壁垒就会增加,因此人力资本流出基础设施较差的地区后就很难回流,最终使得基本设施较好的地区呈现出净人力资本流入,基础设施较差的地区呈现出净人力资本流出。其他的外在因素也有与基础设施相似的特征。值得注意的是,动态而言,随着人力资本的不断流动,人力资本净流入的地区人力资本出现集聚状况,集聚的溢出效应也逐步显现,那么人力资本存量、人口密度、社会网络等因素也随之发生变化,而且这种变化将逐步导致人力资本流入地区的集聚效应更加明显,进而对人力资本流动产生了动态的影响。当然,随着某区域人力资本流入程度的不断提升,人口密度和社保等压力也会进一步影响该地区的政府决策。比如,某地区在一段时间内对劳动力的承载是存在阈值的,一旦超过这个阈值将会导致相应的社会、生态等一系列问题。

二、影响人力资本流动的内在因素

人力资本的流动除了受到外在因素的影响,内在因素的影响也是非常巨大的。人力资本流动的收益与成本很多是源自人力资本流动过程中的内在因素。其中劳动者追求自身价值实现是人力资本流动的原动力,而劳动者所处的人口结构,或者劳动者自身家庭的实际状况是人力资本流动的主要成本来源。人力

---

① Bao S, Bodvarsson Ö B, Hou J W, Zhao Y H. Interprovincial migration in China: the effects of investment and migrant networks [EB/OL]. [2007-07-19]. https://papers.ssrn.com/so13/papers.cfm?abstract_id=1001411.
② 姜怀宇,徐效坡,李铁立. 1990 年代以来中国人才分布的空间变动分析[J]. 经济地理,2005,25(5): 702-706.

资本的流动速度也与相对应的收益及成本之间的差值正相关。根据以上分析,我们可以发现,以内在因素影响为主的人力资本流动主要存在于外在因素基本均衡,或者说社会经济发展水平相类似的区域间。在这些区域间,劳动力追求自身发展、实现自身价值的内在诉求导致了不同区域间的人力资本流动。深入分析影响人力资本流动比较关键的内在因素,有助于我们探究人力资本流动的内在动力。

对于人力资本流动比较关键的内在因素主要包括个体追求自我实现、自身待遇报酬、能力发挥的机制等。李薇辉(2002)提出,人力资本的特性在于自身增值性,它的价值通过市场流动来实现。人力资本流动是其所有者为满足自身需要与自身愿望的一种行为选择①。所以说,这些内在因素属于劳动力的内在评估因素,当其认为流动至某地区有助于自我实现、有助于自身待遇报酬提高、有助于发挥更大的作用,那么其就会产生流动的动力。比如通过人力资本的流动可以评估,是否能够使得人力资本获得更好的业绩和评价,是否带来相应业绩的奖励,是否符合个人发展的方向。通过进一步动态分析可以发现,一旦人力资本流动有助于追求自我实现、提高待遇报酬、发挥作用机制时,这些人力资本对流入地区的人力资本水平就会产生影响。由此就可以发现,一般而言政府可以通过外在因素的人才政策对人力资本流动的内在因素进行引导,进而内在因素与外在因素形成互动。所以说,内在因素对人力资本流动的动力具有明显的乘数效应,对人力资本流动的影响至关重要。当然,也会存在内在的因素防止人力资本流失。如日本很多企业实施的年功序列工资制,即根据职工的学历和工龄长短确定其工资水平的做法,工龄越长,工资也越高,职务晋升的可能性也越大。如果学历、能力和贡献不相上下,工龄就是决定职务晋升的重要根据。这里所说的工龄均指在同一公司或企业内连续工作的年数,而在不同公司工作的工龄一般不能连续计算。年功序列工资制增强了企业对职工的吸引力,比较有效地防止了熟练工人和技术骨干被别的企业挖走。

| 第四节 | 我国现阶段人力资本流动中存在的问题及新趋势

世界经济论坛于 2017 年 9 月发布了《2017 年全球人力资本报告——为未

---

① 李薇辉. 论人力资本流动全球化趋势及相应对策[J]. 上海师范大学学报(哲学社会科学版),2002,31(4):20-26.

来工作准备人才》。报告对全球 130 个经济体的人力资本利用水平进行了详细分析并排名,在全球主要国家排名中,挪威、芬兰、瑞士分列前三,美国人力资本得分为 74.84,排名第四,德国人力资本得分为 74.30,排名第六,日本人力资本得分为 72.05,排名第十七。中国的人力资本得分为 67.72,位列第三十四位。全球人力资本平均开发利用率仅为 62%,无论是发达国家还是发展中国家,处于不同发展阶段的经济体都尚未充分实现人力资本对经济的贡献潜力。在报告所评估的国家中,仅有 25 个国家的人力资本利用率达到 70% 及以上,大部分国家处于 50%~70%,另有 14 个国家低于 50%。

通过以上比较发现,我国的人力资本利用率与发达国家相比,还有较大差距,人力资本对经济增长和社会发展的贡献还有待于进一步提升。导致我国人力资本利用率较低的原因之一,在于我国的人力资本流动存在一定的障碍。

一、我国人力资本国内流动呈现"中低端"为主和单向流动的趋势

1. 国内人力资本流动呈现出"中低端"的劳动力流动特征

2000 年的第五次全国人口普查与 2005 年全国 1‰ 人口抽样调查显示,我国流动人口数分别为 1.44 亿与 1.47 亿。而根据 2010 年的第六次全国人口普查,我国流动人口已达到 2.2 亿。自改革开放以来,我国农村劳动力的加速转移和经济的快速发展,促进了流动人口大量增加。据《中国人口流动发展报告(2015)》的统计,"十二五"期间,我国流动人口年均增长约 800 万人,到 2014 年末达到 2.53 亿人。预计 2020 年我国流动迁移人口,包括现在预测要在城市落户的人,将逐步增加到 2.91 亿,年均增加 600 万人左右。其中,农业转移人口约 2.2 亿人,城市之间流动人口约 7 000 万人。

通过比较可以发现,农业人口流动远大于城镇人口流动,农民工数量基数大。根据国家统计局抽样调查结果,2015 年农民工总量为 27 747 万人,比上年增加 352 万人,增长 1.3%。同时,劳动力的整体技能水平较低,《中国劳动力动态调查:2015 年报告》显示自 2012 年 7 月以来,我国劳动力参加过至少 5 天以上专业技术培训的比例仅为 9.13%,仅有 11.75% 的劳动力曾取得专业技术资格证书。由此也就决定了,此类流动人口很难真正融入城市生活。比如,英格玛研发中心最新调研报告显示,房价太高是定居苏州最主要的困难,占比 68.4%,对苏州落户制度不太了解占比 16.8%,外地人难以融入当地占比 13.7%。

通过深入分析发现,我国呈现出"中低端"的劳动力流动的主要原因有两个:

①相对于发达国家,我国的高端劳动力还明显不足,而我国工业化的过程很大程度上是将原有的农业人口从土地上解放出来。一方面,高端劳动力的培养和引进机制还不健全,甚至很多时候也会出现高端劳动力流失至国外的状况;另一方面,随着越来越多的农业人口走向城镇,低端劳动力大幅增长,而且流动趋势明显。②我国高端劳动力的流动性整体较低,而低端劳动力的流动性相对较高。这是因为,高端劳动力具有很明显的资产专用性,其流动的壁垒较高。比如,从事 IT 行业的很多劳动者大多在某地区或者某大型企业集聚,因此此类人力资本流动的可能性不大。与此同时,一方面,随着我国第三产业的快速发展,在城市化的过程中需要很多技术水平不算很高、教育程度要求较低的服务业从业人员,而从土地上解放出来的很多劳动力通过在城市从事服务业可以获得更高的报酬,进而导致了低端劳动力流动的报酬激励;另一方面,低端劳动力流动的成本也相对较低,很多从事基础服务的劳动力的议价能力不强,其对基本的社会保障或者生活、工作条件的要求不高,因此其流动的成本也相对较低。

2. 国内人力资本流动主要是从经济不发达地区向经济发达地区单向流动

劳动力从经济不发达地区流向经济发达地区的很大一部分原因就是我国地区经济发展不平衡。李玲(2002)提出,我国城乡之间、东西部之间人力资本存量比例不断扩大,人力资本地区间配置的失衡现象甚至呈现出不断恶化的趋向,而这种现象对我国经济的均衡发展和持续快速增长极其不利①。"十三五"期间,人口继续向沿江、沿海、铁路沿线地区聚集。超大城市和特大城市的人口还会由于人口的迁入继续增长。据《中国流动人口发展报告 2016》的统计,2013 年我国东部地区流动人口占全国流动人口的 75.7%,西部地区为 14.9%。2015 年的相应比例分别为 74.7%、16.6%。

经济因素是吸引劳动力流入的主要因素,收入水平高和人均 GDP 高的城镇地区更可能成为流入劳动力集中的地区。如 2015 年人均 GDP 超过 1.2 万美元的天津、北京、上海、江苏、浙江,这几个地区都是劳动力流入的主要地区,而人均 GDP 较低的甘肃、云南、贵州等地则是以人口流出为主。整体而言,人口流动在我国极为普遍,但是人口流入地区则相对集中在东部主要经济中心城市。

我国呈现这种人力资本流动主要是从经济不发达地区向经济发达地区单向流动的状况是由外在因素和内在因素共同决定的。在外在因素层面,中西部地

---

① 李玲.中国人力资本地区流动与配置状况分析[J].经济经纬,2002(6):82-85.

区的基础设施、社会保障、社会网络等方面与东部地区的落差较大。一旦劳动力通过教育、培训或者干中学等方式在城市中可以获得相应的保障,其基本不会出现回流,进而导致人力资本集聚、人口密度增加等,那么人力资本就会更有动力向经济发达地区流动。在此过程中,内在因素也发挥着作用。一方面来自亲朋好友的表率作用,一方面源于自身价值的追求,导致越来越多的人力资本从经济不发达地区向经济发达地区流动。外在因素和内在因素相互叠加,使得经济不发达地区的人力资本流失严重,不利于经济不发达地区的经济发展,还会引发很多社会问题,比如留守儿童问题等。同时,人力资本从经济不发达地区净流入经济发达地区,也会导致经济发达地区的很多城市治理问题,如人口压力、环境保护、社会治安,等等。

二、人力资本国际流动尚处在净流出的阶段

1. 我国高端人力资本存在严重的"人才逆差"现象

1978 年 6 月 23 日,邓小平同志在听取教育部关于清华大学的工作汇报时,对派遣留学生问题指出:"我赞成留学生的数量增大……要成千成万地派,不是只派十个八个。"这拉开了我国大规模派遣留学人员的序幕,由此我国高端人力资本不断向外流动。根据教育部统计数据,1978 年至 2015 年底,我国出国留学人员累计达 404.21 万人。其中,2015 年我国出国留学总人数达到 52.37 万人,同比增长 13.9%,2005 年至 2015 年留学人数的 10 年复合增长率达 16%。回国人数从 1978 年的 248 人,增加到 2015 年的 40.91 万人,累计回国人数达到 221.86 万人。虽然近几年我国留学生回国现象有所改善,但是从累计出国人数和累计回国人数看,我国的人力资本"人才逆差"达 182.35 万人,占累计出国人数超过 45%。

我国高端人力资本出现"人才逆差"的问题本质上是因为我国培养和引进高端人力资本的机制欠缺。改革开放以来,我国在科技、教育、创新等方面与国际发达国家形成了较大的落差。在这样的背景下,很多学生留学海外。这些学生在海外学习的过程中,逐步适应了发达国家的生活方式,甚至很多高端人才在那里成家立业,因而导致这类高端人力资本回流至国内的成本增加。而且,当前我国的科技水平、教育模式等与国外还未完全接轨,这类因素的影响依然会长期存在。与此同时,我国引进高端人力资本的机制还相对欠缺,这主要是因为:一方面流入我国的高端人力资本较少,相关经验不足;另一方面中国与国际的很多

制度还未完全接轨,比如绿卡制度。影响这两个因素的另外一个原因就是,不管是外在因素还是内在因素,发达国家整体对高端人力资本的吸引力还是较大。发达国家的高端人力资本集聚效应明显,高端人力资本实现自身价值的科研、生活环境优越等,也是我国很多高端人力资本进一步流向国外的重要因素。

2. 我国人力资本回流呈现出地区不平衡的特征

根据《中国留学回国就业蓝皮书 2015》的调研,参与留学回国意向调查的人员中,接近一半(49.34%)的留学回国人员期望在北京、上海、广州和深圳等地寻找职业发展机会,这个比例比 2013 年下降了 8 个百分点。就期望的工作区域来说,75%的受访者愿意在东部沿海城市发展,其次是中部地区(15%)。留学回国人员期望工作的行业主要为金融(30.01%)、教育(9.88%)、文化(7.81%)、软件和信息技术服务(6.69%)。企业仍为留学回国人员青睐的就职目标机构,有29%的受访者选择了外资企业,20%选择了国有企业,17%选择了民办企业,即三分之二的留学回国人员期望在企业机构入职。其次是事业单位(14%)、高校和科研(11%),其中仅 3.32%的留学回国人员期望自主创业。

我国人力资本回流不平衡的特征很明显。一方面,回流的人力资本分布区域不平衡,主要集中在北上广深等经济发达地区。这主要是由于这些地区经济较为发达,相应的社会保障、基础设施等已经比较完善,对人力资本具有强大的虹吸效应。另一方面,流入的人力资本的职业属性不平衡。很多人力资本回流是受到国外经济冲击的影响,因而希望在国内找到一份稳定的工作。另外高校和科研院所等基础性研究领域的人力资本回流远远多于应用型的高端人力资本的回流。

三、人力资本出现回流趋势

我国人力资本回流呈现出两个负面的特征:一个是出国留学人员回国热潮引发的人力资本回流,另一个是中西部地区开发升级引发的人力资本从东部地区向中西部地区的回流。

进入 21 世纪后,高速发展的经济使得人力资本的拥有者即使在国内也可以获得与国外相比不遑多让的回报,这样就开始吸引大量海外留学人员回归。更重要的是,海外教育水平要比国内教育水平更高,而且海外留学和工作的经历也改变了留学者的处事方式,使他们具有更加国际化的思维,能够更好地进行经济全球化背景下的对外交流。因此,归国的留学人员带回了更高的人力资本。于是国内的人力资本积累开始加速,而且原来外迁的技术移民(主要是学成后留在当地的留学生)还促进了国内同国外的各种商贸联系。

中西部开发战略的实施,使中西部地区经济发展获得了较快增长,国家"一带一路"倡议和长江经济带战略的实施使中西部地区与东部地区的经济联系进一步加强,特别是东部地区部分产业向中西部的梯度转移,需要大量的高端技术人才,为各类技术人才提供了就业机会,导致中西部地区对人力资本的吸引力增加,最终形成了东部地区人力资本向中西部地区的回流,但是其回流的人力资本还是远远少于流出的人力资本。

| 第五节 | 促进我国人力资本流动的路径选择

在我国经济从高速发展转向高质量发展的阶段,我们已不能再一味依靠生产要素的大规模投入,而是要提升生产要素本身的质量,其中最为重要的是要提升人力资本的质量。除了保持对人力资本的持续投入外,更为重要的是要促进人力资本的流动,以使人力资本的结构得到最优配置。

一、建立健全人力资本流动保障机制

首先,国家应该出台相关政策法规,保障人力资本流动顺畅,推进农村劳动力向小城镇和城市流动,推进户籍制度进一步改革,进而加强经济要素的自由流动,促进经济的可持续发展。政府在引导人力资本流动的过程中,相应的制度至关重要。只有相应的户籍、社保等一系列制度体系逐步完善,才能对人力资本的流动形成制度的保障,此外对于科学、合理地引导人力资本流动也至关重要。这样,人力资本流动顺畅,人力资本对经济发展的贡献才会更加合理和有效。

其次,建立人力资本市场,通过市场的手段合理配置人力资源,通过人力资源的竞争达到供需平衡。仅仅通过政府的手段很难完全推动人力资本流动,此时人力资源的配置就需要市场起到决定性作用。工资水平作为最主要的价格机制,其对人力资本的供需调节作用最为明显。应该很好地发挥市场机制,促进某

区域内人力资本的供需均衡,促进不同区域间的人力资本供需均衡,促进国际人力资本的供需均衡。

最后,完善与人力资本流动相关的法律法规,为人力资本流动做好制度保障,使得人力资本市场规范有序。人力资本在流动的过程中会遇见这样或者那样的问题,特别是当前,我国人力资本流动的问题越来越多。这就需要逐步完善人力资本流动的法律法规。通过对相关法律法规的完善,可以很好地保障人力资本的权益,有助于人力资本在流动过程中的增值。这样不仅仅有助于经济的增长,也有利于社会的稳定。

二、多渠道全方位提升人力资本质量

首先要强化市场导向。人力资本提升的目的在于提升竞争力,只有参与市场,经过市场的检验,竞争力才能够内生性地不断提升,才能促使劳动者主动进行人力资本的投资。通过市场的导向,搜寻到适合劳动者劳动能力水平提高的最优选择,进而通过适宜的培训、教育和实践,使劳动者的竞争力不断提升。可以说,人力资本的提升有助于劳动者能力的提升,进而增强劳动者在市场上的竞争力。从更深层次看,劳动者的竞争力不断提升,就会促使其流动至更能实现其价值的市场,进一步参与市场竞争。这样螺旋上升的市场竞争模式不仅有利于人力资本提升,而且有助于人力资本在流动的过程中逐步增值。

其次要强化目标导向。不同地区所发展的产业不同,进而对劳动技能的需求也不同,使人力资本和产业发展的目标相一致,才有助于人力资本与产业发展进一步耦合。在发挥市场作用的同时,不同区域内的各级政府也应该发挥主观能动性,结合该区域的比较优势,使人力资本和产业发展的目标相一致。不能一味地进行单纯的职业培训,应该具有实际的功能导向。政府可以通过相应的人才政策和再教育政策对此进行合理的调试,最终使得人力资本在经济发展过程中的功效最大,在产业升级过程中的动力最足。

最后要守住末端,加大对落后地区人力资本投资的倾斜力度,实现脱贫和区域经济协调发展。人力资本的投资过程是有一定梯度的,在此过程中更要注重对于落后地区人力资本投资的倾斜。虽然在一定程度上,对于落后地区人力资本投资的增加所带来的经济收益不及其他地区,但是,这种投资仍然十分必要,其不仅有助于提升落后地区的人力资本,而且促进了该地区的人力资本在非经济功能层面的功效。比如,劳动力素质的提升、社会稳定,等等。在这种状况下,持续的人力资本投资很可能会呈现出边际递增的状况,有助于实现脱贫和区域协调发展。

三、完善与国际接轨的人力资本报酬机制

在我国,很多专业性很强的科研人员其报酬并不高,相对应的人力资本并未获得相应的报酬。据了解,在国内,很多教授和科研人员的工资一般是国外同行收入的十分之一或二十分之一。科研人员创造的价值与其所获得的报酬不匹配,使得很多具有竞争力的人力资本留在国外不愿意回来,甚至很多国内高质量的人力资本流向国外。因此,我国应该在教育和科研方面投入更多的财力,切实提升科学技术人员特别是具有重大理论和实践突破的相关劳动者的报酬,建立国际标准的科研激励机制。

正如比尔·盖茨所说的:"激励是调动人们积极性、创造性的一种好方法,激励在管理活动中具有积极的意义。对群体成员的激励,是提高全体活动效率的根本前提。"因此,建立合理的激励机制对实现高校科研管理任务和目标具有保证作用,对于人力资本的提升和流入也有积极作用。因此,应该从几方面着手:①完善人才激励机制,要逐步加强职务评聘后的管理,改革分配制度,实行科研项目绩效评估制度,考核及评估结果与教学科研人员的工资待遇挂起钩来,真正实行按劳分配和多劳多得。②重视人才的物质激励,肯定教师在科研工作方面所付出的劳动。为不同职称的教师设立相应的工作量,对于科研超工作量实施超科研津贴。③强化人才的精神激励,创造一种良好的氛围与环境,对那些在科研工作中做出突出成绩的,在国际范围内加强宣传。

四、建立国际人力资本流动渠道

建立畅通的国际人力资本流动渠道,主要还是在于要建立外国人才来华工作的通道,吸引更多的国际人力资本流入中国。为吸引海内外高端人才到中国工作,中央已经制定了很多的优惠政策措施。特别是党的十八大以来,以习近平同志为核心的党中央高度重视引进外国人才工作。习近平总书记先后在北京、上海和莫斯科与在华工作的外国专家代表座谈,听取外国专家对中国经济社会发展的意见和建议,并提出"聚天下英才而用之"的战略思想,要求扩大人才对外开放度,培育和构建具有国际竞争力的人才制度优势。为了推动人力资本的国

际流动,中国明确提出,要便利外国人才的出入境,完善外国人才引进制度。
2017 年上半年,中国外国专家局和人社部、外交部、公安部四部门联合印发文
件,在全国范围内实施外国人来华工作许可制度,主要目的就是便利外国人才来
华工作、创新创业,在工作许可办理、签证、居留等方面提供更多便利。一是统一
管理职能,保护外国人来华就业的合法权益,制定外国人来华工作的相关管理服
务政策法规和标准规范并监督落实,依法保障来华工作的外国人和用人单位的
合法权益。按照国务院统一部署,把过去的"外国专家来华工作许可"和"外国人
入境就业许可"整合为"外国人来华工作许可",自 2017 年 4 月 1 日起在全国范
围内正式实施。二是统一评价标准,施行分类管理,参照国际惯例,结合中国实
际,按照"鼓励高端、控制一般、限制低端"的原则,制定高效合理、科学反映市场
需求的外国人评价办法,将申请到中国工作的外国人分为外国高端人才、外国专
业人才和其他外国人员。三是优化审批流程,精简申请材料。实施外国人来华
工作许可制度后,申请材料比过去减少一半,审批时间也比过去大大缩短。四是
实行"一网"办理,数据互联共享,实行外国人来华工作管理服务系统"一网"管
理,通过网上受理、限时办结、全程监察等方式,现已做到外国人入境前相关文件
电子化,不再寄送纸质文件;给予长期来华工作外国人"一人一码",终身不变,
动态记录、管理其在华工作情况。通过上述措施提升了外国人来华工作,特别
是高端人才来华工作的便利性,为中国在全球利用人力资本创造了更多的便
利条件。

　　但是相比欧美国家的绿卡制度,中国还需要进一步加大开放的力度,吸引更
多的外国人才来华工作。绿卡制度是欧美发达国家在全球范围内开展人才竞
争,吸引和留住高层次人才的一项重要制度。为适应国家改革开放和现代化建
设的需要,中国也从 2004 年 8 月开始实施《外国人在中国永久居留审批管理办
法》,即推出了中国绿卡制度。自 2004 年至 2013 年十年间,获得中国绿卡的总
人数为 7 356 人,十多年才签发几千张中国绿卡,长期以来,中国绿卡被称为"世
界上最难申请的绿卡"之一。随着中国对外开放的深化,中国绿卡制度呈现出逐
步宽松的趋势,2016 年,公安部共批准 1 576 名外国人在中国永久居留,较 2015
年增长 163%。今后需要创造更加便利的外国人来华工作渠道,提升来华工作
外国人的社会保障、家庭生活等方面的服务能力。但是也要对来华工作外国人
的条件进行更科学的限制,所引进的外国人才必须符合中国产业发展导向,对
战略性新兴产业领域的人才加大引进力度,要向科技人才,特别是科技前沿领
域的人才倾斜,比如芯片制造、半导体等领域的产业核心人才。同时要建立更

加科学的外国人才评价、引进机制,持续探索实行计点积分制、人才市场测试等客观量化评价制度,健全市场发现、市场认可、市场评价的外国人才引进机制。通过不断完善外国人才评价机制、引进机制,推动外国人才来华工作,促进人力资本的国际流动,实现"聚天下英才而用之",推动中国经济的高质量增长。

第十章　流量经济框架中的货物流[①]

　　货物流(也称为物流)作为流量经济体系的主要要素之一,其概念最初源自美国。早在 20 世纪 30 年代初,"physical distribution"(实物配送)在美国被使用,后来还有"logistics"(后勤)等说法。货物流包含运输、仓储、包装、装卸、搬运、流通加工、配送、信息处理等基本职能[②],是货物从供应地到接收地的实体运动过程。具体而言,国内贸易流通、国际贸易流通、海陆空交通运输和存储、配送、分拨共同构成物流的四个层面。一般意义而言,货物流是流量经济发展初级阶段的主流或主导力量,但随着信息化、智能化等因素的发展,货物流的地位与作用将随之变化,出现一定幅度的下降,但不会消失,仍然会作为流量经济的一个重要组成部分存在。本章将从流量经济与货物流的关系入手,分析流量经济框架下货物流(贸易流)的结构体系与运行机制。

｜第一节｜流量经济与货物流

　　在最原始的经济形态中货物流动就已经生成了。在存量经济时代,货物流是所有生产要素中最重要的流动要素,这是商品交换所形成的主要形态。随着经济形态从存量经济迈向流量经济,信息流、资金流、人才流和技术流的重要性日益凸显,货物流的地位随之演变。信息化、智能化等因素的冲击,使得货物流的形式和结构发生重大变化。

[①]　在本书第二章我们对流量经济要素进行分类时,把流量经济的要素分为五类,即信息流、货物流、资金流、人才流和技术流。其中货物流是实物经济要素流量的总称,包括物流、产品流、贸易流等内容。为简化表达,我们这里所讲的货物流是指一般意义上的贸易流和物流等实物形态的流动。
[②]　朴仁鹤. 物流管理配送功能与定位问题研究[J]. 中国市场,2017(18):144 - 146.

一、物流模式的发展进程

1. 物流理论的变革

20 世纪 30 年代"物流"概念提出以来,物流理论的发展大概历经三个阶段。

第一阶段为 20 世纪初至 60 年代,随着消费市场的变化和电子数据传输技术的推广,物流作为企业生产和销售中的一个部分,发挥着采购、配送、支援和分拨的作用。物流活动与商品销售有关,扮演单一功能组织的角色。企业强调如何解决物流问题,集中于如何借助物流管理的方式来控制成本,物流成本中心学说也因此应运而生。该学说认为,物流过程将增加交易成本,但通过物流手段、技术、相关制度规范的优化和升级,成本将得到降低。美国管理学家彼得·德鲁克提出对物流领域潜力的研究,日本西泽修教授认为物流费用的实际状况并不能通过财务会计制度和核算方法而被全面掌握,并对彼得·德鲁克的"黑大陆"学说进行了具体分析①。物流成本中心学说的宗旨是降低成本,物流在企业战略中的重要地位并没有被充分认可。

第二阶段为 20 世纪 60 年代至 80 年代。随着石油危机的爆发,能源价格急剧上涨,发达国家依靠廉价原材料和能源获利的运作方式难以维持下去,企业的采购与运输成本成倍增加。这时,物流这个"第三利润源泉"开始被重点关注,物流的概念突破了原有的商品流通范围,不再是制成品从生产者到消费者的配送过程,更包含了从上游采购原材料到中游生产加工销售到下游售后服务等全部流通环节②,外包的概念开始涌现。政府对交通运输业的放松管制加速了物流专业化进程。有人于 1970 年提出利润中心学说,被视为"第一利润源泉"和"第二利润源泉"的"节约物质资源"和"减少劳动消耗"已近枯竭,开始普遍认为物流为"第三利润源泉"。服务中心学说注重物流的服务与保障功能,强调企业利用物流活动增加客户的满意度,从而降低成本、提高竞争力。利益悖反学说则认为物流系统中的各个要素存在着互相损益的矛盾,物流系统不仅可以被细分为运输、仓储、包装、装卸、流通、信息处理等功能要素,还需要认识这些功能要素之间的横向联系,并确立要素之间的整体意识。在这一阶段,物流呈现出集合型的功能组织结构。

---

① 汤银英. 国内外物流理论研究评述[J]. 商业时代·学术评论,2006(11):20-21.
② 王煦. 以生产者责任延伸制度为抓手 构建绿色供应链[J]. 中国科技投资,2016(5):28-30.

第三阶段为20世纪90年代后,随着跨国公司的壮大、经济全球化的发展、互联网的普及与电子商务的推广,物流研究更加关注供应链的集成研究,物流系统各要素的内部一体化开始走向外部一体化。有的学者结合静态的企业产业链与动态的货物流、信息流、价值流等,剖析集成供应链的形成;有的学者探究企业内外部物流的集成化;有的学者关注电子商务在物流和供应链中的作用,借助电子商务平台,形成一条从供应商到制造商再到分销商的企业链,即物流横向一体化[1]。有的学者从战略研究角度提出"一体化物流战略""网络化物流战略""物流战略联盟"等[2]。同时,从生态环境和可持续发展角度,"绿色物流""逆向物流"等新型概念扩充了物流理论的研究领域。

2. 物流组织模式的演进

物流依托贸易而产生,贸易业态的创新与发展推动物流的发展。随着社会的不断进步,人们的需求也不断变化,正在从追求基本的物质需求向马斯洛需求曲线的高层次发展,这种变化正是贸易及物流发展的内在动力。随着贸易方式从单一实体经营到大卖场、虚拟经营的更迭,物流组织模式大致经历四个阶段。

(1)第一方物流。早期物流仅作为企业的配送中心而存在。企业拥有自己的车队、仓库等各种资源设施,物流承担着采购原材料、运营支持、产品分拨等职能。工厂生产出来的商品借助物流进入零售环节再到达顾客手中,通过节省物流成本来提高效率、增加企业效益。

(2)第二方物流。伴随竞争的加剧及盈利空间的缩小,企业更加关注节约成本及资源的有效利用。企业渐渐发现物流设施大部分时间处于闲置状态,并且并不擅长从事物流的所有环节,购置所有的物流设施及承担整个物流过程反而耗费资金、浪费资源。市场上逐渐出现了物流设施或物流活动的租赁业务[3],企业的物流组织模式也相应改变,企业只需拥有基础的物流设施,发挥最擅长的物流能力,其他不常用的物流设施或不擅长的物流环节通过租赁市场来获得或完成。

(3)第三方物流。虽然第二方物流的出现提高了企业的运营效率,但是物流并不能为企业带来多少利润,依然作为企业成本的组成部分存在着。随着经

---

① 肖湘,周传丽.物流理论研究新进展及其评析[J].宏观经济研究,2005(2):31-34.
② 汤银英,彭其渊,谢圣涛.国内外物流理论研究评述[J].商业时代·学术评论,2006(11):20-21.
③ 田歆,汪寿阳.第四方物流与物流模式演化研究[J].管理评论,2009,21(9):55-61.

济一体化发展,市场的竞争更加激烈,优胜劣汰原则使得一些企业的物流能力增强,而物流活动成为另外一些企业的负担。物流能力强的企业优化物流环节、改变物流运营方式,在完成自身物流活动的同时,帮助其他企业分担物流活动,物流能力开始成为企业的利润来源。这些企业逐渐地将物流中心注册为新的公司,成为专业的物流公司,为社会提供服务。物流运营模式已悄然发生质的改变,物流不再是企业的成本构成,而成为企业的利润中心。借助于第三方物流,企业的注意力也转向更加擅长的生产与经营领域,进一步提高专业化和竞争力,物流活动的外包实质上创造了企业更大的盈利空间。

(4) 第四方物流。1998 年,埃森哲公司(当时的安达信咨询公司)最早提出"第四方物流"的概念并注册商标,提出物流模式由企业自己经营到外包给第三方物流供应商的变化,会逐渐演变为企业将只注重自身的核心领域,而把全球供应链上的物流、资金流、商流、信息流的管理与技术服务一揽子承包给一个能提供一站式集成服务的运营商[①]。这不再单纯是一个第三方物流,而是能够将第三方物流提供商和其他相关法律、技术、金融等服务的提供商整合起来的服务联盟的主导者,即第四方物流。可以说,第四方物流提供的产品方案几乎全面覆盖整个供应链,是第三方物流和管理咨询服务的集成商,不仅具备文化、政治的敏感性,还拥有交流沟通能力,不仅有能力挖掘价值,还能够激发各参与方。有人认为,第四方物流的电子市场很好地印证了电子商务和供应链管理的集成[②]。

此时,物流一方面呈现出纵向的供应链整合模式,物流运作的范围向企业供应链的两端延伸,从供应商、工厂伸向个体消费者,贯穿原料、生产、分销、零售等供应链的全过程。物流不再只执行简单的运输、仓储、包装、分配等功能,还将供应链上下游企业的协作纳入业务范围。另一方面,物流呈现出横向的供应链整合模式,物流与技术、金融、信息管理、电子商务等融为一体,创造以物流为核心的新商业模式[③]。物流实现了从商业的支撑者到主导者的转变,成为商业发展的引领者。

从第一方物流到第四方物流,后一种物流模式的出现并不意味着前一种物流模式的消失,只是模式不断创新,物流运营效率逐步提升,它们之间共同存在而又彼此促进。

---

① 林慧丹. 基于能力视角的第四方物流运作研究[D]. 上海:上海海事大学,2006.
② Nissen. Fourth party logistics marketplaces as an instance for the integration of electronic marketplaces and supply chain management [J]. Wirtschaftsinformatik, 2001,43(6): 599.
③ 田歆,汪寿阳. 第四方物流与物流模式演化研究[J]. 管理评论,2009,21(9): 55 - 61.

二、流量经济与物流的联系

综合分析物流模式的发展进程与流量经济的发展层次,不难发现,两者有很多相通的地方,也有此消彼长的时候。我们主要从以下三方面重点阐述物流与流量经济的联系。

1. 流量经济起源于物流业的发展

世界经济的发展进程告诉我们,流量经济的形成离不开物流业的发展,物流业是早期流量经济的主要形态。简单直接的实物配送为物流业最初的表现形式,物流当时履行着存储、加工、运输、包装等职能,完成从生产者到消费者之间的物资配送。随着第二次世界大战的爆发,现代物流业逐渐形成。物流不再仅为简单的物资配送,开始被用于物资的流通。不仅要架起生产者到消费者的桥梁,更要架起原材料供应商到生产者的通道。物流的发展更加以满足消费者的需求为目标,触及产业链的上下游,成为集制造、运输、销售等环节于一体的运营战略。全球化及市场竞争的加剧使人们意识到只集合物流各个环节是远远不够的,物流需要与其他资源如资金、信息、技术、人才等有机整合,这样才能够进一步降低物流成本,提高企业效率,促进经济发展。物流发展趋势其实与流量经济模式非常相似,可以说整合物流业各环节各要素的发展,实际上促成了一种新经济模式的形成。换句话说,流量经济是物流升级发展的必然结果,某种程度上,可以认为流量经济实质上为物流业各要素的全面流动与能级提升及转化。

2. 流量经济升级发展离不开物流

存量经济时代以货物流为主导推动着经济要素的集聚和扩散,物流是存量经济的主流。但随着流量经济的发展,物流的主流作用逐渐被信息流、资金流、技术流、人才流所取代,这时物流处于相对次要的地位。然而,流量经济体系的根本在于流动,物流的作用虽然有所下降但永远不能被忽略,流量经济的升级离不开物流的支撑。技术、信息、资金等要素因为物流的发展而快速流动与扩散,并且物流还直接影响着其他要素流量的能量提升。譬如,物流与信息流的关系十分密切。物流的信息不仅为物流的扩散提供了保障,还为生产和销售提供了基础。此外,物流的规模与速度还联系着资金流,物物交换的需要促成货币的产生,物流和贸易流是资金流动的基础与前提,物的流速越快,资金的流速也越快,物流的流速决定了部分资金流的流速。

3. 物流模式演进助推流量经济发展

如前文所述,物流模式经历了从第一方物流到第四方物流的演化,物流的运作与性质因为物流模式的演化发生了质的改变,不仅物流自身实现了资源效用的优化配置,还促成了社会分工的优化,物流从贸易的支撑者演变为引领者和主导者。随着流量经济能量从周边区域、国家层面、周边国家到全球范围的不断升级,物流也经历着城市物流、区域物流、国际物流的层次发展;随着流量经济辐射力从初能级到高能级的演进,物流也经历了从单一功能组织、功能集合型结构到过程集合型结构的发展;随着信息化时代的发展,流量经济呈现出数字化、平台化、共享化和空间化的特征,而物流也正在与电子商务、企业信息等融为一体,以信息化平台为载体加载各种新的商业模式,创造着以物流为核心的贸易服务平台。简而言之,物流适应并助推着流量经济的发展。在流量经济加速运转、提高效能,其他要素流发挥主导作用的时候,物流并没有停歇,作为流量经济背后的支撑,努力提升与改造自我。第四方物流的发展模式实质上为各种资源要素的优化整合,制造商或发货商可以放心地将自己的供应链外包给第四方物流这个组织,这种物流模式能够极大地推动流量经济能级发展。

| 第二节 | 货物流与贸易流的结构体系

国际贸易在国际分工和国际商品交换的基础上形成,社会发展和科技进步使得贸易从实体延伸至虚拟,在流量经济发展规模越来越大的前提下,贸易流量也成倍增加。对于货物贸易来说,国际贸易流需要依靠物流来实现,国际物流与国际贸易流相互依附而存在。在信息化时代的流量经济框架下,贸易发展更加促成物流层次从城市物流到国际物流的提升,同时也推动物流模式的演进和流量经济效能的提高。我们在本节中,从理论应用角度出发,以第四方物流为基础,以战略研究为视角,从结构体系和运行机制两个维度,分析物流和贸易流的运行模式。

一、货物流载体

物流与贸易流的载体,即指能够大规模带来物流与贸易流并能有效推进其流动的机构组织。国际贸易、国际投资的空前活跃使得物流呈现出全球化的特点[①]。从实际发展来看,物流与贸易流的载体主要是跨国公司和市场中介机构。

1. 跨国公司

跨国公司一般规模庞大、实力雄厚,以商品贸易和对外直接投资为跨国经营的主要方式,以全球化战略和集中管理方式,从事国际化经营。跨国公司发展带动贸易流向,从而伴随货物流向。就某个地区而言,物流节点、物流企业的培育与建设吸引国外雄厚实力的企业入驻,反过来,入驻企业引进先进技术、资金、人力、信息等,推动该地区物流产业集群规模扩大,加速物资流动,产生流量经济要素的扩散与辐射。跨国公司促进物流的传导方式主要有三种。

(1)跨国公司本身作为物流行业的龙头企业,吸引本已建立业务联系、有物流需求的合作企业和当地企业进入,形成以跨国公司为核心的物流集群,这类跨国公司通常受当地招商引资的诱惑或物流需求市场本身的利益驱动。例如,美国物流地产公司普洛斯,这是亚洲知名的物流服务商和物流设施商,2004年开始在中国规划物流园,广州保税物流园和苏州物流园就是其投资建设的,并逐步拓展全国物流园网络,形成几乎覆盖各级物流枢纽的网络系统。现代物流枢纽平台的建立,促进了周围相关产业的集聚与升级。多模式多样化的供应链服务,不但带动多要素、多行业联动发展,而且整个区域及周边区域的物流效率得到极大提升。通过物流金融平台的建立,普洛斯相关客户的融资租赁需求得到满足,还形成资金流、物流、信息流的三流合一,推动流量经济要素的能级提升[②]。

(2)原来客户企业(如商贸流通企业、制造企业等)跨国物流的需求使得跨国物流公司进入他国市场,因为物流需求和追随优惠政策而选择在某物流产业集群区域布局。在这种情况下,跨国物流公司一般短期内不会与当地的物流企业产生合作,只会与原有的客户维持稳定的关系。例如,美国的柏林顿全球货运物流公司是全球著名的物流企业和供应链管理企业,在全球有500多个分支机

---

① 查臣赢.保税区国际物流发展及对策研究——以宁波保税区为例[D].杭州:浙江工业大学,2006.

② 刘荷.跨国公司对我国物流产业集群的嵌入性分析[J].福建行政学院学报,2017(4):86 - 93.

构,在我国北京、厦门等省市建立了代表处或独资企业。戴尔进入厦门后,柏林顿专门在象屿保税物流园区建立物流保税仓为其服务。这种模式虽然不如第一种模式的效应明显,但会带动其他大型跨国企业的进入,促进当地要素流动及辐射作用。

（3）跨国企业直接与当地基础较好、体系较为成熟的物流产业集群企业建立战略合作。如上海外高桥保税区,因为其区港联动的区位优势、自贸区的政策优势,第三方物流企业为主体的物流产业群已形成[①]。外高桥物流产业群的服务辐射范围基本涵盖整个东部地区。这种战略合作型的跨国企业往往伴随经验交流、信息共享、人员流动、社会交往等,促进知识与人力资源的流通,产生溢出效应。

2. 市场中介机构

市场中介机构是介于政府与市场之间、企业与企业之间、生产者与经营者之间,以服务、咨询、协调等为主要业务的个人或组织机构。创造有价值的服务性劳动是市场中介机构服务业务的主要特征。中介机构的存在不仅能够提高企业经济效益,还能节约资源,促进资源有效配置,活跃、繁荣市场。市场中介机构一般分为两类:一类是营利性的机构,为当事人提供信息服务、决策咨询,具备收集、汇总、整理、分析各种信息的能力,聘任高层次的专业人才为咨询顾问。高资格中介机构的存在能够助推交易活动,降低市场交易成本,对跨国企业、国际性金融机构等有强大的吸引力,将会极大促进要素流的集聚和扩散。另一类是培育性的机构,如高等学校、金融机构、科研院所等,这些机构通过资金流、人才流、技术流等要素的输送,促进社会经济发展。

市场中介机构是现代物流模式发展的中坚力量。第四方物流的载体主要为市场中介机构,徐欣等（2014）认为,它们是第三方物流的集成者和管理者,具备良好的综合素质、集成技术和全球扩展能力[②],能够为企业提供一整套具备设计、制定、分析、评价、运作等供应链流程的供应链解决方案。他们具有先进的技术能力,能够打破地区分割,有效整合地区、国家甚至全球的资源,形成全覆盖网络,建立供应链联盟,为实现全球化战略助一臂之力。他们有能力对供应链进行优化与改造,他们集成第三方物流、技术与咨询服务企业等,优化整个物流服务

① 刘荷.跨国公司对我国物流产业集群的嵌入性分析[J].福建行政学院学报,2017(4)：86-93.
② 许欣,张彦敏.跨国公司物流运营模式选择及其影响因素研究[J].商业研究,2014,56(3)：169-174.

的过程。另外,他们打破了制造业与物流业联动发展的障碍。制造业企业和物流企业因为第四方物流的存在在运作流程、信息网络、组织机构、企业文化等方面实现融合,信息共享,共同设计供应链解决方案。他们具备良好的组织沟通能力,能够有效地整合资源,提供更多的增值服务,为制造业和物流业创造更多的利润来源。他们紧跟时代步伐,在全球化视角下提供综合性的物流服务,使企业充分利用与挖掘相关的物流服务资源,使得制造业和物流业在不增加成本投入的情况下,提供多样化的物流产品服务,扩大物流服务的地理范围,促进制造业和物流业的协调发展。第四方物流模式本身则为流量经济要素流的集聚过程,通过规模效应、溢出效应、供应链优化提高整个地区的经济能力,增加要素的流动效能,提升流量经济的层次范围。

二、货物流发展平台

发展平台是对物流和贸易流各种活动起到支撑和承载作用的标准化体系,由基础设施平台、操作平台、服务平台共同构筑的环境条件,支持和制约物流和贸易流活动的运行。平台提供标准化、规范化环境,推动各种活动有效地衔接,促进活动高效、顺畅地进行。物流和贸易流的发展平台具有复杂性和多样性特征,涉及一个国家经济建设的若干重要方面[①],包括道路交通、铁路网络、航空网络、港口码头、内河与远洋水运网络、通信设施、信息化体系、基地建设、人才培养体系等设计、布局与协调。同时,物流和贸易流需求的多样性决定了平台结构体系的多样性,平台结构体系的构建以满足整个社会经济系统的物流与贸易流运作需求为目标。

1. 基础平台

道路交通网络、港口码头、航空港、通信设施、仓储场所、配送中心、教育科研机构等构成物流和贸易流的基础平台,是硬件设施和要素流活动的前提条件。基础平台是否完善直接影响物流和贸易流运行的成本与效率。

具体来看,基础平台可以概括为以下几个方面。一是天然的区位优势,如优越的地理位置和经济区位。放眼全球著名的国际物流中心可以看出,它们通常

---

① 李远远.区域物流信息资源整合研究——以广西北部湾经济区为例[D].桂林:桂林电子科技大学,2014.

处于沿海、沿江或公路、水路、铁路及空运等交通枢纽所在地[①]，一方面为物流和贸易流分拨提供便捷通道，另一方面，强有力的辐射力又能吸引更广阔的物流和贸易流[②]。二是交通条件和集疏运网络。物流分拨的要求之一是安全地将货物运至消费地，便捷的交通条件和四通八达的集疏运网络为多式联运提供必要条件。水运成本低、运货量大，铁路运输不受气候影响，且能够贯通内陆地区，空运时效快、及时送达，公路运输最为灵活，可以送货到门。三是仓储中心。大面积、功能齐全且适合转口贸易、过境贸易的仓储中心，能够满足不同物资的特殊需求，将存储成本降低到最低水平。四是配送中心，配送中心不仅拥有能够为特定用户提供配送服务的物理设施，还具备设备齐全、通信网络发达、辐射面广、兼备库存控制与存储服务能力等特点。五是教育培训机构、科研机构等，高素质人才是物流运行管理的保证，高效的要素流运转离不开一批懂技术、有经验的高级管理人员，教育科研机构培养出的高素质管理人才不仅需精通企业内部运作、熟知外部市场环境，还需具备与其他机构的协调、沟通能力。

着眼于流量经济的层级发展及现代物流模式的演进，物流和贸易流的基础平台不能再局限于一般意义上的活动场所和组织，而且需具备组织功能、发展功能和经济带动功能。基础平台的内涵应该是满足供应链整体服务功能及物流服务的综合组织。

2. 操作平台

由商品市场、资本市场、技术市场等构成的要素市场体系是操作平台的基础。技术市场、互联网的发展使得市场经济不再表现为单一的实体经济，虚拟经济所占的份额越来越大。物流和贸易流的运行不再仅仅依附于实体经济，电商经营对物流和贸易流的贡献比重显著增加。

电子商务环境下网络物流的主要特点有：信息化管理遍及所有物流节点、整个系统以无限的开放性为特征、系统具备明显的规模优势。在网络物流系统中，物流设施和设备为基础，不再为决定因素，起决定作用的是物流信息系统，在整个物流过程中采集、管理、分析和调度信息，并根据反馈及时地调整，是软件和软环境[③]。具体来看，首先，应为整个物流领域的信息网络系统，这是将物流技

---

① 容静文. 广西构建双向沟通中国东盟的区域性国际物流中心的条件分析[J]. 中国市场，2007(23)：62 - 63.

② 散襄军. 国际物流系统运作研究[J]. 南开管理评论，2002(2)：67 - 70.

③ 梁婵卓. 电子物流：现代物流发展的新趋势[J]. 自动化与仪器仪表，2013(3)：198 - 199.

术、数字化技术等通过网络技术嫁接,在市场经济与政府宏观调控两只看不见的手共同作用下搭建的物流信息高速通道。充分发挥网络优势,完善连接实物网和虚拟网,组建网上物资贸易和物流配送服务市场,物流交换与作业时间被极大缩短。其次,应为计算机网络信息管理系统和电子数据交换平台项目的建设,这是物流连接世界各地市场的通行证,为保持物流通道顺畅提供必要条件。所有单据的传输、交换,以及与客户之间的信息交换、客户分拨等均实现自动化。最后,可细化为企业自身的敏捷化改造。一是企业内部网的改造,实现包含商品订货、生产、分拨、销售、售后服务所有步骤的全过程物流管理,配置适合电子商务的流通渠道,优化电子商务系统的配送中心,尽可能减少物流环节,提高物流系统的应变能力。二是企业的对外联系实现数字化和网络化。物流企业之间特别是与国外知名物流企业结成合作伙伴,搭建完善的全球物流网络,进行信息平台的实时管理,形成 B2B 电子商务网站。提供集成规划设计、咨询服务的第三方物流,为企业提供一套服务全球一体化的物流解决方案。

3. 服务平台

服务平台的基础是市场中介组织,为要素流动提供服务,是市场经济运行的润滑剂,对整个市场体系效率提高发挥着重要作用。对于物流要素来说,第四方物流本身就承担着市场中介的功能,为物流活动的运行提供完备的服务体系。

(1)第四方物流的特点是提供知识密集型服务,采用先进的物流模式,通过技术升级和人员的合理配置,研发科技的支出密度和人力资本的投资密度得到了大幅度的提高[①]。

(2)作为高科技主导的服务产业,第四方物流的组织方式更为灵活和虚拟,伴随复杂多变的服务群体,更加追求服务模式的创新。服务创新体现为运作中的竞合观念,可以运用企业自身的优势与其他企业进行合作,与竞争对手实现双赢,从而实现可持续发展。

(3)第四方物流以集成化的供应链管理理论为引导,以顾客需求为基础制定集成化的发展规划,综合考虑关联企业内部及各节点企业之间的各类业务,将其作为一个整体对物流过程进行重组,提高服务的专业化水平。信息技术是第四方物流实现服务创新的手段和策略,强大的信息处理能力是搭建信息共享平台和实现整个供应链物流信息集成共享的保障。

---

① 丰佳栋.供给侧改革下第四方物流模块化服务创新模型设计[J].中国流通经济,2017(3):71-78.

三、货物流发展环境

发展环境是指推动和促进物资和贸易流动所需的社会、政治、经济、文化等方面的条件。在经济全球化趋势下，国内市场环境应注重与国际市场环境的衔接。

1. 法治环境

法治环境是在全社会都主张法律主治、依法而治的意义上所形成的社会环境[①]，是社会管理趋向文明必不可少的客观基础，它维护、规范、促进和巩固生产力的发展，是生产力的重要组成部分。依法行政、公正司法是法治环境的必然要求，在流量经济框架下，应处理好法治与市场经济之间的关系，建立完善的市场经济和与之相应的法律法规体系，在一些通行惯例和共同规则方面应该与国际接轨，消除要素国际流动的体制障碍。

为建立健全上述法治环境，需要关注：①在市场经济体制和法律体系已初具规模的前提下，政府决策的法治化应被重视，建立完善的法治机制，并辅以法律责任制度，保证政府决策、规划的科学化、民主化和规范化；②各级政府严格依法行政，切实转变观念，提高行政效率，降低行政成本，增强服务意识，保证行政执法的公正、公平与公开，推动地方软环境日益改善；③加强监督机制建设，包括行政司法监督、舆论监督、民主监督等，及时纠正违法和不当的司法与行政行为；④主动与国际接轨，熟悉与掌握国际惯例和通行规则，进一步消除物流和贸易流运行的体制与机制障碍。

2. 行政管理环境

行政管理环境包括行政管理机构的办事效率，"看得见的手"的宏观调控作用以及政策法规的完善与透明度等。从物流和贸易流运行所需的行政管理环境来看，一是统一协调的各级政府之间的关系，合理规划的全局物流体系。在国际物流发展的大市场中，应该形成更为科学、合理的物流系统，由企业物流系统、区域物流系统、国家物流系统和国际物流系统四个层次构成。二是政策的扶持力度，包括服务水平、政策环境、市场准入等。例如，对一些对整个物流业有重大影

---

① 叶江. 依法治国背景下高校学生法治教育问题研究[D]. 西安：西安科技大学，2016.

响、重大作用的项目实行扶持鼓励。三是加强行政管理部门之间的合作,简化前置审批程序,清理不合理收费,减少中间环节,创建良好的软环境。四是做好区域发展规划,推动电子口岸建设,构建"大通关"的公共信息服务平台。以政府引导、企业运行为原则构建公共信息服务平台,政府和企业共同参与功能设计,充分利用并最大化政府与企业各自的优势,实现信息平台的公共服务功能,提高经济效益。政府可作为行业的引导者和监督者,利用资质查询、行业数据采集等方面的优势,为平台提供必要的资金支持和功能注入,通过整合为平台提供权威、真实的信息数据,满足平台的信息需求。

3. 经济环境

经济环境为包括经济体制、经济水平、物价水平、金融证券市场完善程度等因素的综合体系,是企业经营所面临的外部社会经济条件,而企业营销活动受其运行状况和发展趋势的直接影响。流量经济发展的关键是流量经济要素流动是否顺畅,流量要素流动环节与环节之间能否紧密衔接的关键是要素流动的顺畅与否。如港口物流的顺畅与否就取决于当地的办事效率,办事效率越高港口与物流的吸引力就越大。对于要素的流动来说,整顿经济秩序、优化经济环境非常重要。一方面,应审视市场包容度,是否还存在市场分割、地区封锁、行业垄断的现象,尽可能消除这些不利的因素,创建适宜的经济环境;另一方面,应审视是否存在不合理收费、税收水平过高的现象,进一步加强社会信用机制基础建设,优化市场经营环境。

4. 社会文化环境

社会阶层、家庭结构、风俗习惯、宗教信仰、价值观念等都是文化环境所蕴含的因素。对于流量经济的要素流动来说,社会文化环境不像其他环境因素那样显而易见、易于理解,但又时时刻刻影响着要素的运行。在流量经济层级不断提高、物流模式不断演进的今天,建立适宜的国际化社会环境尤为重要。因此,可探索开展双语教学,提供语言教育资源,提高资源的可获得性,增强居民的外语水平;对高素质的国际化外籍人才,适度地延长签证时间;以高等学府人才培养为契机,通过交换生制度、访学制度等,促进高等院校开展国际化合作与交流。此外,可以通过教育培训,引导本土企业了解国际文化,促进本土企业走出去,同时也为外来要素创造良好的文化环境,减少要素流动的障碍。

| 第三节 | 货物流与贸易流的运行机制

前文介绍了货物流与贸易流结构体系的主要组成要素,本节将介绍货物流和贸易流的动力源、内在的运行与传递机制、规则及对接等问题。从流量经济的角度看,要素的本质在于流动,物流与贸易流的运行机制也就是研究物流与贸易流为什么流动和如何流动的问题。换句话说,就是研究物流和贸易流流动的动因、原理、过程及内在的相互联系。

一、动力机制

一般来说,要素流动可分为两种方式:一是有目的性的流动,为了配合既定的行动目标,例如,生产要素在某个城市的临时中转,这种流动不是自发的;二是不受人为外力影响的自发流动,这种流动一般受内在的利益驱动,在市场的调节下,由于存在客观利益的差别而产生流动,是要素资源内在动力的驱动。这里我们主要研究后一种情况。

1. 要素流动的前提条件——区位势差

首先是分布势差。生产要素因为自然禀赋而产生分布不均,各地区生产水平、经济规模因为经济发展水平的不同而产生差异,各地区要素规模、要素存在状态等方面均存在较大区别,所以就产生了要素流动的可能。存在水位差时水就会流动,水从高位流向低位。不同地区的要素禀赋差异驱动要素从丰富区域向匮乏区域流动。有人将要素在数量和质量上的区域差异称为区位势差,区位势差越大,要素流动的规模则越大[①]。这种情况在国家内部的各城市之间,甚至国家之间都存在。流量经济先在城市产生,而后层次逐渐升高,导致国际水平的要素流动。城市势差产生了要素城市间的流动,国家势差则产生了要素国家间的流动。

其次是竞争力势差。要素之间存在竞争,要素的素质、层次、能级构成要素的综合竞争力,要素之间竞争力受不同区域社会经济、政治文化等条件的影响。某一要素或要素组合在不同区域间的竞争力存在差异,通常会由竞争力较弱的

---

① 张海峰.基于区域空间结构的中心城市流量经济效应研究[D].兰州:西北师范大学,2009.

区域流向竞争力优势显著的区域。

2. 要素流动的根本动力——区域收益差额

亚当·斯密提出"理性的经济人"观点,认为任何从事经济活动的人都是以利益最大化为目的。从经济学的原理来看,流量经济要素流动的根本动力是利润最大化。要素从较低价格地区流向较高价格地区,从而获得更多的收益,主要指标是净收益。如果要素在甲地的运作成本比乙地高,收益又比乙地低,则要素流向乙地①;如果要素在甲地的成本和收益都高于乙地,但乙地的净收益高,则要素仍会流向乙地。

要素的区位势差产生要素流动的可能性,而要素区域收益差额是要素流动的根本动力。在存在区位势差的前提下,要素流动方向有很多的可能性,存在很多要素匮乏的区域,但如果要素在各区域获得的净收益存在差额,这时候要素流动就会选择收益更大的区域,获得更多的利益,区域收益差额决定要素的流动方向。区域收益差额越大,要素流动的动力越大。起初,要素因为城市之间的收益差额而流向净收益更大的中心城市,之后会因为国家之间的收益差额而流向净收益更大的其他国家。

3. 中心城市吸引力塑造

一般而言,要素向中心城市的集聚得益于中心城市的区位势差,而增强中心城市对周围地区的辐射力,则要大幅提高要素的区域收益差额。提高区域收益差额不仅要完善要素发展平台,改善发展环境,增加要素的获利机会,还要使要素在本地能够获得有效的重组、整合和运作,从而提高集聚要素的综合竞争力,增加辐射能力,获得更多的收益。

二、传递机制

要素资源必须经过一些环节或程序,才能完成空间的移动,到达所有者手中。例如,要素资源的运输,要经过提货、分配、运送、送货等流程和相应的一些手续。相较之下,交易活动涉及面更广、环节更多,在确定交易对象的前提下,需要经过谈判、签约、交割等一系列程序。这些手续直接影响要素是否能够顺畅地传递。

---

① 周振华,韩汉君.流量经济及其理论体系[J].上海经济研究,2002(1):29.

1. 要素传递的必要条件——可达性

有人首先提出可达性,将其定义为"交通网络中各节点相互作用的机会大小";之后也有学者认为,"空间可达性指某一区域或经济体利用交通设施、制度设计等与其他有关区域进行资源要素交流的方便程度、顺畅程度"[①]。物流和贸易流的可达性,可以理解为区域之间、物流和贸易流之间以及与其他要素之间实现相互作用、相互影响的容易程度和机会大小。这里面包括信息网络、交通网络、社会环境等因素。一定程度上,技术、制度或经济上的障碍可能会成为要素流动的障碍,由此导致的传递机制不发达或传递效率低下,则会使要素流动无法实现;反过来,传递机制发达、运作效率高,就会促进要素的流动。如果传递机制发达,要素交易就更容易被发现或完成,将会大大促进要素流动。

发达经济条件下,市场中介机构是要素资源传递的桥梁。要素流动的规模和效率与流量经济的规模、效能有正向影响,而中介服务体系的运转、传递的效率则直接影响要素的流动[②]。对于物流要素的传递来说,物流体现为供应链过程的传递:一是从货主到托运人到用户/顾客的供应过程;二是衔接生产业务与物流业务的运输一体化;三是根据货主的要求改变或调整供应链战略的供应链再造。物流要素最好的传递者就是第四方物流。为实现这种要素传递的可达性,必须有几方面的保障:①需要有一个有利的环境,包括物流有序发展的行业标准及发展规划,物流人才的培育计划,为实现要素的集成与整合降低成本、提高运营效率;②应该借助电子商务,创建物流公共信息平台。物流是信息流和资金流的载体,没有高效、合理、顺畅的现代化物流运营系统,电子商务就很难得到有效发展;③转变政府职能,加强规范化、制度化管理。

2. 要素传递的助推器——互补性

当某一地区的某种要素有富余,其他地区的这种要素有需求,就存在互补性。从供需角度看,如果某一地区能够提供某要素的供给,另一地区有对该要素的需求,经济流量要素就会出现区域流动。如果两个区域存在信息、物资、资金、技术、商品等要素的供求关系,这种供求关系将助推要素的地区间流动。供求关

① 孙希有.流量经济新论——基于中国"一带一路"战略的理论视野[M].北京:中国社会科学出版社,2015:115-116.
② 张超.基于流量经济的中心城市交易效率研究[D].重庆:重庆大学,2008.

系越强烈,运输需求就越高,运输要求越高,就越有必要建设交通运输基础设施。而交通运输的网络越发达,要素流动就越容易实现;要素流动越容易,交通运输沿线的城市、国家、地区之间的互联互通会发展得更好。

三、规则及其对接

要素资源流动驱动流量经济的发展,流动范围涉及区域之间、城市之间、国家之间。即使在特定制度环境下,流动也涉及不同主体。使要素顺畅流动,不同区域、不同主体之间需要遵循统一的规则和惯例。但是,实际生活中往往事与愿违,很难实现每个地区每个主体都遵守同样的规则。不同国家、不同地区的规则往往不同,不统一的规则将增加要素流动的成本,阻碍要素流动。

原则上,多数地区或多数人的习惯做法应该为全世界所应遵循的规则或国际惯例,但事实并非如此。以国际体系为例,国力强盛的国家通常为国际规则的主要制定者,单边、双边和多边机制是国际规则的主要形成机制,其他国家一般通过国际组织和区域合作机制参与国际规则的制定。国家是国际社会的主要成员,只有制定并执行能够更好管理国家行为和国际交往的国际规则,才能在国家互动中形成良好的国际秩序。然而,在不同领域,存在形式不同的国际规则,国际规则对各个国家的约束力也是不一样的,并非国际规则在所有的国家或地区都有效,有些特殊地区并不采纳国际惯例,一些特殊情况下采用特殊规则反而比国际规则更有效。显而易见,全世界各地区实现规则的统一几乎不可能,东道国应主动调整、积极适应,及时与规则接轨。中心城市作为流量经济的中枢,承担着大部分与国外要素交易的任务,市场化、国际化程度较高,应遵循国际通行的规则或惯例。在一些特殊情况下,可能东道国本身采用国际通行的规则,但对方不执行国际规则而采用特殊的规则,这时如果对方实行的特殊规则更为有效,那么己方应主动调整,对接对方的规则。

在经济全球化、区域间经济差距仍然存在甚至不断扩大的背景下,充分利用流量经济发展理论,优化产业结构和空间布局,提高地区间资源配置效率,促进要素资源在区域间的流动,推动全球流量经济协调有序发展,从而逐步缩小地区间差距,是需要国际社会共同实现的目标。从市场经济交易本身来说,规则对于要素流动以及流量经济的能级发展非常重要。在大多数情况下,关键不在于制定规则和迫使对方执行规则,而在于灵活调整,自觉与对方规则对接,实现要素流动的最终目标。

参 考 文 献

[1] Andersson Å E, Jari M. Mobility of resources, accessibility of knowledge, and economic growth [J]. Systems Research & Behavioral Science, 2010,25(5): 353 - 366.

[2] APEC Initiative of Cooperation to Promote Internet Economy, 2014.

[3] Armstrong M. Competition in two-sided markets [J]. Rand Journal of Economics, 2010,37(3): 668 - 691.

[4] Baldwin R E, Martin P, Ottaviano G I P. Global income divergence, trade, and industrialization: the geography of growth take-offs [J]. Journal of Economic Growth, 2001,6(1): 5 - 37.

[5] Bank W. Expanding the measure of wealth [J]. World Bank, 1997.

[6] Boudreau K, Hagiu A. Platform rules: multi-sided platforms as regulators [J]. Harvard Business School Working Papers, 2008 (9): 163 - 191.

[7] Brenner N. Global cities, global states: global city formationand state territorial restructuring in contemporary Europe [J]. Review of International Political Economy, 1998,5(1): 1 - 37.

[8] Caillaud B, Jullien B. Chicken and egg: competition among intermediation service providers [C]//2003: 309 - 329.

[9] Davis K. The Population of India and Pakistan [M]. Princeton: Princeton University Press, 1951.

[10] Doucek P, Fischer J, Novotn ý O. ICT and economy [EB/OL]. January 2014. https://www. researchgate. net/publication/286164806.

[11] Eisenmann T, Parker G, Alstyne M V. Opening platforms: how, when and why? [R]. Harvard Business School Entrepreneurial Management Working Paper No. 09 - 030,2009.

[12] European Commission. Europe's digital progress report [R]. Brussels, 2017.

[13] Fleming A, Giugale M. Financial systems in transition: a flow of funds analysis of financial evolution in Eastern Europe & Central Asia [M]. Singapore: World Scientific Company, 2000.

[14] Frieden R. Symposium: competition & innovation in the broadband age: the rise of quasi-common carriers and conduit convergence [J]. A Journal of Law and Policy for the Information Society, 2014(9): 471.

[15] Friedmann J. The world city hypothesis [J]. Development and Development and Change, 1986,17(1): 69 - 83.

[16] Frinck M. Digital co-regulation: designing a supranational legal framework for the platform economy [J]. Social Science Electronic Publishing, 2017(6).

[17] Fujita M, Thisse J F. Does geographical agglomeration foster economic growth? And who gains and loses from it [J]. The Japanese Economic Review, 2003,54(2): 121 - 145.

[18] Grossman G M, Helpman E. Innovation and growth in the global economy [M]. Cambridge: MIT Press, 1991.

[19] Harris B, Wilson A G. Equilibrium values and dynamics of attractiveness terms in production-constrained spatial-interaction models [J]. Environment & Planning A: Economy and Space, 1978,10(4): 371 - 388.

[20] Henderson D, Black K. Market allocations of location choice in a model with free mobility [J]. Journal of Economic Theory, 2007,17(11): 21 - 37.

[21] Hsieh C T, Klenow P J. Misallocation and manufacturing TFP in China and India [J]. The Quarterly Journal of Economics, 2009, 124 (4): 1403 - 1448.

[22] Iansiti M, Levinr, R. Strategy as ecology [J]. Harvard Business Review,

2004,82(3)：68 - 78.

[23] Keyfitz N. Introduction to the mathematics of population [J]. Reading Mass, 1970,65(331)：1420.

[24] Khuong Vu. ICT diffusion and production in ASEAN countries：patterns, performance, and policy directions [J]. Telecommunications Policy, 2017(5).

[25] Kohtamäki M, Partanen J, Parida V, Wincent J. Non-linear relationship between industrial service offering and sales growth：the moderating role of network capabilities [J]. Industrial Marketing Management, 2013, (42)：1374 - 1385.

[26] Krugman P, Fujita M, Venables A J. The spatial economy：cities, regions and international trade [M]. Cambridge：Massachusetts MIT Press, 1999.

[27] Lin M, Li S, Whinston A B. Innovation and price competition in a two-sided market [J]. Journal of Management Information Systems, 2011,28 (2)：171 - 202.

[28] Maddison A. Monitoring the world economy 1820 - 1992 [J]. American Thoracic Society, 1995.

[29] Maddison A. The world economy in the twentieth century [M]. OECD Development centre, 1989.

[30] Makower B J. The clean revolution：technology from the leading edge [D]. Presented at global business network worldview meeting, 2001.

[31] Mantena R, Saha R. Co-opetition between differentiated platforms in two-sided markets [J]. Journal of Management Information Systems, 2012,29(2)：109 - 140.

[32] Marcilio. The population of colonial Brazil. Bthell, vol. 2,1984.

[33] Martin P, Ottaviano G I P. Growing locations：industry location in a model of endogenous growth [J]. European Economic Review, 1999,43 (2)：281 - 302.

[34] McKinsey & Company. China's digital economy a leading global force. 2017.

[35] Melitz M J. The impact of trade on intra-industry reallocations and

aggregate industry productivity [J]. Econometrica, 2003,71(6): 1695 – 1725.

[36] Nikaidô H. Convex structures and economic theory [M]. Salt Lake City: Academic Press, 1968.

[37] Nissen. Fourth party logistics marketplaces as an instance for the integration of electronic marketplaces and supply chain management [J]. Wirtschaftsinformatik. 2001,43(6): 599.

[38] Pant S, Cheng H. Business on the Web: Strategies and Economics [J]. Computer Networks and ISDN System, 1996,28(7 – 11): 1481 – 1492.

[39] Parker G G, Van Alstyne M W, Choudary S P. Platform Revolution: How Networked Markets Are Transforming the Economyand How to Make Them Work for You [J]. New York: W. W. Norton & Company, 2016.

[40] Parker G G, Alstyne M W V. Two-sided network effects: a theory of information product design [J]. Management Science, 2005, 51 (10): 1494 – 1504.

[41] Reiskin E D, White A L, Kauffman J J, Votta T J. Servitizing the chemical supply chain [J]. Journal of Industrail Ecology, 1999(3): 19 – 31.

[42] Rochet J C, Tirole J. Platform competition in two-sided markets [J]. Journal of European Economic Association, 2003,1(4): 990 – 1029.

[43] Rogers A. Matrix methods in urban and regional analysis [J]. Regional & Urban Economics, 1974,4(1): 114 – 115

[44] Romer P M. Endogenous technological change [J]. Journal of Political Economy, 1990,98(5): 71 – 102.

[45] Sassen S. The global city: New York, London, Tokyo [J]. Political Science Quarterly, 2013,107(2): 501 – 502.

[46] Sassen S. The global city: New York, London, Tokyo [M]. Princeton: Princeton University Press, 1991.

[47] Solow R M. A contribution to the theory of economic growth [J]. Quarterly Journal of Economics, 1956,70(1): 65 – 94.

[48] Swan T W. Economic growth and capital accumulation [J]. Economic

Record，1956,32(2)：334－361.

[49] Tapiero C S. Transportation-location-allocation problems over time [J]. Journal of Regional Science，2010,11(3)：377－384.

[50] Toffel M W. Contracting for servising [D]. Califorlia：Hass school of business university of Califorlia Berkely，2002.

[51] Urbinati A，Chiaroni D，Chiesa V，et al. The role of digital technologies in the innovation process [C]//Innovation and Product Development Management Conference，June 11－13,2017，Reykjavik，Iceland. 2017.

[52] Vandermerwe S，Rada J. Servitization of business：adding value by adding services [J]. European Management Journal，1988,6(4)：314－324.

[53] Visnjic I，Kastalli I，Looy B V. Servitization：disentangling the impact of service business model innovation on manufacturing firm performance [J]. Journal of Operations Management，2013,31,(4)：169－180.

[54] Win A. The value a 4PL provider can contribute to an organization [J]. International Journal of Physical Distribution & Logistics anagement，2008,28(9)：674－684.

[55] Wunsch-Vincent S. The WTO，the internet and trade in digital products：EC±US，Perspectives [M]. Oxford：Hart Publishing，2006.

[56] World Economic Forum. Digital transformation initiative：unlocking B2B platform Value，March 2017.

[57] 2017年中国物流行业现状及2018年市场发展预测[EB/OL.]http://www.askci.com/news/chanye/20171213/094416113869_2.shtml.

[58] E E里奇,C H威尔逊.剑桥欧洲经济史(第4卷)16世纪17世纪不断扩张的欧洲经济[M].张锦冬,钟和,晏波,译.北京：经济科学出版社,2003.

[59] E E里奇,C H威尔逊.剑桥欧洲经济史(第5卷)近代早期的欧洲经济组织[M].高德步,等,译.北京：经济科学出版社,2002.

[60] H J哈巴库克,M M波斯坦.剑桥欧洲经济史(第6卷)工业革命及其以后的经济发展：收入、人口及技术变迁[M].王春法,等译.北京：经济科学出版社,2002.

[61] Koren，Wong-Ervin.多边平台的经济学分析及反垄断启示[J].竞争政策研究,2016(2)：31－35.

[62] 阿里研究院.平台经济[M].北京：机械工业出版社.2016.

[63] 阿里研究院.数字经济系列报告之———数字经济 V2.0：告别公司，拥抱平台[R].2017.

[64] 艾瑞咨询.2017 年中国网络招聘行业半年度报告[EB/OL]. http:// report. iresearch. cn/report/201711/3082. shtml.

[65] 安娜贝拉·加威尔,迈克尔·库苏麦诺.平台领导：英特尔、微软思科如何推行行业创新[M].袁申国,刘兰风,译.广东：广东经济出版社,2007.

[66] 安宇宏.平台经济[J].宏观经济管理,2014(7)：84.

[67] 白俊红,王钺,蒋伏心,李婧.研发要素流动、空间知识溢出与经济增长[J].经济研究,2017(7)：109－123.

[68] 白永平,王培安.浙江省流量经济集聚扩散效应研究[J].南京审计大学学报,2012(3)：1－8.

[69] 白云朴,朱承亮.从制度创新视角看我国分享经济统计工作存在的问题及解决对策[J].南京邮电大学学报(社会科学版),2018(2)：51－57.

[70] 柏培文,张伯超.工资差异与劳动力流动对经济的影响———以上市公司行业结构和产出为视角[J].中国人口科学,2016(2)：47－60.

[71] 彼得·弗兰科潘.丝绸之路———一部全新的世界史[M].邵旭东,孙芳,译.杭州：浙江大学出版社,2016.

[72] 波期坦.剑桥欧洲经济史(第 7 卷)工业经济：资本、劳动力和企业(下)美国、日本和俄国[M].王春法,等译.北京：经济科学出版社,2004.

[73] 蔡禾.中国劳动力动态调查.2015 年报告[M].北京：社会科学文献出版社,2015.

[74] 蔡长春.去年 1 576 名外国人获准在中国永久居留[N].法制日报,2017－02－16.

[75] 曹贤忠,曾刚,司月芳.网络资本、知识流动与区域经济增长：一个文献述评[J].经济问题探索,2016(6)：175－184.

[76] 查尔斯·威尔逊.工业革命时期不列颠的企业家[J].企业家历史探索,1955(3).132.

[77] 陈亨炜.共享经济的五大创新特征[J].现代营销(下旬刊),2017(3)：12－12.

[78] 陈健,龚晓莺.共享经济发展的困境与突破[J].江西社会科学,2017(3)：47－54.

[79] 陈威如,余卓轩.平台战略:正在席卷全球的商业模式革命[M].北京:中信出版社,2013.

[80] 陈文玲,刘秉镰,刘维林.新经济爆发性增长的内在动因——互联网革命与传统业态变革[J].全球化,2016(7):5-21.

[81] 陈永伟.如何治理平台?平台时代寻找奥斯特罗姆[EB/OL].[2017-08-22].http://opinion.caixin.com/2017-08-22/101133612.html.

[82] 陈昭玖,胡雯.人力资本、地缘特征与农民工市民化意愿——基于结构方程模型的实证分析[J].农业技术经济,2016(1):37-47.

[83] 成都市出台推进流量经济发展实施方案.成都日报[N].2018-02-08.

[84] 程贵孙,陈宏民,孙武军.双边市场视角下的平台企业行为研究[J].经济理论与经济管理,2006(9):55-60.

[85] 池元吉.世界经济概论[M].北京:高等教育出版社,2003.

[86] 德勤中国,阿里研究院.平台经济协同治理三大议题[EB/OL].http://i.aliresearch.com/img/20171010/20171010225005.pdf.

[87] 邓雪静,王红艳.共享经济的内涵及在中国的发展[J].现代商业,2017(12):36-37.

[88] 滴滴出行创始人、CEO 程维谈共享经济领域创业.经济日报[N].2018-01-08.

[89] 董成惠.共享经济:理论与现实[J].广东财经大学学报,2016,31(5):4-15.

[90] 段平忠.人力资本流动对地区经济增长差距的影响[J].中国人口·资源与环境,2007,17(4):87-91

[91] 方敏.读孙希有博士的《流量经济新论》[J].中国统计,2015(10):34-34.

[92] 方竹兰.人力资本所有者拥有企业所有权是一个趋势——兼与张维迎博士商榷[J].经济研究,1997(6):36-40.

[93] 丰佳栋.供给侧改革下第四方物流模块化服务创新模型设计[J].中国流通经济,2017(3):71-78.

[94] 龚德华,魏鹏.共享经济的经济学原理分析[J].武汉金融,2017(8):70-71.

[95] 谷虹.信息平台的概念、结构及三大基本要素[J].中国地质大学学报(社会科学版),2012(3).

[96] 顾梦佳.共享经济——一场颠覆传统经济模式的革命[J].中共太原市委党校学报,2017(2):34-36.

［97］ 郭金龙,王宏伟.中国区域间资本流动与区域经济差距研究［J］.管理世界,2003(7):45－58.

［98］ 郭晚露.基于共享经济视角下的劳动力市场变革研究［J］.当代经济,2017(23):114－115.

［99］ 国家人口和计划生育委员会流动人口服务管理司.中国流动人口发展报告(2016)［M］.北京:中国人口出版社,2016.

［100］韩伯棠,艾凤义,张平淡.流量经济的若干问题研究［J］.经济纵横,2003(7):15－19.

［101］郝大江,张荣.要素禀赋、集聚效应与经济增长动力转换［J］.经济学家,2018(1):41－49.

［102］何伟.区域城镇空间结构研究［M］.北京:人民出版社,2017.

［103］衡量经济发展好不好,不看GDP看这些"流量"指标.上观新闻［N］.2016－12－15.

［104］胡鞍钢,熊义志.我国知识发展的地区差距分析:特点、成因及对策［J］.管理世界,2000(3):5－17.

［105］胡凯,吴清.省际资本流动的制度经济学分析［J］.数量经济技术经济研究,2012,29(10):20－36.

［106］胡晓兰,肖科峰.论物流与人力流、信息流、资金流的整合优化［J］.云南社会科学,2016(6):68－72.

［107］胡晓鹏.中国资本流动与区域差距关联性的实证研究［J］.开发研究,2003(4):45－48.

［108］霍兵,张延良.互联网金融发展的驱动因素和策略——基于长尾理论视角［J］.宏观经济研究,2015(2):86－93.

［109］贾后明.论市场经济中社会共享的基础与实现途径［J］.经济纵横,2016(11):12－17.

［110］蒋兴明.产业转型升级内涵路径研究［J］.经济问题探索,2014(12):43－49.

［111］焦斌龙,焦志明.中国人力资本存量估算:1978—2007［J］.经济学家,2010(9):27－33.

［112］杰奥夫雷·G.帕克,等.平台革命:改变世界的商业模式［M］.北京:机械工业出版社,2017.

［113］解轶鹏,石玉.共享经济的发展现状和未来趋势［J］.国家治理,2017(17):

29 - 37.

[114] 金国利,李静江. 西方经济学说史与当代流派[M]. 北京：华文出版社,1999.

[115] 金红. 共享经济对重要统计数据的影响——兼论统计视角的共享经济内涵[J]. 调研世界,2017(3)：57 - 60.

[116] 靳来群. 所有制歧视所致金融资源错配程度分析[J]. 经济学动态,2015(6)：36 - 44.

[117] 靳涛,陶新宇. 中国持续经济增长的阶段性动力解析与比较[J]. 数量经济技术经济研究,2015(11)：74 - 89.

[118] 孔丹凤,吉野直行. 中国部门间资金流动的特点与模式：基于资金流量金融表的分析[J]. 上海金融,2009(9)：11 - 14.

[119] 寇小玲,李佩. 共享经济在我国多领域深度发展的态势与思考[J]. 商业经济研究,2017(16)：185 - 187.

[120] 赖德胜,孟大虎,苏丽锋. 替代还是互补——大学生就业中的人力资本和社会资本联合作用机制研究[J]. 北京大学教育评论,2012,10(1)：13 - 31.

[121] 赖明勇,张新,彭水军,等. 经济增长的源泉：人力资本、研究开发与技术外溢[J]. 中国社会科学,2005(2)：32 - 46.

[122] 李建英,李婷婷,谢斯博. 构建"资金流"控制为主的电子商务税收征管模式[J]. 经济与管理评论,2014,30(3)：113 - 120.

[123] 李克强. 2016 年政府工作报告[EB/OL]. http://www.gov.cn/guowuyuan/2016-03/05/content_5049372.htm.

[124] 李玲. 中国人力资本地区流动与配置状况分析[J]. 经济经纬,2002(6)：82 - 85.

[125] 李凌. 平台经济发展与政府管制模式变革. 经济学家[J]. 2015,7(7)：27 - 34.

[126] 李昕,关会娟,等. 人力资本积累对我国经济增长影响的机制分析[J]. 审计与经济研究,2017(3)：100 - 108.

[127] 李雪静. 双边市场的平台竞争问题研究[M]. 上海：上海大学出版社,2014.

[128] 李远远. 区域物流信息资源整合研究——以广西北部湾经济区为例[D]. 桂林：桂林电子科技大学,2014.

[129] 梁婵卓.电子物流：现代物流发展的新趋势[J].自动化与仪器仪表,2013
(3)：198-199.

[130] 梁万泉.资金流动视角下的京津金融协同发展路径[J].环渤海经济瞭望,
2017(2)：34-36.

[131] 林慧丹.基于能力视角的第四方物流运作研究[D].上海：上海海事大
学,2006.

[132] 琳达·S.桑福德,戴夫·泰勒.开放性成长——商业大趋势：从价值链到
价值网络[M].刘曦,译.北京：东方出版社,2008.

[133] 刘根荣.共享经济：传统经济模式的颠覆者[J].经济学家,2017,5(5)：
97-104.

[134] 刘荷.跨国公司对我国物流产业集群的嵌入性分析[J].福建行政学院学
报,2017(4)：86-93.

[135] 刘蕾,鄢章华.共享经济——从"去中介化"到"再中介化"的被动创新[J].
科技进步与对策,2017,34(7)：14-20.

[136] 刘启,李明志.双边市场与平台理论研究综述[J].经济问题,2008(7)：
17-20.

[137] 刘庆振.共享经济,商业思维与资源配置方式的新变革[J].新产经,2017
(2)：81-83.

[138] 刘小瑜,李海东.国民经济核算原理[M].上海：复旦大学出版社,2013.

[139] 刘永生.世界全史：世界近代前期经济史[M].北京：中国国际广播出版
社,1996.

[140] 柳欣,吕元祥,赵雷.宏观经济学的存量流量一致模型研究述评[J].经济
学动态,2013(12)：15-23.

[141] 罗煜,贝多广.资金流量分析方法的最新进展[J].经济学动态,2015(2)：
87-97.

[142] 吕元祥.我国经济增长中的需求结构失衡问题研究[D].天津：南开大
学,2014.

[143] 马学广,李贵才.全球流动空间中的当代世界城市网络理论研究[J].经济
地理,2011,31(10)：1630-1637.

[144] 曼纽尔·卡斯特尔.网络社会的崛起[M].夏铸九,等译.北京：社会科学
文献出版社,2000.

[145] 倪鹏飞,刘伟,黄斯赫.证券市场、资本空间配置与区域经济协调发展——

基于空间经济学的研究视角[J].经济研究,2014,49(5):121-132.

[146] 彭朝晖,杨开忠.人力资本与中国区域经济差异[M].吉林:吉林出版集团,2016.

[147] 濮小金.现代物流[M].北京:机械工业出版社,2005.

[148] 朴仁鹤.物流管理配送功能与定位问题研究[J].中国市场,2017(18):144-146.

[149] 戚伟,刘盛和,金凤君.东北三省人口流失的测算及演化格局研究[J].地理科学,2017,37(12):1795-1804.

[150] 羌建新.金融全球化、全球金融治理改革与国际金融安全——基于信息科技革命的视角[J].国际安全研究,2015,33(6):24-54.

[151] 让·梯若尔.创新、竞争与平台经济[M].北京:法律出版社,2017.

[152] 任晓红,张宗益,余元全.中国省际资本流动影响因素的实证分析[J].经济问题,2011(1):31-35.

[153] 容静文.广西构建双向沟通中国东盟的区域性国际物流中心的条件分析[J].中国市场,2007(23):62-63.

[154] 散襄军.国际物流系统运作研究[J].南开管理评论,2002(2):67-70.

[155] 沈桂龙,张晓娣.上海流量经济发展:必然趋势、现实状况与对策思路[J].上海经济研究,2016(8):3-18.

[156] 沈丽珍,汪侠,甄峰.社会网络分析视角下城市流动空间网络的特征[J].城市问题,2017(3):28-34.

[157] 沈丽珍,张敏,甄峰.信息技术影响下的空间观及其研究进展[J].人文地理,2010,25(2):20-23.

[158] 沈丽珍,甄峰,席广亮.解析信息社会流动空间的概念、属性与特征[J].人文地理,2012,27(4):14-18.

[159] 沈玉良,金晓梅.数字产品、全球价值链与国际贸易规则[J].上海师范大学学报(哲学社会科学版),2017(1):90-99.

[160] 石军伟.人力资本流动及其模型分析[J].上海经济研究,2001(6):41-48.

[161] 石良平,沈桂龙,等.中国服务业扩大开放与服务贸易发展[M].上海:上海交通大学出版社,2016.

[162] 石良平.论资金流量核算[J].经济研究,1987(11):29-36.

[163] 宋逸群,王玉海.共享经济的缘起、界定与影响[J].教学与研究,2016,

V50(9)：4 - 9.

[164] 孙九霞,周尚意,王宁,等.跨学科聚焦的新领域：流动的时间、空间与社会[J].地理研究 2016,35(10)：1801 - 1818.

[165] 孙希有.流量经济[M].北京：中国经济出版社,2003.

[166] 孙希有.流量经济新论：基于中国"一带一路"战略的理论视野[M].北京：中国社会科学出版社,2015.

[167] 孙业利.国际化城市流量经济分析——上海案例[D].上海：复旦大学,2003.

[168] 孙中伟,王杨,李彦丽.论流空间及其对地区经济发展的影响[J].石家庄学院学报,2005(6)：57 - 61.

[169] 汤天波,吴晓隽.共享经济："互联网＋"下的颠覆性经济模式[J].科学发展,2015(12)：78 - 84.

[170] 汤银英,彭其渊,谢圣涛.国内外物流理论研究评述[J].商业时代,2006(11)：20 - 21.

[171] 唐未兵,傅元海,王展祥.技术创新、技术引进与经济增长方式转变[J].2014(7)：31 - 43.

[172] 藤田昌久,梁琦.空间经济学：城市、区域与国际贸易——经济科学前沿译丛[M].北京：中国人民大学出版社,2005.

[173] 田国强.互联网金融创新与中国经济发展驱动切换[J].探索与争鸣,2014(12)：17 - 19.

[174] 田歆,汪寿阳.第四方物流与物流模式演化研究[J].管理评论,2009,21(9)：55 - 61.

[175] 涂子沛.大数据思维与共享经济[J].中国经贸导刊,2016(16)：38 - 39.

[176] 托马斯·孟.英国得自对外贸易的财富[M].袁南宇,译.北京：商务印书馆,1959.

[177] 汪存富.开放创新和平台经济——IT 及互联网产业商业模式创新之道[M].北京：电子工业出版社,2017.

[178] 王波,甄峰.互联网下的我国城市等级体系及其作用机制——基于百度搜索的实证分析[J].经济地理,2016,36(1)：46 - 52.

[179] 王红霞.要素流动、空间集聚与城市互动发展的定量研究——以长三角地区为例[J].上海经济研究,2011(12)：45 - 55.

[180] 王千.互联网企业平台生态圈及其金融生态圈研究.国际金融研究[J].

2014,331(11)：76 - 86.

[181] 王述祖.经济全球化与文化全球化：历史的思考与求证[M].北京：中国财政经济出版社,2006.

[182] 王喜,赵增耀.FDI与区域资本流动：抑制还是促进[J].国际贸易问题,2014(4)：136 - 143.

[183] 王小鲁,樊纲.中国地区差距的变动趋势和影响因素[J].经济研究,2004(1)：33 - 44.

[184] 王煦.以生产者责任延伸制度为抓手　构建绿色供应链[J].中国科技投资,2016(5)：28 - 30.

[185] 王选庆.商贸物流的创新与平台经济[J].中国物流与采购,2015(4)：28 - 29.

[186] 王洋.一个存量—流量一致货币循环模型——兼论中国增长模式转变[D].天津：南开大学,2008.

[187] 王玉梅,徐炳胜.平台经济与上海的转型发展[M].上海：上海社会科学院出版社,2014.

[188] 王远达,陈向东.技术转移的经济效益与技术转移政策[J].科技管理研究,2002(2)：59 - 64.

[189] 王振.全球数字经济竞争力发展报告(2017)[M].北京：社会科学文献出版社,2017.

[190] 魏恒.企业网络的产业组织研究：基于产品价值网络视角的范式构建[D].北京：中国社会科学院,2008.

[191] 魏后凯.我国区域经济发展的趋势及总体战略[J].吉首大学学报(社会科学版),2000(4)：5 - 10.

[192] 魏婧恬."互联网＋"与技术创新[N].中国经济时报,2016 - 06 - 07.

[193] 温博慧,李向前,袁铭.存量流量一致框架下中国银行体系网络抗毁性研究——基于资产价格波动冲击[J].财贸经济,2015,36(9)：46 - 60.

[194] 吴斌,刘灿辉,史建梁.政府背景、高管人力资本特征与风险投资企业成长能力：基于典型相关方法的中小板市场经验证据[J].会计研究,2011(7)：78 - 84.

[195] 吴宇晖,张嘉昕.外国经济思想史[M].北京：高等教育出版社,2007.

[196] 西奥多·W.舒尔茨.报酬递增的源泉[M].李海明,赵波,译.北京：中国人民大学出版社,2016.

[197] 肖湘,周传丽.物流理论研究新进展及其评析[J].宏观经济研究,2005
(2)：31 - 34.

[198] 小罗伯特·B.埃克伦德,罗伯特·F.赫伯特.经济理论和方法史(第四
版)[M].杨玉生,张凤林,等译.北京：中国人民大学出版社,2001.

[199] 谢安世.经济增长：理论、特征与本质[J].科学经济社会,2017(2).

[200] 谢平,尹龙.网络经济下的金融理论与金融治理[J].经济研究,2001(4)：
24 - 31.

[201] 徐晋,张祥建.平台经济学初探[J].中国工业经济,2006(5)：40 - 47.

[202] 徐晋.平台经济学：平台竞争的理论与实践[M].上海：上海交通大学出
版社,2007.

[203] 徐振鑫,莫长炜,陈其林.制造业服务化：我国制造业升级的一个现实性
选择[J].经济学家,2016(9)：59 - 67.

[204] 许海洋,战显钊.共享经济模式探究[J].合作经济与科技,2017(3)：32 -
33.

[205] 许欣,张彦敏.跨国公司物流运营模式选择及其影响因素研究[J].商业研
究,2014,56(3)：169 - 174.

[206] 薛冬辉.大数据时代下的物流、信息流、资金流融合——基于商业银行视
角[J].物流技术,2014,33(1)：16 - 19.

[207] 亚历克斯·莫塞德,尼古拉斯·L.约翰逊.平台垄断：主导 21 世纪经济
的力量[M].北京：机械工业出版社,2017.

[208] 杨林.中外经济史[M].成都：四川大学出版社,2016.

[209] 杨汝岱.中国制造业企业全要素生产率研究[J].经济研究,2015(2)：61 - 74.

[210] 杨帅.共享经济类型、要素与影响：文献研究的视角[J].产业经济评论,
2016(2)：35 - 45.

[211] 杨学山.信息流引领发展转型[EB/OL].[2017 - 05 - 24].http://www.
sohu.com/a/143163833_399582.

[212] 姚先国,张海峰.教育、人力资本与地区经济差异[J].经济研究,2008(5)：
47 - 57.

[213] 叶江.依法治国背景下高校学生法治教育问题研究[D].西安：西安科技
大学,2016.

[214] 叶秀敏,姜奇平.北京市平台经济发展的现状、问题及政策建议[J].城市
发展研究,2016,23(5)：94 - 97.

[215] 叶秀敏.平台经济的特点分析[J].河北师范大学学报(哲学社会科学版),2016(2):114-120.

[216] 尹伯成.西方经济学说史:从市场经济视角的考察[M].上海:复旦大学出版社,2012.

[217] 尹伯成.西方经济学说史简明教程[M].北京:科学出版社,2007.

[218] 余壮雄,杨扬.市场向西、政治向东——中国国内资本流动方向的测算[J].管理世界,2014(6):53-64.

[219] 袁博,李永刚,张逸龙.互联网金融发展对中国商业银行的影响及对策分析[J].金融理论与实践,2013(12):66-70.

[220] 曾康霖,陈志,程婧,刘楹.我国货币资金流动的区域差异分析[J].上海金融,2006(9):4-8.

[221] 查臣赢.保税区国际物流发展及对策研究——以宁波保税区为例[D].杭州:浙江工业大学,2016.

[222] 张超.基于流量经济的中心城市交易效率研究[D].重庆:重庆大学,2008.

[223] 张帆.金融产业虚拟集群知识溢出效应的理论研究[J].科研管理,2016,37(S1):409-416.

[224] 张广婷.新兴市场国家跨境资本流动的驱动因素研究——基于因子分析法的实证分析[J].世界经济研究,2016(10):42-61.

[225] 张海峰.基于区域空间结构的中心城市流量经济效应研究——以西宁市为例[D].兰州:西北师范大学,2009.

[226] 张明,谭小芬.中国短期资本流动的主要驱动因素:2000—2012[J].世界经济,2013,36(11):93-116.

[227] 张晓.共享经济业态形成与发展的规律探索[J].汕头大学学报(人文社会科学版),2017,33(3):88-92.

[228] 张勇,骆付婷.基于价值网的科技成果转化服务平台运行机制研究科技进步与对策[J].科技进步与对策,2016,33(5):16-21.

[229] 张勇.数据驱动的透明是平台治理的基础[EB/OL].[2018-04-13].http://tech.sina.com.cn/i/2017-04-13/doc-ifyeimqy1172715.shtml.

[230] 张越.平台经济:新经济发展引擎[J].中关村,2017(8):48-54.

[231] 张云,李宝伟,苗春,等.后凯恩斯存量流量一致模型:原理与方法——兼与动态随机一般均衡模型的比较研究[J].政治经济学评论,2018(1):

154 - 179.

[232] 赵娜,王博,刘燕.城市群、集聚效应与"投资潮涌"——基于中国 20 个城市群的实证研究[J].中国工业经济,2017(11)：81 - 99.

[233] 赵志耘,吕冰洋.资本流动、资本供给和区域经济不平衡发展[J].中国软科学,2007(12)：152 - 160.

[234] 甄峰,刘晓霞,刘慧.信息技术影响下的区域城市网络：城市研究的新方向[J].人文地理,2007(2)：76 - 80.

[235] 郑伯红.现代世界城市网络化模式研究[M].长沙：湖南人民出版社,2005.

[236] 郑称德.平台治理的国外研究综述[J].南京邮电大学学报(社会科学版),2016,18(3)：26 - 41.

[237] 郑云坚,梁晗,朱春玲.共享经济的价值创造新范式探究——基于价值网络视角[J].现代管理科学,2017(8)：103 - 105.

[238] 郑志来.共享经济的成因、内涵与商业模式研究[J].现代经济探讨,2016,411(3)：32 - 36.

[239] 周其仁.如何用数字技术解决经济难题[J].财经界,2017(5)：16 - 17.

[240] 周振华,韩汉君.流量经济及其理论体系[J].上海经济研究,2002(1)：21 - 31.

[241] 周振华.崛起中的全球城市：理论框架及中国模式研究[M].上海：上海人民出版社,2008.

[242] 周振华.全球化、全球城市网络与全球城市的逻辑关系[J].社会科学,2006(10)：17 - 26.

[243] 朱寰.工业文明兴起的新视野：亚欧诸国由中古向近代过渡比较研究(上)[M].北京：商务印书馆,2015.

[244] 朱民.改变未来的金融危机[J].国际金融研究,2009(5)：4 - 6.

[245] 朱焱,张孟昌.企业管理团队人力资本、研发投入与企业绩效的实证研究[J].会计研究,2013(11)：45 - 52.

[246] 朱勇.新增长理论[M].北京：商务印书馆,1999.

[247] 邹宏仪.新词流行词辞典[M].南京：河海大学出版社,2005.

[248] 邹平座.资金流动的资源配置机制分析[J].金融研究,2005(4)：31 - 43.

后　记

　　从 2013 年开始,我被第十二届上海市政协经济委员会聘为特聘委员,开始
参与上海市政协的一些研究工作。2015 年,时任上海市政协经济委员会主任的
张新生先生希望与我任所长的上海社会科学院经济研究所建立一种较为固定的
合作研究机制,每年确定一个大家都关心的课题进行合作研究。为此,我们签订
了合作备忘录。2015 年我们确定的研究课题是"互联网时代的服务业发展"。
之所以确定这样一个课题,其背景是当时上海自贸试验区正在进行服务业开放
的试点,但试点的结果并不太令人满意。之所以出现这种不太令人满意的状况,
除了体制上的问题外,还有一个重要的原因,就是现代服务业的内涵已经发生了
很大变化。由于互联网的发展,出现了服务业与制造业高度融合的趋势,制造业
向服务业渗透,服务业向制造业渗透,你中有我,我中有你,很难分割。如果开放
某个服务业领域,必须同时开放另一个制造业领域,这样的开放格局才会有效。
正是由于这种变化,导致我们在服务业领域的单方面开放已显得意识落后了。
因此,我们需要研究互联网经济条件下服务业的发展规律问题,这就是我们当时
课题立项的初衷。这个研究后来形成了一定的影响,也为上海自贸试验区的对
外开放政策调整起到了一定的参考作用。

　　对服务业开放问题的研究,又引出了另一个相关的话题,那就是如何看待这
几年上海的服务业发展了,但经济增速却下来了? 我们只用一句"新常态"来解
释这种现象似乎很牵强。问题出在哪里呢? 我和市政协经济委员会的几位主任
讨论这个问题时,大家都觉得是不是我们现在的评价指标不够科学? 或者说已
经有点过时,不合时宜了? 我们知道,现在运用的统计评价体系是大工业时代的
产物,是按照大工业化的时代特征设计的。这种设计思路是不是与现在以服务
经济为主要特征的经济运行特征相悖? 是不是已经不能够真实地反映现代服务
经济对整体经济所做的贡献? 作为一个城市,上海的土地面积是有限的,不可能

无限制地进行大规模投资。但作为一个国际化大都市,上海的吸纳与辐射能级
却是巨大的,这种巨大的能量吸收着并向外辐射着各类经济要素,这种频繁流动
的要素为周边地区及要素流动的相关地区创造着巨大的价值,但这些价值并不
一定都被统计在上海的生产总值中。针对这个问题,我们共同想到了一个既熟
悉又陌生的词汇——流量经济。

　　时任上海市政协经济委员会常务副主任的张广生先生告诉我们,早在 2001
年,浦东新区就意识到了这个问题,开展了相关的研究,还为此立了一个科研项
目,并委托时任上海社会科学院经济研究所副所长周振华研究员进行研究。他
们的研究成果后来发表在《上海经济研究》杂志 2002 年的第 1 期上,题目就是
"流量经济及其理论体系"。这篇文章第一次提出了"流量经济是一种经济发展
模式"的思想,也比较早地提出了流量经济的发展需要平台的概念。尽管那个时
候不可能提出"平台经济"这样一个更大的概念,但重视平台建设的想法对以后
的平台经济建设是有重要启示的。这项研究还提出了一个重要的观点,就是我
们过去的发展战略都是以招商引资、增加投资为目标,但作为中心城市,则应该
转变为以促进资源更便利地流通为重要目标,以提升城市的吸引与辐射能级。
这些想法能够在 21 世纪初提出来,真是难能可贵。

　　后来我去查了资料,继周振华、韩汉君发表了关于流量经济的论文后,孙希
有于 2003 年 4 月出版了《流量经济》一书,其关于流量经济的认知和观点与周振
华等相差不多,只是在理论体系上更加完备。但是,可能这些关于流量经济的思
想提出得比较早,而当时经济发展的阶段还没有到达使大家关注流量经济的时
候,所以这些想法和观点提出来后,就如石沉大海,并没有在理论界和学术界引
起多大的涟漪。

　　到了 2016 年,经济发展进入一个崭新的阶段,信息化已经发展到了大数据、
云计算、物联网的阶段,人工智能、生物革命、新能源等技术革命的发展如火如
荼,这些技术的发展已经从根本上改变了经济发展的环境。工业化时期所建立
起来的许多理论与思维方式都受到了严重的冲击。这个时候,再来研究流量经
济,使我们有了许多新的思维突破。比如周振华等在 2002 年发表的论文中,已
经意识到把货物流量作为研究重点的思维方式应该有所转变,要转到以资金流
和人才流为主的思维模式上来。而到了目前的经济发展阶段,信息流和技术流
已经变成流量经济的主流,这种转变,对流量经济的发展模式提出了更新的
要求。

　　为此,上海市政协经济委员会决定把"流量经济"列为 2016 年重点课题,并

与我们经济研究所共同展开研究,后来就形成了《上海流量经济发展的现状及对策建议》研究报告。报告的中心思想是:在上海确立以建成卓越的全球城市为目标的情况下,应当把上海打造成全球城市网络节点城市,其核心作用就是要让各种要素流量在此集聚,经过加工、重组、再造和增值,再辐射到全球各地。这样,上海的发展模式必须摒弃以前固守的重存量、重生产、重本地的发展路径,把经济发展模式转换到流量经济发展模式上来。为此,上海必须突破以下瓶颈:一是调整服务业内部结构;二是发展高端服务业,尤其是高端生产性服务业;三是增强金融辐射能力;四是提升品牌效应;五是改革统计体系。这份报告经上海市政协主席会议审议通过后,上报市委市政府,对上海未来的经济决策起到了很好的咨询作用。

关于流量经济的课题研究是完成了,但我并不满足这些课题的研究成果。如果流量经济真的是一种新的经济发展模式,那么这种模式有没有一种经济学理论上的解释呢?其发展的机理和路径又是怎样的呢?这种已经出现并日益成型的经济发展模式,是不是会改变我们已经认识并熟悉的经济理论与观念?这个冲击会有多大?所有这些疑问,都使我有一种深入研究的冲动。

为此,我又组织了一个研究团队准备继续对流量经济问题展开进一步的、更为系统的研究。这个研究团队的核心正是我作为首席专家的上海市社会科学创新研究基地和上海市人民政府决策咨询研究基地"石良平工作室"的研究人员,以及我指导的一些博士研究生。我们的研究认为,由于目前正处在信息革命的变革时期,各种新的经济形态层出不穷,如数字经济、平台经济、共享经济、虚拟经济等。尽管各种经济形态的出现都与互联网技术的发展有关,但这些经济形态之间的关系并没有得到过很好的解释,它们之间的关系犬牙交错、错综复杂,很有必要对这些新的经济现象与经济形态进行一次系统的理论梳理。我们的研究认为,可以把这些已经出现的各种新的经济形态全部归纳在一个理论框架中,这个理论框架就是"流量经济理论"。这是信息化时代的新经济理论,是与工业化时代以存量分析为核心的传统经济学理论有着重大区别的理论。我们有一个最基本的假设:如果现在全球停止一切固定资产投资,也就是不再增加任何经济存量,仅靠已有的存量,并加速其流动,也能够推动经济的增长。如果这个假设成立,我们认为这个世界已经进入流量经济时代。而流量经济的内核,正是我们现在耳熟能详的数字经济、平台经济、共享经济等经济形态之和,因为在没有这些经济形态之前,我们前面的假设是不可能成立的。要加速各类经济要素的流量,以达到资源最有效的配置,甚至消灭某些存量(如库存、货币等),必须是在数字化、物联网条件下才能得以实现。尽管周振华、孙希有等在 21 世纪初就已经前瞻性地预言了流量经济将作为一种新的经济发展模式出现,但由于当时经济发展和技术发展的局限,他们研究的重点也只能立足于区域经济的角度,研究以相应的平台对各类资源要素进行吸纳与辐射,以提高中心城市的经济能量。从现在的角度看,这种空间意义上的流量经济模式还不是真正意义上的流量经济,而真正意义上的流量经济,就是在信息完全化条件下,资源达到最优配置的那种模式。尽管现在的信息化技术还没有达到完全化的程度,但大数据、云计算和物联网的形成与发展,已经使流量经济的羽翼开始丰满。正因为看到了这种前景,我们的团队经过一年多的努力,完成了这部专著,从理论模型、理论体系、经济特征、各要素流动规律等方面对流量经济展开了研究与论证。这应该是目前为止最前沿的一本关于流量经济的专著。我们希望这本专著能够为经济学的发展添砖加瓦。

本书最初由我提出一个总体研究思路,并在课题组成员讨论的基础上,由我制定了一个研究大纲,并与课题组成员反复讨论各章节之间的逻辑关系与研究重点,最后确定了每个研究人员的分工。其中导论由我撰写,第一章由王斐撰写,第二章由张伯超和沈桂龙撰写,第三章由范筱静撰写,第四章由王晶晶撰写,第五章由张晓娣撰写,第六章由王素云撰写,第七章由张伯超撰写,第八章由王素云和黄复兴撰写,第九章由陈国振撰写,第十章由周阳和孔令兰萱撰写。初稿完成后,我与各章作者分别讨论修改方案。最后我对全书进行统稿并最终定稿,期间王素云协助我对全书的格式进行了统一。

本专著完成之时,正值上海社会科学院建院六十周年。这本书的初衷是准备以此向建院六十周年献礼。但由于写作过程非常艰辛,需要对各种观点和模型进行反复讨论、论证和修正,从而导致完成时间一拖再拖。尽管现在作为献礼作品在时间上已经来不及了,但学术的严谨性比献礼更为重要。如果这本专著能够成为上海社会科学院建院六十周年历史上的一部好作品,我们也就心满意足了。

本书的完成,首先要感谢上海市政协经济委员会原主任张新生先生和原副主任张广生先生,是他们首先提出这个研究主题的重要性,并与我们经济研究所的课题组成员共同研究讨论,多次组织各类座谈会,探讨经济中的流量问题,这本专著中有不少观点都是受了他们观点的启发。其次要感谢工作室的研究人员,是他们用渊博的知识和积极探索的精神,与我共同完成了这项艰巨的研究任务。其中尤其是要感谢沈桂龙先生和张晓娣女士,尽管沈桂龙先生后来较少参与这本专著的写作,但前期与市政协经济委员会合作的课题,他们俩是研究的主力军,写出了很好的研究报告。

我们所做的工作是一种理论探索,探索是一项艰苦的工作,但也是一项快乐的工作。当我们看到研究目标的曙光时,会有一种莫名的兴奋,一切探索的艰辛都烟消云散。当然,既然是探索,书中自有不成熟之处,还望读者能够随时指正。

石良平

2018 年 7 月于上海社会科学院经济研究所